Das Buch der

SAGEN vom Schwarzwald

Gesamtausgabe

der bisher erschienenen Bände 1 & 2
„Sagen aus dem Schwarzwald“

Joy Edition
BUCHVERLAG and more

Illustrationen: Stefan Ölschläger alias „Steve“
Text: Andreas Wurster und Carola Sickinger
Herausgeber: Joy Edition Buchverlag H. Harfensteller
Druck: Dardedze hologrāfija SIA

Neuauflage Dezember 2024

Der Umwelt zuliebe gedruckt auf umweltfreundlichem chlor- und säurefrei gestrichenem Papier

ISBN 978-3-948842-23-09

Das Buch der

SAGEN vom Schwarzwald

Gesamtausgabe

der bisher erschienenen Bände 1 & 2

„Sagen aus dem Schwarzwald“

Bisher erschienen

Die bisher erschienenen beiden Bände
sind in diesem Buch zusammengefasst zu einer

Gesamtausgabe

Geheimnisvoller Schwarzwald

Wie ein Schlafender! So zeigt sich der Schwarzwald oft seinem Betrachter.
Sei es nun in tiefer, wohltuender Ruhe, die sich wie eine sanfte Berührung auf das Gemüt der Menschen legt, oder in urwelthafter Wildheit, wenn des Nachts die eisigen Winde des Nordens über die dunklen Wälder streifen. Der Schwarzwald erscheint dann wie ein unbeschreibliches Wesen, das von alptraumhaften Visionen geplagt wird.
Doch dem ist nicht so! Denn wer einmal inmitten eines Gewittersturms, schutzlos den Elementen ausgeliefert, darauf warten mußte, daß sich die Naturgewalten wieder beruhigten, hatte wohl genug Zeit, über das, was den Schwarzwald angeht, nachzusinnen, sofern er nicht aus lauter Angst um sein Leben die Fähigkeit zu denken verlor!
Ja, viele sind schon in den schwarzen Wald gegangen, und niemals hat man wieder etwas von ihnen gehört. Andere fand man wieder, scheinbar ziellos umherirrend, mit zitternden Händen und schlohweißen Haaren. Ein paar jedoch kamen nach einem Spaziergang freudestrahlend nach Hause und waren glücklich wie nie zuvor! Jedesmal, wenn man sie fragte, was sie denn gesehen hätten, wußten sie von nichts. Sie waren einfach nur glücklich, ihr Leben lang! Und gibt es etwas Schöneres, als einfach nur glücklich zu sein?
Der Schwarzwald ist schon ein wundersamer Geselle, und irgendwann, sei es nun früher oder später, kommt wohl ein jeder auf den Gedanken, daß der schwarze Wald etwas ganz Besonderes und Geheimnisvolles ist.

Es scheint wohl geradezu ein Naturgesetz zu sein, daß sich in den engen Tälern und auf den dunklen Anhöhen Legenden um die verschiedensten Dinge ranken, die uns nur allzu oft daran erinnern, wie unwissend und klein wir Menschen doch sind. Unter den Bewohnern des Schwarzwaldes gibt es jedoch ein paar, die sich der Ehre wohl bewußt sind, daß ihnen der schwarze Wald eine Heimat ist. Meist sind es die alten, weisen Menschen, die in ihrem langen Leben so manche Legende gehört oder aber selbst erlebt haben und sie an ihre Enkel weitergaben. Mitunter wird sich der Leser fragen, ob es wirklich nur eine Erzählung aus uralter Zeit oder vielleicht doch die Wahrheit ist…?
Sollte er beides in Zweifel ziehen, so wird er dennoch nachdenklich gestimmt, denn bergen nicht auch Märchen viel Wahres in sich?

A. Wurster
Andreas Wurster
Text

S. Ölschläger
Stefan Ölschläger
Illustration

Zur Einstimmung

Geister, Hexen, Teufel, Schätze, Edelfrauen und Wolfsmenschen ziehen uns in ihren Bann.

Schon unsere Großeltern und auch deren Eltern faszinierte das Unbegreifliche, das allen alltäglichen Erklärungen trotzte. Seltsame Landschaften, Phänomene und Taten wurden überirdischen oder teuflischen Kräften zugesprochen, die Entstehungen von Orts- und Flußnamen mystifiziert. Häufig wurden auch moralische Botschaften oder Lebensweisheiten in das schillernde Kostüm einer atemberaubenden Erzählung gekleidet und so den Zuhörern, die sich deren tieferen Sinn zu Herzen nehmen sollten, schmackhaft gemacht. Sagen spiegeln die Denkweise und Lebensart der Menschen einer bestimmten Region wider, die durch jahrhundertelanges Weitererzählen überliefert wurden.

Im wunderschönen nördlichen Schwarzwald aufgewachsen, blieben mir die Geheimnisse und Reize dieser wildromantischen Landschaft nicht verborgen. Zu gerne lauschte ich als Kind den Erzählungen der Erwachsenen über Sagen, die sich um mir bekannte Burgen, Kapellen oder Dörfer rankten. Liebe, Haß, Neid, Betrug und Eifersucht sind Gegenstand dieser Sagen gewesen – Themen, die die Menschen heute noch genauso bewegen wie damals. Diese Sagen am Leben zu erhalten und aus den Klauen des Vergessens zu entreißen, habe ich mir, zusammen mit Stefan Ölschläger, dem Illustrator dieses Buches, zur Aufgabe gemacht. In jeder freien Minute waren und sind wir noch in den Tälern und auf den Anhöhen unseres geliebten Schwarzwaldes unterwegs, um beinahe verschüttetes Wissen über Sagen der Region bei den Einheimischen wieder aufleben zu lassen. Unermüdlich sammeln wir mit Begeisterung alle Sagen, die man sich über den Schwarzwald erzählt und in einer, dem heutigen Sprachgebrauch angepaßten Erzählweise, halte ich diese auf Papier fest. Auf diese Weise möchte ich versuchen, auch der jüngeren Generation ein Stück Heimat zu erschließen.

Die Sage vom „Silberbuckelhundle" schrieb ich nach Erzählung meiner Großmutter aus Hamberg.

Carola Sickinger

Inhalt

Inhalt

Inhalt

Inhalt

Die ruhelose Barbara

Eine Sage aus Langensteinbach

Einst, so sagt man, war die Barbarakirche zu Langensteinbach prächtig anzusehen im Glanz der Sonne. Doch zeigt sie ihre Schönheit heute nur noch im Licht des Mondes, wenn die Geister über die zerfallenen Mauern tanzen. Es sind gar viele verschiedene Geister und Gespinste, die dort auf ihre Erlösung warten, um endlich Ruhe zu finden. Eine dieser armen Seelen ist die ruhelose Barbara. Einst weigerte sie sich, vom christlichen Glauben abzulassen, dessenthalben der eigene Vater ihr den Kopf abschlagen ließ. Vielleicht auch dazu verdammt, noch mehr Gutes an der gottlosen Menschheit zu tun, geht sie seither um, und nur die furchtlose Tat eines tapferen Burschen vermag, sie zu erlösen.

So machte sich – es muß wohl um das Jahr 1840 gewesen sein – ein Zieglergeselle aus Langensteinbach auf den Weg. Man berichtet, der Geist der Barbara sei dem Gesellen des Nachts erschienen und habe ihm erzählt, was er tun müsse, um ihr zu helfen. Die Maid nannte ihm die Nacht, in der er sie erlösen solle und daß er dabei kein Wort sprechen dürfe. Das Wichtigste aber sei, daß er seine Gedanken freihalten müsse von unkeuschen Gelüsten und seinen Körper von geistigen Getränken; ferner solle er nur mit einem Lendenschurz bekleidet die Tat vollbringen.

Die Nacht kam, und der Geselle tat wie ihm geheißen. Nur mit einem Tuch bekleidet, stieg er den Hügel hinauf. Sofort überkam ihn eine furchtbare Kälte, doch beherzten Mutes ging er weiter. Plötzlich umtanzten ihn entblößte Weiber, die unflätige Worte zu ihm sprachen, jedoch befahl er sich selbst, sie nicht zu hören.

Er gelangte zu den sagenumwobenen Mauern, wo ihn die Geistermaid erwartete. Sie zeigte ihm eine Treppe, die hinunterführte und sprach zu ihm: „Dort hinunter mußt Du gehen! Am Ende des Ganges findest Du eine Truhe, und darin liegt ein Schatz, der Dir gehören soll, wenn ich erlöst bin. Jedoch, zuvor mußt Du mit diesem Schwert dem schwarzen Hund, der die Truhe bewacht, das Haupt vom Körper trennen, erst dann bin ich erlöst!"

Er nahm das Schwert und stieg hinab. Da umringten ihn sofort etliche grausige Geister und Kobolde. Der Geselle hob das Schwert und wollte die Unholde verscheuchen. „Hinweg!", rief er, und sogleich wurde ihm seine Torheit bewußt, denn er hatte sein Versprechen zu schweigen gebrochen, und es wurde ihm gar fürchterlich ums Herz. So kam es, daß die ruhelose Barbara bis zum heutigen Tage auf ihre Erlösung hofft, vielleicht noch bis in alle Ewigkeit.

Der Wurzelfaun

Allgemeine Schwarzwaldsage

Fast im ganzen Schwarzwald berichtet man von einem kleinen Kobold, den man den Wurzelfaun nennt. Es heißt, daß er in den Wurzelstöcken von alten Bäumen wohnt, und dort habe er auch oftmals sehr wertvolle Sachen gehortet. Man spricht von großen Edelsteinen und Geschmeide aus purem Gold. Dieser Schatz soll von einem längst vergessenen Zwergenvolk stammen, das dem Faun einst aufgetragen habe, ihn gut zu verwahren.

Es sei aber so viel Gold und Geschmeide gewesen, so berichtet die Sage, daß der Faun den Schatz an keinem Platz verstecken konnte.
So hätte der kleine Kobold in jahrelanger Arbeit all die Kostbarkeiten im ganzen Schwarzwald verteilt. Manch alter Bewohner unseres schönen Landes behauptet sogar, daß der Faun mit dem Verteilen immer noch nicht fertig sei, denn an manchen Stellen in unseren Wäldern habe man schon in der Nacht ein kleines Stück Gold gefunden, das dem Faun trotz größter Sorgfalt abhanden gekommen sei.
Es lohne sich jedoch nicht, dieses Gold mitzunehmen. Denn, wie ein Wanderer aus Engelsbrand einmal erzählt hat, habe er so ein goldenes Stück gefunden, doch sobald er es in der Hand hielt, wurde es zu stumpfem Blei.

Der Melmespudel

Eine Sage aus der Gegend zwischen Maisenbach-Zainen und Oberlengenhardt

Zwischen den beiden schönen Orten Maisenbach-Zainen und Oberlengenhardt soll, der Sage nach, ein fürchterlicher Höllenhund, den man auch den „Melmespudel“ nennt, umgehen. Es soll sich dabei um den ruhelosen Geist des Riesen Erkinger handeln, der zu Lebzeiten auf der Burg Liebenzell fürchterliche Taten vollbracht habe. Nun müsse er für seine Schandtaten büßen und als schrecklicher Hund in dem kleinen Tal zwischen den beiden Orten umgehen. Schon viele Wanderer habe er fast zu Tode erschreckt, wenn er mit seinen brennenden Augen aus dem Gesträuch neben dem Hauptweg auf die Wanderer starrt. Sicher, gerade in dieser Gegend, die sehr viel Wald hat, kann es schon einmal vorkommen, daß man einem streunenden Hund begegnet. Doch welcher Hund hat schon brennende Augen und läßt ein Geheul erklingen, welches es einem geradezu verbietet, an einen Pudel zu glauben?

Die letzte Begegnung eines Fremden mit dieser schauerlichen Gestalt liegt noch gar nicht so lange zurück. Es geschah, daß sich eines Abends zu später Stunde einige Männer zum Umtrunk in einem Gasthaus zusammenfanden. Nach einiger Zeit kamen sie auch auf den Höllenhund zu sprechen und daß es besser sei, jetzt nicht mehr hinab in das kleine Tal zu gehen. Das hörte auch ein Auswärtiger, der in dem Gasthof eine Rast eingelegt hatte. Der Fremde war wohl schon etwas angetrunken und machte sich über die Männer und ihre Angst lustig.

Da schlug ihm einer der Einheimischen eine Wette vor: Er solle mit einem Krug in der Hand in das Tal hinabsteigen und dort aus dem Bach Wasser schöpfen. Wenn er es schaffen sollte, auf dem ganzen Rückweg kein Wasser zu verschütten, so wolle man ihm ein Faß Bier schenken. Dies wollte sich der Fremde nicht entgehen lassen und machte sich auf den Weg hinab in das Tal. Als er zurückkam, war sein Gesicht kreidebleich, und in seinem Krug war kein Tropfen Wasser mehr. Er reiste sofort weiter.

Ob er nun wirklich dem Hund begegnet war oder ob sich die Männer aus dem Gasthof einen Streich mit ihm erlaubt hatten, weiß niemand genau. Das schreckliche Geheul, das man jedoch manchmal da unten im Tal vernehmen kann, ist bestimmt kein Streich, und noch heute hüten sich die meisten der Einwohner, dieses Tal zu betreten.

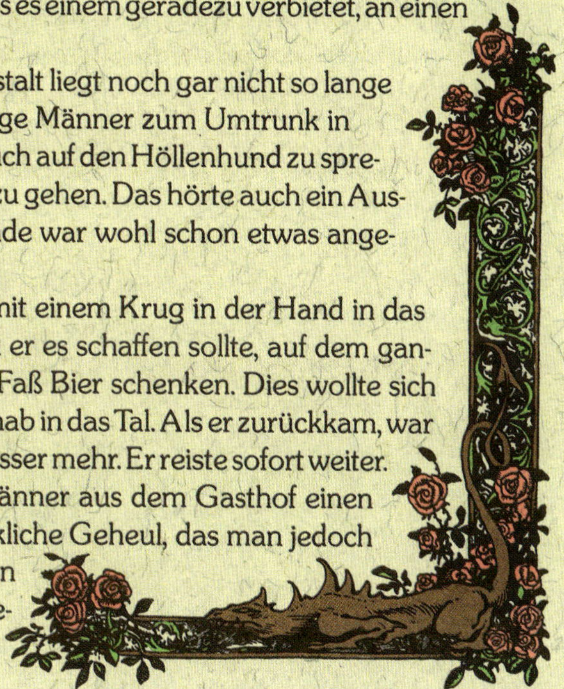

Die Sage von der schwarzen Festung

Zwischen den Flüssen Murg und Enz

Wenn man heute am Tage auf den Höhen zwischen Murg und Enz spazieren geht, so stößt man ganz in der Nähe der Teufelsmühle auf ein Gesteinsfeld, auf dem gewaltige Felsen wild zerstreut umherliegen.

In uralter Zeit, als der Schwarzwald und auch die umliegenden Länder noch mehr eine Wildnis waren, soll in dieser Gegend eine geheimnisvolle schwarze Festung gestanden haben. Der Teufel selber habe sie mit eigenen Händen erbaut, um dort mit Schwefelgestank die Erde zu verpesten. Es heißt, daß einst ein roter und ein schwarzer Drache die Festung bewachten, auf daß ihr niemand zu nahe käme. In der Festung saß der Teufel auf seinem Knochenthron und ließ mit schwarzer Magie und Zauberei die Felder der armen Bauern in der Gegend verdorren. Er vergiftete die Quellen und sorgte zu seinem Vergnügen dafür, daß das Vieh der Bauern nur noch mißgebildete Junge bekam. Das ging so weit, daß in einem kleinen Dorf einmal ein Kalb geboren wurde, welches dem Bürgermeister zum Verwechseln ähnlich sah. Daraufhin beschlossen die armen Bauern, etwas zu unternehmen und wählten einen aus ihrer Mitte, der dem Gehörnten gegenübertreten sollte.

Sie schickten einen jungen Knecht aus mit dem Versprechen, die Hälfte eines jeden Ackers und jedes dritte neugeborene Kalb solle ihm gehören, wenn er nur den Teufel dazu bringen könne, die Menschen in Ruhe zu lassen. Der Knecht, um eine List nicht verlegen, begab sich also zum Teufel und versprach ihm seine Seele, sollte dieser es schaffen, einen großen Felsen in zwei Hälften zu zersägen. Der Teufel versuchte sein Glück, doch es gelang ihm nicht.

Später habe der Knecht berichtet, daß der Teufel darüber so zornig wurde, daß er die ganze Festung zerstörte und nie wieder an diesen Platz zurückkehrte. Noch heute kann man in einem der Felsen eine Spalte finden, die der Teufel hineingesägt haben soll. Aus anderer Quelle läßt sich jedoch vernehmen, daß die beiden Drachen am Untergang der Festung schuld seien, denn, wie man erzählt, sollen sie sich so sehr darum gestritten haben, wer denn nun den armen Knecht fressen dürfe, daß dabei das ganze Bollwerk auseinanderbrach. Der Teufel aber habe aus lauter Wut über seine beiden dummen Drachen so stark mit dem Fuß aufgestampft, daß ein großes Loch entstand, welches man noch heute das Teufelsloch nennt.

Der flammende Ritter

Eine Sage aus der Gegend von Calmbach

Zwischen der Lehensägmühle und Calmbach, so sagt man, habe man in früherer Zeit und auch noch heutzutage einen brennenden Ritter auf einem Roß durch die Wälder reiten sehen. Hauptsächlich auf dem oberen Eiberg, nicht weit von der ehemaligen Burg, kann man in mondhellen Nächten den schallenden Klang seiner klappernden Rüstung vernehmen. Es wird erzählt, er reite so schnell, daß er an zwei Stellen gleichzeitig sein könne.

Mit zum Kampf erhobener Lanze galoppiert er des Nachts zwischen den Bäumen umher, und man könnte meinen, daß er ein ganz bestimmtes Ziel vor Augen hat. Obwohl noch niemand etwas sah, wogegen es sich für den Ritter zu kämpfen lohne, reitet er ständig und unbeirrt gegen etwas an, das sich scheinbar nur seinen brennenden Augen offenbart.

Verschiedene Einwohner dieser Gegend sagen, es sei besser, wenn man sich dem Ritter nicht in den Weg stelle, denn mit seiner Lanze würde er jeden durchbohren. Doch ist niemandem bekannt, daß der unselige Edelmann schon einmal irgend jemand etwas zuleide getan hätte.

Einmal, so wurde überliefert, habe eine Bauersmagd gesehen, wie der Ritter seine Lanze in etwas stieß, das nur aus Rauch und Nebel zu bestehen schien und dabei ein gar schauerliches Gebrüll verlauten ließ. Doch schon damals schenkte niemand der Magd Glauben, weil sie als Schwätzerin bekannt war und sich gern wichtig machte. Sei es, wie es wolle!

Erzählt wird aber, daß man den flammenden Ritter in der letzten Zeit wieder des öfteren gesehen hat und daß er seltsamerweise nicht mehr nur einem unsichtbaren Etwas entgegenreitet, sondern sich neuerdings einen Spaß daraus macht, arglose Wanderer, die sich des Nachts zu weit in den tiefen Wald vorwagen, zu erschrecken und aus dem Wald zu jagen.

Dies sollte jedem zu denken geben, der sich des Nachts aufmacht, seinen Weg vorbei an der alten Burgstelle Eiberg zu nehmen, denn dort ist's nicht geheuer!

Der Quälgeist beim Kohlstich

Eine Sage aus der Gegend von Sprollenhaus

In früherer Zeit, als es noch keine befestigten Straßen und Wege gab und man deshalb auch nicht mit einem Pferdewagen überall hinfahren konnte, war das Erledigen der täglichen Geschäfte oft ein schwieriges Unterfangen. So erging es auch einem Bauern, der auf einem Gehöft lebte, das dereinst beim Kohlhäusle im oberen Enztal stand und von dem heute nichts mehr übrig ist. Zu jener Zeit war es üblich, daß man sich zu Anfang der Woche, meistens am Montag, aufmachte, auf den Markt zu gehen, um dort Brot, Mehl, Nüsse oder Geschirr zu holen. Der Bauer begab sich zu diesem Zweck immer auf den beschwerlichen Weg nach Gernsbach, weil dort alles ein paar Pfennige billiger war als in Wildbad, wo nur die Reichen es sich leisten konnten, ihr Geld, ohne zu sparen, für das Notwendigste auszugeben.

So ein Marsch dauerte meist einen ganzen Tag, und somit kam der Bauer fast immer erst bei Nacht nach Hause. Auf seinem Rückweg hatte er oft noch Begleitung, denn die Bewohner von Sprollenhaus gingen ebenso wie er

in Gernsbach zum Markt. Den Weg von Sprollenhaus über den Berg zu seinem Gehöft mußte er jedoch allein zurücklegen, und eben auf dieser Strecke packte den frommen Mann das Grausen. Immer wieder erwartete ihn auf der Höhe des Kohlstichs ein gar fürchterlicher schwarzer Unhold. Dieser Unhold, der, wie man sich erzählt, das Gewand eines Scherenschleifers trug, ergriff den bemitleidenswerten Bauern und warf ihn in hohem Bogen den steilen Waldweg zum Gehöft hinunter. Wie durch ein Wunder blieben dabei die Knochen des Bauern heil, und nicht einmal das Geschirr zerbrach. Ein andermal sprang der böse Geist sogar auf den Rücken des Bauern und ließ sich unter lautem Geschrei den Berg hinuntertragen. Als die Bäuerin sah, wie sich ihr Mann unter der Last des Rucksacks, auf dem auch noch der Unhold saß, krümmte, schritt sie hinaus und rief ihren Mann laut beim Namen. Dies konnte der Geist nicht ertragen und ließ mit brausendem Geheul vom Bauern ab. Sogar als der Bauer einmal von seiner Tochter begleitet wurde, erschien wieder der Quälgeist und warf den armen Mann den Berg hinunter. Dem Kind tat er jedoch nichts zuleide, so daß es schnell zu seiner Mutter laufen konnte, um ihr zu berichten. Wieder schritt die Frau mutig hinaus und rief ihren Mann beim Namen. Der Geist verschwand, und der Bauer war wieder einmal davongekommen.

Warum dieser Geist den Bauern auf so schreckliche Weise heimsuchte, weiß man nicht. Es wird jedoch erzählt, daß er, als er noch ein Scherenschleifer gewesen war, mit dem Leibhaftigen einen Bund geschlossen habe. Bei diesem Bündnis habe der Scherenschleifer seine Seele und auch seinen Namen verloren. Vielleicht kann man den Geist deshalb vertreiben, wenn man den Namen des Gepeinigten ruft.

Der Waldschrat vom Katzenstein

Eine Sage aus der Gegend von Unterlengenhardt

Früher wurde den Kindern aus der Gegend von Unterlengenhardt und Oberlengenhardt oft vom sogenannten Waldschrat erzählt, um sie vom Wald fernzuhalten. Es hieß, wenn ein Kind zu tief in den Wald ginge, würde der Waldschrat kommen und es mitnehmen.

Doch dies scheint wirklich nur ein Schauermärchen zu sein, denn aus der Sage wissen wir, daß der Waldschrat den Kindern durchaus gut gesonnen war. Es heißt, daß vor vielen Jahren ein Mann in Bad Liebenzell lebte, der in einer zerfallenen Hütte am Rande des Waldes wohnte. Man behauptet, daß er sehr einfach im Geiste war und man aus seinem Munde niemals ein schlechtes Wort hörte.

Seinen Lebensunterhalt verdiente er sich mit Holzhacken. Manchmal bekam er auch von den barmherzigen Menschen ein Stück Brot geschenkt. Damals war das etwas Kostbares, und deshalb war der Mann mit seinem Leben zufrieden. Doch schon zu jener Zeit gab es ein paar Einwohner, die ihm das ruhige Leben neideten. Sie schimpften ihn einen Tagedieb und Taugenichts. Schließlich ging es so weit, daß auch die anderen Bürger, von den Neidern aufgestachelt, vor die Hütte des Mannes traten und sie kurzerhand in Brand steckten. Die Leute jubelten und freuten sich, als die Hütte in hellen Flammen stand und der arme Mann schreiend vor Angst in den nahen Wald flüchtete. Dort versteckte er sich und lebte mit den Tieren und den geheimnisvollen Wesen des Waldes. Man sagt, daß der Mann mit den Jahren selbst fast zum wilden Tier geworden sei. Ja, sein ganzer Körper sei mit Haaren bedeckt gewesen und seine Augen funkelten im Mondlicht.

Einmal soll sich ein Kind in der Nähe des Katzensteins verlaufen haben. Doch dann sei der Waldschrat gekommen und habe es auf seinen Armen bis hinunter an die Nagold getragen, um es zu waschen. Dann habe er es wohlbehalten am Rande von Liebenzell abgesetzt, um sogleich wieder im Wald zu verschwinden. Den Waldschrat soll es heute noch geben. Noch immer durchstreift er die Wälder und schleicht durch die Straßen von Bad Liebenzell. Dort starrt er mitunter in die erleuchteten Fenster, immer auf der Suche nach ein bißchen Wärme und Barmherzigkeit.

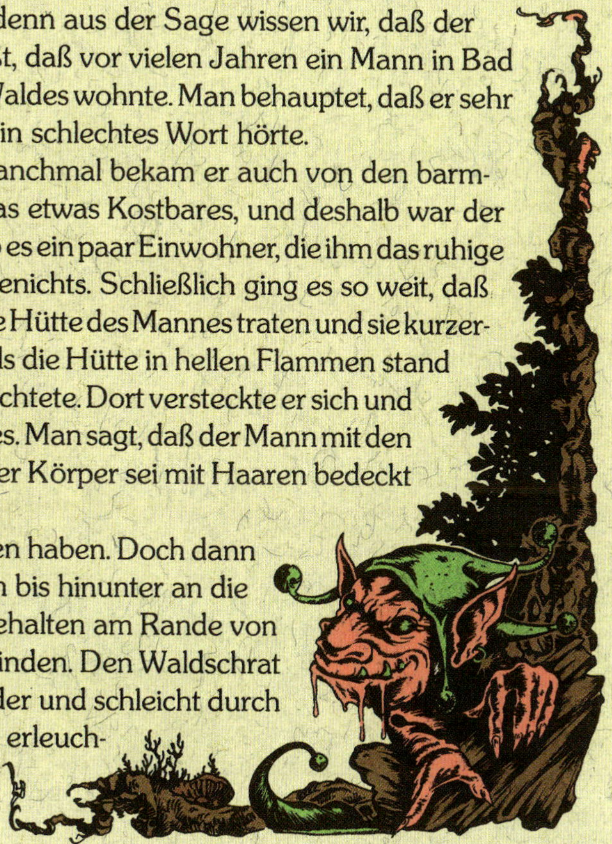

Der Zauberspiegel

Eine Sage aus der Gegend von Calw und Hirsau

Im nördlichen Schwarzwald, insbesondere in der Gegend um Calw und Hirsau, soll es einmal Leute gegeben haben, die einen Zauberspiegel besaßen. So ein Spiegel war etwas ganz Besonderes. Es wird erzählt, daß man in ihm die Vergangenheit, die Gegenwart und die Zukunft erblicken konnte. Es sei auch möglich gewesen, verlorene Dinge damit wiederzufinden. Besaß jemand einen solchen Spiegel, so lautet die Sage, durfte er ihn niemals verkaufen, da ihn sonst großes Unheil treffen würde. Man habe so einen Spiegel nur weitervererben können oder, wenn man keine Erben hatte, mußte man ihn mit ins Grab nehmen.

Ein verarmter Bauer, der in der Gegend um Hirsau lebte, soll es doch einmal gewagt haben, solch einen Spiegel zu verkaufen. Er machte mit einem Händler einen Preis aus, unter der Bedingung, den Spiegel noch eine Nacht behalten zu dürfen, um noch einmal die Vergangenheit zu sehen, als sein Hof, seine Äcker und Wiesen noch reich an Vieh und Frucht waren. Also blieb der Spiegel noch eine Nacht im Hause, und als der Bauer das alles noch einmal gesehen hatte, war er zufrieden. Seine Frau jedoch wollte unbedingt noch einen Blick in die Zukunft werfen. Man sagt, daß die Frau im Spiegel ihren nahen Tod gesehen habe, denn sie sei noch in derselben Nacht schreiend in den Wald gelaufen, wo man sie einen Tag später tot auffand.

Ein alter Hirsauer hat einmal erzählt, der Händler, der dem Bauern den Spiegel abkaufte, sei der Leibhaftige gewesen. Also hat das Unglück für den Bauern schon mit dem Verkauf des Spiegels begonnen, denn es soll auch nicht lange gedauert haben, bis der heruntergekommene Hof, vom Blitz getroffen, gänzlich abbrannte.

Der rachsüchtige Gesell im Hohlohsee

Eine Sage aus der Gegend von Reichental, Kaltenbronn

Einst, so will die Geschichte euch künden, hörte ein Gesell aus Enzberg, daß ein Großbauer bei Forbach einen tüchtigen Mann für seine holde Tochter suche. Der Gesell, überzeugt, der Richtige zu sein, machte sich auf, die Jungfer zu freien. Doch mußte er sich sputen, denn nur drei Tage gewährte der Bauer den Mühen der Brautwerber.

Als der Gesell nun die ersten Häuser von Wildbad erreichte, sah er, daß dort gerade ein großes Fest gefeiert wurde. Es war die Zeit des Erntedanks. Da er sehr durstig war, kehrte er in eine Schenke ein und fragte nach dem kürzesten Weg nach Forbach. Über den Hohloh solle er gehen, dies sei die kürzeste Strecke, sagte man ihm. Kaum daß er den Krug des Weines geleert hatte, begab er sich auch schon wieder auf den Weg. Die feiernde Gesellschaft kam derweil auf den jungen Gesellen zu sprechen. Man hatte vergessen, ihm zu sagen, daß das Hohlohmoor zu diesen Tagen nicht begehbar sei, da durch Regen in den letzten Nächten heimtückische, tiefe Schlammgruben in den Pfad gewaschen wurden. Der Gesell indessen, ahnungslos und frohen Mutes an die Braut denkend, war derweil schon auf des Moores Pfad angelangt. Es war schon dunkel, und nur der schwache Schein des Mondes wies ihm den Weg.

Ein paar Wildbader, sieben an der Zahl, brachen, vom Gewissen getrieben, auf, um den Gesellen zu warnen und ihm einen anderen Weg zu weisen. Zu spät waren sie aufgebrochen. Gellend hallten des Gesellen Hilferufe an ihre Ohren. Getrieben, ihm zu helfen, versuchten sie alles, um zu dem Burschen zu gelangen. Doch vergebens. Das Moor wollte auch sie in sein kaltes Grab ziehen. Der Gesell war verloren. Niemand konnte ihm mehr helfen. Die sieben Männer standen nun verzweifelt an den Pforten des Hohloh und vernahmen die letzten Schreie des Burschen. Am Ende – der Wahnsinn auf des Gesellen Rufen zu reiten schien – schwor er, jeden Wildbader, der des Nachts auf diesen Pfaden um den Hohloh zu schreiten wage, heimzusuchen und zu sich in sein Grab in der Tiefe des Moores zu holen! So blieb der Fluch des Gesellen aus jener Nacht nun schon einige hundert Jahre. Bis zum heutigen Tage sind immer wieder Menschen im Gebiet des Hohlohsees aus ungeklärten, rätselhaften Gründen spurlos verschwunden…

Der Hund vom Teuchelwald

Eine Sage aus der Gegend von Zainen, Igelsloch

Wie der Melmespudel, der bei Oberlengenhardt umgeht, ist auch der schwarze Hund vom Teuchelwald, zwischen Zainen und Igelsloch, eine grausige Erscheinung. Dort, so heißt es, schleicht er auf leisen Pfoten durch das Unterholz und lauert selbst am Tage auf arglose Wanderer. Jedoch, es wurde nie berichtet, daß der Hund jemals einem Menschen etwas zuleide getan habe.

In Zainen, so erzählt man sich, würden die Leute vor lauter Angst auf die Knie sinken, wenn sie dieses fürchtliche Wesen zu sehen bekommen. Das Seltsamste an dieser Kreatur sei jedoch, daß sie einen Zettel im Maul trage, auf dem geschrieben steht, wie man sie erlösen kann.

Die Legende sagt, daß dieser Hund zwei unglückliche Seelen in sich trage, die von einem Bäcker und einem Metzger stammen. Diese beiden sollen sich einst im Wald gegenseitig umgebracht haben. Von Begegnungen mit diesem Hund wird in dieser Gegend oft erzählt.

So sei einmal, vor gar nicht langer Zeit, eine Frau auf ihrem Fahrrad durch den Wald gefahren. Plötzlich erschien ihr der Hund und habe ihr einen Zettel auf das Rad gelegt. Aus lauter Angst vor dem Hund habe sie den Zettel wieder herabgeworfen. Doch sogleich habe ihn der Hund wieder hinaufgelegt. Die Frau habe ihn wieder herabgeworfen und sei, so berichtete sie später, losgefahren, so schnell sie konnte, während der Hund sie verfolgte. Das soll so weitergegangen sein, bis sie die Äcker von Zainen erreicht hatte. Dort habe sich der Hund auf einmal abgewandt und sei verschwunden. Bis zum heutigen Tage ist nicht bekannt, daß es jemand gewagt hat, den Zettel zu lesen, um zu erfahren, was darauf steht.

Die Sage von der guten Kriemhilde

Aus der Gegend von Neubulach

Im Nagoldtal zwischen Sommerhardt und Holzbronn findet man noch heute die Reste der Burg Waldeck. Auf jener Burg lebte einst der Waldecker, ein gefürchteter Raubritter, dessen Wahlspruch noch heute bekannt ist: „Rauben und Stehlen ist keine Schand, denn es tun die Besten im ganzen Land!".

Man sollte es nicht glauben, aber dieser Mordgeselle hatte eine Tochter namens Kriemhilde, die von solch großer Güte war, daß man sie im ganzen Land deswegen liebte. Ganz besonders den Kindern galt ihr frommes Handeln, und deshalb wird auch berichtet, daß man sie niemals ohne eine Kinderschar um sich gesehen habe. Ihrem Vater jedoch war solch eine Gesinnung fremd. Er mordete und brandschatzte lieber in den Dörfern. So dauerte es auch nicht lange, bis Rudolf von Habsburg, der zu jener Zeit deutscher König war, mit seinem Heer auszog, um im Lande die Raubritter zu bekämpfen. Auch die mächtige Burg Waldeck wurde alsbald belagert. Man berichtet, daß es dem König und seinen Mannen nicht gelang, die Burg im Sturm zu erobern, und es blieb ihnen nichts anderes übrig, als diese mit all ihren Bewohnern einfach abzubrennen.

Unter ihnen befand sich freilich auch die gute Ritterstochter. Als die Feuersbrunst am größten war, sei auf einmal eine geisterhafte Schlange mit einer goldenen Krone gen Himmel gestiegen. Diese Schlange soll der Geist der Kriemhilde gewesen sein. In den tiefen Gewölben aber, die es heute noch unter der Ruine gibt, liegt seit dieser Zeit noch ein Schatz verborgen, der von einer gekrönten Schlange bewacht wird. Es wird berichtet, daß einst einem kleinen Mädchen, das dort in der Ruine spielen wollte, diese gekrönte Schlange erschienen sei. Das Kind, welches des Talmüllers Tochter war, habe keine Furcht empfunden und sogleich begonnen, mit der Schlange zu spielen. Dabei seien der Schlange einige Schuppen vom Körper gefallen, die so schön glänzten, daß das Mädchen diese in seine Tasche steckte. Später erzählte das Mädchen seiner Mutter davon, welche die Schuppen in eine Schublade legte. Über Nacht jedoch verwandelten sich die Schuppen in Goldmünzen, von denen die armen Leute lange Zeit gut leben konnten.

Der wilde Jäger

Eine Sage aus der Gegend zwischen Calw und Pforzheim

Einst, so heißt es, lebte in der Gegend zwischen Calw und Pforzheim ein Jägersmann. Der war, wenn man der Geschichte glauben darf, der schlechteste Schütze weit und breit. Also darf man sich auch nicht wundern, wenn er deshalb zum Gespött der ganzen Gegend wurde.

Überall wurde er verlacht, ja selbst die Kinder trieben deshalb des öfteren ihre Späße mit ihm. Niemand nahm, wie es schien, den bedauernswerten Jäger ernst. Einige der Leute waren sogar so dreist, daß sie behaupteten, der sicherste Platz auf Gottes Erdboden sei des armen Jägers Wald, denn dort könne man sicher sein, daß einem von einer Kugel keine Gefahr drohe. Diese und andere Gemeinheiten müssen wohl dazu geführt haben, daß aus dem einst freundlichen Jägersmann ein verbitterter, menschenfeindlicher Einzelgänger wurde.

So kam es, daß nach vielen Jahren der Einsamkeit der Jäger wieder einmal durch seinen Wald ging, um nach den Tieren Ausschau zu halten. Dort im Wald konnte er mit seinen Gedanken alleine sein. Vor den bösen Scherzen der Leute brauchte er sich nicht mehr zu fürchten, und mit den Jahren war er den Menschen unheimlich geworden. Der Zorn über sein Unvermögen, mit der Büchse etwas zu treffen, saß jedoch immer noch tief in ihm. Da geschah es, daß dem Jäger auf einem verborgenen Pfad ein kleiner Geist mit boshaften Augen erschien. Der Geist fragte den Jäger, warum er so zornig dreinschaue, und der Jägersmann klagte dem Geist sein Leid. Als der kleine Unhold hörte, warum der Jäger so verbittert war, überlegte er nicht lange, sondern riet dem Jäger, mit seiner Büchse einen Schuß in die Sonne zu tun. Der Jäger tat, wie ihm geraten. Was der Jäger aber nicht ahnte war, daß er damit etwas Gotteslästerliches getan hatte und daß seine Buße dafür schrecklich sein würde. Denn als der Schuß gefallen war, regneten drei Tropfen Blut auf die Erde herab. Der Jäger hatte die Sonne getroffen.

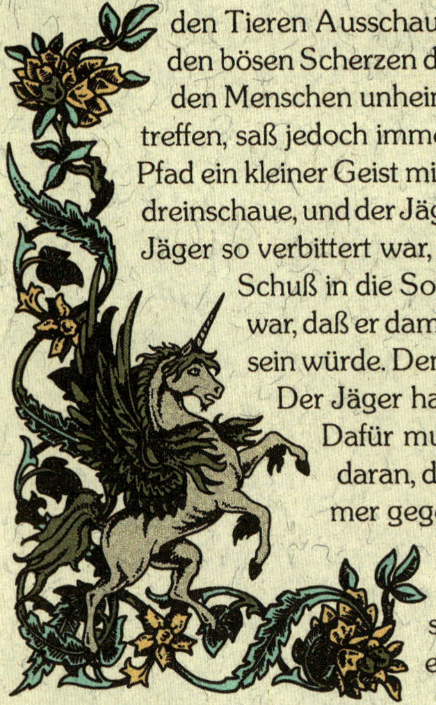

Dafür muß er nun im Schwarzwald in der Nacht umherwandeln. Man erkennt ihn daran, daß er schon von weitem zu hören ist, weil er mal hier, mal da mit einem Hammer gegen die Bäume klopft. Man sagt auch, er sei oft an mehreren Orten zugleich. Mal säße er auf einem Hirsch und werde von einer Hundemeute begleitet, mal reite er auf einem Schimmel und trage seinen Kopf unter dem Arm. Ein schrecklicher Anblick sei er jedesmal, und man könne froh sein, wenn er einem nicht begegne, denn er mache derbe Scherze mit den Leuten.

Von der Sühne des Schusters

Eine Sage aus der Gegend zwischen Wimberg und Zavelstein

Die Gegend zwischen Wimberg und Zavelstein erscheint am Tag sehr friedlich und erholsam, denn wenn man durch die alten Wälder geht, kann man die ganzen Sorgen des Alltags für kurze Zeit vergessen. Des Nachts jedoch kann es geschehen, daß der Wanderer ein Grollen vernimmt, ganz so, als ginge in der Ferne ein Unwetter nieder. Das, so die Sage, ist der Schuster von Zavelstein, der einst die himmlischen Mächte betrog und nun dafür bezahlen muß. Von ihm wird folgende Legende erzählt:
Vor einigen hundert Jahren begab es sich, daß ein Schuster, der mit sich und seinem Leben unzufrieden war, einen Pakt mit den teuflischen Mächten schloß. Er rief einen bösen Geist zu sich und versprach ihm seine Seele, wenn er dafür etwas bekäme, was den anderen Menschen versagt sei, nämlich das ewige Leben. Der böse Geist ging auf den Wunsch des Schusters ein, jedoch unter einer Bedingung: „Da Du, Schuster, nun das ewige Leben haben wirst, muß ich Deine Seele sogleich zu mir nehmen, denn ich will nicht allzu lange auf meinen Lohn warten."
Und so geschah es, daß der Schuster noch zu Lebzeiten seine Seele hergeben mußte. Alle Herrlichkeit auf Erden war ihm von nun an für immer versagt, konnte er sich doch an nichts mehr erfreuen. Auch alle seine Freunde ließen ab von ihm, und er wurde ein düsterer Geselle. Man sagt, daß der Schuster tatsächlich viele Jahre alt geworden sei. Doch eine alte Weisheit besagt auch, daß nichts so schrecklich sei, als ewig leben zu müssen. Und eines Tages, seines wertlosen Daseins überdrüssig, bat der Schuster die teuflischen Mächte, sie sollten doch so gnädig sein und ihn endlich sterben lassen. Diese wollten aber an ihrem Vertrag festhalten. Auch die himmlischen Mächte hatten kein Erbarmen mit dem alten Schuster, hatte er doch so schändlich gegen ihre Gebote verstoßen. Ein guter Geist des Waldes aber hatte Erbarmen mit dem Schuster und sprach zu ihm: „Hier, sieh diesen Felsen", und deutete auf einen mächtigen Stein, „diesen mußt Du so lange umherrollen, bis er sich so weit abgenutzt hat, daß ein Vogel ihn in seinem Schnabel wegtragen kann.
Das soll Deine Buße sein und der Beweis, daß Du es auch wert bist, daß man sich Deiner erbarmt".
Bis zum heutigen Tage kann man den Schuster hören, wie er den Stein des Nachts umherrollt. Und es wird wohl noch eine sehr lange Zeit dauern, bis der Fels so klein geworden ist, daß ein Vogel ihn wegtragen kann. Wahrscheinlich dauert es eine ganze Ewigkeit.

Die Hexe vom Frauenwald

Eine Sage aus der Gegend zwischen Neusatz und Dobel

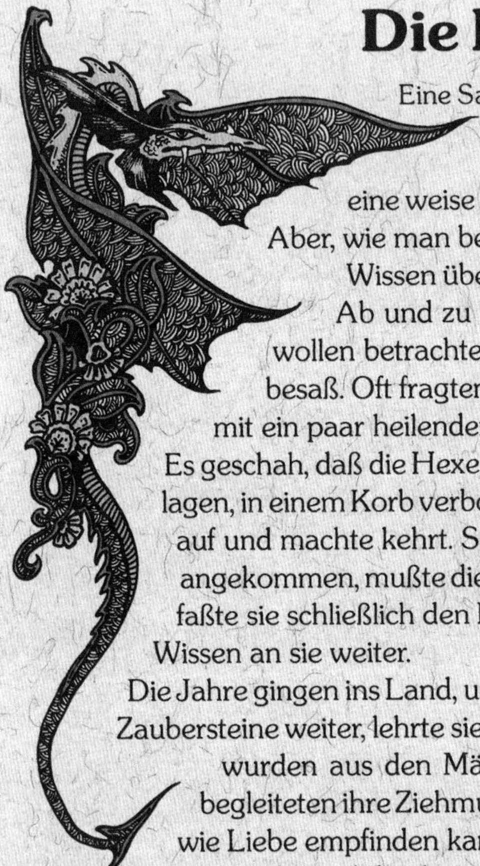

Einst soll im sogenannten Frauenwäldle, zwischen Neusatz und Dobel, eine weise Hexe gelebt haben. Sie war steinalt und ihr Anblick nicht besonders schön. Aber, wie man behauptet, sei sie eine gute Hexe gewesen. Mit Frieden im Herzen und dem Wissen über die uralte Magie der Natur wanderte sie oft durch das besagte Waldstück. Ab und zu kam sie auch durch die Dörfer. Dort wurde sie von den Leuten mit Wohlwollen betrachtet. Die Menschen wußten sehr wohl, daß die Hexe eine große Zauberkraft besaß. Oft fragten die Leute die Hexe um Rat, wenn sie ein Leiden plagte. Gern half die Alte mit ein paar heilenden oder zauberkräftigen Kräutern aus.

Es geschah, daß die Hexe einmal auf dem Weg zurück in den Wald einen seltsamen Fund machte. Da lagen, in einem Korb verborgen, zwei kleine Kinder. Es waren beides Mädchen. Die Alte hob den Korb auf und machte kehrt. Schließlich mußten die Kinder ja aus dem nahen Dorf stammen. Doch dort angekommen, mußte die alte Hexe erkennen, daß niemand etwas von den Kindern wissen wollte. So faßte sie schließlich den Entschluß, die Geschwister zu sich zu nehmen, sie zu erziehen und gab ihr Wissen an sie weiter.

Die Jahre gingen ins Land, und die Mädchen wuchsen heran. Die greise Hexe gab ihnen ihr Wissen über Zaubersteine weiter, lehrte sie die Kunst der Heilkräuter und wie man den Regen herbeirufen konnte. So wurden aus den Mädchen zwei sehr gelehrte und zudem noch tugendhafte Geschöpfe. Sie begleiteten ihre Ziehmutter auf all ihren Wegen. Und wenn eine Hexe für Menschenkinder so etwas wie Liebe empfinden kann, so war es bei der alten Zauberin der Fall. Sie liebte ihre Töchter wie die klare Sommernacht und den brausenden Wind.

Doch dann kam die Zeit, als die Hexe immer schwächer wurde. Auch ihre große Heilkunst konnte sie nicht davor bewahren. So zogen die beiden Mädchen fortan allein in die Dörfer, um dort den Menschen zu helfen oder etwas auf dem Markt zu ersteigern. Manchmal brachten die beiden ihrer Stiefmutter süßen Honig und zartes Gebäck mit. Dafür liebte die Alte die beiden umso mehr. Es war ein sehr schönes Leben, und alle waren zufrieden. Jedoch, es gibt auch für gute Hexen ein Schicksal, dem sie nicht entrinnen können.

Es begann damit, daß auf einem nahegelegenen Bauernhof ein mißgebildetes Kalb zur Welt kam. Das war für die Leute ein böses Omen. Dann wurde auch das Brunnenwasser schwarz und ungenießbar.

Nun begannen die Leute darüber nachzudenken, wer wohl für diese Dinge verantwortlich sei. Sie kamen nur zu einem Schluß. Es mußte die alte Hexe mit ihren beiden Töchtern gewesen sein. Und als auch noch das Getreide durch einen Wolkenbruch bis auf den letzten Halm geknickt wurde, waren all die Jahre vergessen, in denen die Leute die Hexen mit Wohlwollen gewähren ließen. Sie beschlossen, in den Wald zu gehen, um die drei auf den Scheiterhaufen zu bringen. Doch noch bevor sie sich auf den Weg machen konnten, kamen die beiden Geschwister in das Dorf. Sofort wurden sie ergriffen und, ohne zu wissen warum, bei lebendigem Leib verbrannt. Nach dieser schändlichen Tat machten sich die Leute auf, um auch noch die alte Hexe zu holen. Doch als sie bei der einsamen Hütte ankamen, war diese leer.

Die alte Zauberin war verschwunden.
Die Häscher steckten die Hütte in Brand und begaben sich wieder auf den Heimweg. Die Hexe jedoch fanden sie niemals. Seit jener Zeit, in der die alte Hexe Rache geschworen hatte, ist es im Frauenwald zwischen Dobel und Neusatz nicht mehr geheuer.

Die Eulen haben dort brennende Augen, und die Bäume strecken einem ihre Äste entgegen, ganz so, als ob sie einen greifen wollten. Und zwischen den Bäumen schleicht eine furchterregende, uralte Frau umher, mit gebeugtem Rücken und Rachegelüsten in ihrem einstmals guten Herzen.

Der gestrafte Kobold

- Eine Sage aus Calmbach

Aus dem Kälblingwald, südöstlich von Calmbach, gibt es eine interessante Sage.
In vergangenen Tagen wohnte dort eine ganze Anzahl von Elfen und Kobolden. Ein paar davon unterstanden dem Teufel und taten nur das, was er ihnen befahl. Nicht selten kamen diese bösen Kobolde auf die Höfe und erschreckten die Tiere oder ritten so lange auf den verängstigten Kühen und Gäulen, bis diese vor Erschöpfung starben. Aber ganz besonders hatten sie es auf die Seelen der Menschen abgesehen. Natürlich waren dem Teufel die unschuldigen Kinderseelen am liebsten. So geschah es ein paarmal in Calmbach und Höfen, daß die Kobolde neugeborene Säuglinge entführten und statt ihrer Wechselbälger in die Wiegen legten. Solche Wechselbälger sahen zwar aus wie Menschen, doch sie schienen immer nur schlechte Laune zu haben und schrien den lieben langen Tag und die ganze Nacht, so daß die Mütter der Kinder oft dem Wahnsinn verfielen und die Unholdsbälger in der Enz ertränkten. Dafür kamen sie natürlich vor Gericht und wurden entweder zum Tode verurteilt oder wegen ihres Wahnsinns einfach in den Wald gejagt.
Eines Tages, so sagt man, habe sich wieder ein Kobold aufgemacht, um im Dorf ein Kind zu stehlen. Dabei hatte er sich ausgerechnet die Enkeltochter einer alten, greisen Frau ausgesucht, die etwas außerhalb des Dorfes wohnte. Die alte Frau konnte, wohl wegen ihres Alters, nicht verhindern, daß der Unhold das Kind mit sich nahm, doch sie wußte sich anders zu helfen, war sie doch in der ganzen Gegend als Zauberin und Kräuterweible bekannt. Sie nahm all ihr Wissen zusammen, rief eine gute Elfe zu sich und bat diese, in den Wald zu gehen und ihre Enkelin zu suchen. Im Wald fand die Elfe auch alsbald das Kind, gefangen unter dem Wurzelstock eines umgestürzten Baumes. Sie kehrte zurück und berichtete der alten Frau davon, bedauerte aber, nicht helfen zu können, da sie mit den bösen Mächten nicht in Streit kommen wolle. Die alte Frau bedankte sich und meinte, daß sie den Rest sehr wohl alleine erledigen könne.
In ihrem Zorn legte sie einen Fluch auf den Kobold. Als dieser zu dem umgestürzten Baum kam und das Kind unter dem Wurzelstock hervorzog, um es seinem Herrn zu bringen, kam der Fluch über ihn. Das Kind war frei, doch der alte vertrocknete Baum richtete sich wieder auf und begrub den Kobold unter seinen Wurzeln. Seitdem ist jener unter dem Baum gefangen und heult und schreit seine Pein in die Nacht hinaus. Manchmal soll man sein schreckliches Gesicht in der Rinde des Baumes sehen können.

Hoi-Hoi, der Mönch vom Kugelbeerwald

Eine Sage aus Heimsheim am Rande des nördlichen Schwarzwaldes

Wer heute auf der Autobahn von Stuttgart nach Karlsruhe fährt, sieht kurz vor Heimsheim ein Schild, welches den Beginn des nördlichen Schwarzwaldes aufzeigt.

Hier, auf Heimsheimer Markung, wenn sich zur Mitternachtsstunde die Vögel der Nacht in die Lüfte erheben, erwacht immer wieder aufs neue eine uralte Legende. Viele Einwohner dieser Gegend kennen die Geschichte vom „Hoi-Hoi", jenem unseligen Mönch, der im Kugelbeerwald sein Unwesen treibt. Doch, wie so oft, gerät auch diese Sage langsam in Vergessenheit. Deshalb sei hier noch einmal erzählt, wie die mitternächtliche Erscheinung einst ins Leben gerufen wurde.

Damals, als die Leute noch von dem leben mußten, was ihnen ihre Äcker und Felder gaben und als das Wort eines Geistlichen noch mehr galt als das Gesetz, trug sich in jener Gegend folgendes zu:

Einst hatten die Heimsheimer, als ihnen der Kugelbeerwald noch gehörte, den Merklingern erlaubt, in eben diesem Wald Holz und Laub zu sammeln. Schließlich waren die Menschen, da sie sich ihr Essen noch über dem Feuer kochten, auf Brennholz angewiesen. Einige Jahre ging das auch ganz gut. Doch dann begannen die Merklinger so zu reden, als ob der Wald ihr Eigentum wäre. Dies konnten sich die Heimsheimer natürlich nicht gefallen lassen. Schon bald gab es Streit, und man konnte sich nicht einigen. So entschlossen sich die beiden Parteien zu einer Gerichtsverhandlung, die auf dem umstrittenen Gebiet stattfinden sollte. Da es in jener Zeit Volksbrauch war, eine Gerichtsverhandlung unter einem großen Baum abzuhalten, wählte man die große Kätterleseiche, die damals in diesem Wald stand. Die Heimsheimer vertrauten wohl der Rechtsprechung an solch einem ehrwürdigen Ort. Die Merklinger indessen erdachten einen hinterlistigen Plan. Sie holten aus dem Herrenalber Kloster einen Geistlichen. Dieser Mönch sollte für die Merklinger als Zeuge auftreten und zur Wahrheit sprechen. Er trat vor das Gericht und erhob seine rechte Hand zum Schwur. So gewiß er den Schöpfer über seinem Haupte habe, sprach der Geistliche, so gewiß stehe er auf Merklinger Erde.

Das war ein schwerer Schlag für die Heimsheimer, denn gegen den Schwur eines Mönches, der doch ein Vertreter des göttlichen Glaubens war, konnte man nichts mehr ausrichten. Auf diese Weise war an jenem Ort das Recht gesprochen, und der Kugelbeerwald wurde zu Teil Merklinger Boden.

Jedoch, die Aussage des Mönches entsprach wohl doch nicht der Wahrheit. Warum müßte er sonst bis zum heutigen Tage dort umgehen?

Dafür gibt es einen Grund. Der Mönch hatte sich für ein lohnendes Entgelt eine gar

schlimme Gaunerei ausgedacht. Unter seiner Kapuze steckte ein Schöpflöffel. So konnte er behaupten, daß er den Schöpfer über seinem Haupte trage. Und in seinen Schuhen befand sich doch wahrhaftig Merklinger Erde.
Für diesen gemeinen Betrug muß er bis zum heutigen Tag umhergeistern und findet keine Ruhe. Schon von weitem hört man des Nachts seine Stimme. „Hoi-Hoi", ruft er und raschelt durch das Unterholz. Insbesondere auf dem Rumpelgäßle treibt er sein Unwesen und führt arglose Wanderer in die Irre. Schon so mancher wurde von ihm in den dunklen Wald gelockt und fand sich viele Stunden später an einem ganz anderen Ort wieder.

Das schreckliche Antlitz in der Zavelsteiner Burg

Aus Zavelstein

Wenn man des Nachts in Zavelstein durch die alte, mit Kopfsteinpflaster ausgelegte Gasse geht, die hinüber zu der alten Burg führt, so kann man eigentlich nicht umhin zu glauben, daß es in den alten Mauern nicht geheuer ist. Zu gespenstisch liegt die alte Festung da, in der Nacht! So ist es nicht ungewöhnlich, daß um die Burg unzählige Sagen und Legenden ranken. Ja, man kann sagen, daß fast jeder alteingesessene Zavelsteiner eine andere zu berichten weiß. Die Zavelsteiner sind ganz gewiß kein ängstliches Volk, zu viel Schlechtes ist ihrem schönen Städtchen schon widerfahren, doch auch sie beginnen zu flüstern, wenn sie von den Gespenstern der alten Burg erzählen. Von einer dieser nächtlichen Erscheinungen berichtet diese alte Geschichte. Wenn man nicht allzu ängstlich ist und sich des Nachts in das Gewölbe begibt, dessen Eingang sich schräg rechts hinter dem Hauptportal befindet, so kann es einem geschehen, daß man in der Mauer, rechts neben der Treppe, ein gar schreckliches Gesicht erblickt. Es ist das Antlitz eines armen Bauern, der, weil er seine Abgaben nicht bezahlen konnte, von dem Burgherren lebendig eingemauert wurde. Selbst für die damaligen rauhen Zeiten erscheint diese Strafe sehr hart und ungerecht. Das läßt vermuten, daß nicht nur das Unvermögen des Bauern, seine Steuern zu zahlen, schuld daran war, daß er so ein schweres Schicksal erleiden mußte.

Daß die schreckliche Erscheinung schon einmal bewußt jemand etwas zuleide gegetan hätte, ist nicht bekannt. Jedenfalls weiß man nicht, was den beiden übermütigen Burschen geschah, die sich einmal leichtfertig in das Gewölbe begeben und dort, unverfroren wie sie waren, gerufen haben sollen: „Du da in der Mauer. Warst doch nur ein dummer Bauer!" Der eine Bursche, so erzählt man, sei mit grauen Haaren wieder aus dem Gewölbe gestiegen. Der andere soll für den Rest seines Lebens in eine Irrenanstalt gekommen sein.

Das Schwert im Stein

Eine Sage aus der Gegend zwischen Dennach und Dobel

In England gibt es eine Legende von König Arthus, die weithin bekannt ist. Man weiß auch, daß der junge Arthus nur König wurde, weil er das Schwert EXCALIBUR aus einem Stein zog, was vor ihm noch keiner vermocht hatte.

Auch im Schwarzwald gibt es eine alte Erzählung von einem Zauberschwert, welches in einem Stein steckt. Nur in ganz bestimmten Nächten erscheint der Stein mit dem Schwert auf dem Heuberg zwischen Dennach und Dobel. Es heißt, man solle sich davor hüten, das Schwert aus dem Stein ziehen zu wollen, denn man würde dadurch nicht, wie der junge Arthus, König, sondern wecke den dort schlafenden, bösen Riesen. Wie man aus alten Überlieferungen erfahren kann, soll in besagter Gegend einmal ein schrecklicher, böser Riese gelebt haben. Seine Erscheinung war die schauerlichste der Region. Man sagt, der Boden habe unter seinen Schritten gebebt, und er sei so groß gewesen, daß ihm die Bäume gerade mal bis zum Bart gereicht hätten. Mit glühenden Augen habe er das Land durchstreift und nach Opfern gesucht. Es wird behauptet, daß er sich von Menschenfleisch ernährt habe. Und weil die Menschen, im Gegensatz zu ihm, so klein waren, habe er immer Hunger gehabt. Sein Magen knurrte so laut, daß man meinte, ein Gewitter würde heraufziehen.

Wegen all der schrecklichen Taten des Riesen beschlossen die Menschen alsbald, etwas gegen den Unhold zu unternehmen. Sie wählten einen tapferen Burschen unter sich aus und versprachen ihm reiche Belohnung. Der wackere Bursche wußte sehr wohl, daß es auf der ganzen Welt keine von Menschenhand geschaffene Waffe gab, mit der man den Riesen besiegen konnte.

Deshalb suchte er einen im Wald lebenden, alten Mann auf und fragte ihn um Rat. Der Eremit hörte sich an, was der Bursche zu sagen hatte und gab ihm den Rat, zu der alten Eiche im Wald zu gehen; wo diese Eiche stand, wurde nicht überliefert. Dort lebe ein Zwerg. Dieser Zwerg sei ein Meister in der Kunst des Schwertschmiedens. So begab sich der Bursche zu dem Schwertschmied und erzählte ihm von seinem Auftrag, dem rasenden Unhold den Kampf anzusagen. Da der Riese auch bei den Zwergen verhaßt war, nahm der Zwerg all seine Zauberkraft zusammen und begann, ein Zauberschwert zu schmieden. Man sagt, er habe dazu einen Mond- und einen Sonnenstrahl eingefangen und daraus die Klinge geschmiedet. Den daraus entstandenen Stahl hätte er in Elfentränen gehärtet. Der Griff des Schwertes wurde aus dem zauberkräftigen Holz einer Eiche geschnitzt. Mit dieser mächtigen Waffe machte sich der tapfere Bursche auf den Weg, und es dauerte nicht lange, bis er auf den Riesen traf. Sogleich wollte dieser den Burschen verspeisen, denn, wie immer, hatte er großen Hunger. Doch der Bursche wich ihm geschickt aus und hieb mit seinem Schwert auf ihn ein.

Als der Riese von der Klinge getroffen wurde, verspürte er einen schrecklichen Schmerz und brüllte so laut, daß alle Tiere aus dem Wald flüchteten. Immer wieder griff er nach seinem Widersacher, doch er bekam ihn einfach nicht zu fassen. Statt dessen spürte er immer mehr die Zauberkraft des Schwertes. Immer heftiger schlug der Bursche auf den Riesen ein, so lange, bis das Ungeheuer umfiel. Als der Riese auf der Erde aufschlug, brach der Boden auf, und der Unhold versank in der Tiefe. Nur seine Schädeldecke war noch zu sehen. Da hinein rammte der tapfere Streiter seine Zauberklinge, um dem Riesen den Todesstoß zu versetzen. Nun war das Land befreit, und schon bald geriet alles in Vergessenheit.

Die Nebelelfe

Eine Sage aus Würzbach

Nicht weit von der ehemaligen Havelsburg, nahe Würzbach, soll es einst im Wald unzählige Elfen und Gnome gegeben haben. Sie waren, bis auf wenige Ausnahmen, den Menschen gut gesinnt und sorgten dafür, daß der Wind nicht zuviel Getreide knickte und daß im Herbst das Obst schön reif wurde und nicht schon am Baume verfaulte.
Die Menschen wußten das zu schätzen und lebten, so erzählt man, in friedlicher Eintracht mit den Geisterwesen. Jedoch, wie schon gesagt, soll es da auch ein paar Ausnahmen gegeben haben. Die Gnome hatten schon immer ihren Spaß daran, die Menschen zu necken. Deshalb blieb es auch nicht aus, daß einmal ein Bauer von den kleinen Plagegeistern heimgesucht wurde. Er war mit seinem Ochsengespann gerade unterwegs im Wald, um Holz für den Winter zu schlagen, als die Gnome ihn entdeckten. Schon warfen sie mit Steinen nach den Ochsen und schlugen sie mit Stöcken, bis die Tiere vor lauter Angst ihr Heil in der Flucht suchten. Der Bauer aber soll solche Furcht bekommen haben, daß er sich nicht mehr von der Stelle rühren konnte und in seiner Verzweiflung laut um Hilfe rief. Was dann geschah, sei wie ein Märchen gewesen, so erzählte der Bauer später im Dorf. Plötzlich habe sich ein Nebel erhoben, so dicht, daß man die Hand nicht vor Augen habe sehen können. Die Plagegeister seien von unsäglicher Furcht ergriffen worden und in wildem Durcheinander davongelaufen. Dann, wie aus dem Nebel herausgeschält, sei eine Gestalt vor dem armen Mann erschienen und habe zu ihm gesagt, er brauche sich nicht mehr zu fürchten, und er solle nur nicht den Weg verlassen, der ihm gewiesen werde, um aus dem Wald zu kommen. Danach habe sich eine Gasse im Nebel aufgetan, wo zuvor noch kein Weg gewesen war, und er habe ganz unbehelligt den Wald verlassen. Am Waldrand habe er dann sogar seine Ochsen wiedergefunden.
Seit dieser Zeit ist es in der Gegend um die Havelsburg sehr ruhig geworden. Jedoch, wenn sich der Nebel an kalten Herbsttagen erhebt, so kann man manchmal eine Gestalt umherwandeln sehen, bei der es sich um die gute Nebelelfe handeln soll.

Von dem abtrünnigen Mönch

Eine Sage aus Hirsau

Einer alten Erzählung nach soll es in dem einstmals prächtigen Kloster zu Hirsau nicht nur gottesfürchtige Menschen gegeben haben.
Es begab sich einmal, daß ein Mönch nicht mehr damit zufrieden war, den ganzen Tag nur zu arbeiten und zu beten. Und so kam es, daß sich dieser Mönch der dunklen Kunst zuwandte.
Seinem damaligen bösen Treiben werden des öfteren heute noch manche Unglücksfälle in der Umgebung von Hirsau zugeschrieben. Welche Schandtaten dem Mönch zur damaligen Zeit angelastet wurden, ist nicht bekannt. Jedoch müssen diese so greulich gewesen sein, daß der Mönch einer Teufelsaustreibung unterzogen wurde, an der er, wie man behauptet, letztendlich starb.
Man erzählt sich auch, daß seine Gebeine noch heute irgendwo in einem der unterirdischen Gewölbe der Klosterruine modern. Der Sage nach waren die Schandtaten des Abtrünnigen so schrecklich, daß das Kloster in seinen Grundfesten erschüttert wurde, und man befürchtet heute noch, daß der Mönch eines Tages wieder aus dem Schlund der Hölle aufsteigen könnte, um weitere Greueltaten zu begehen.
Dies soll geschehen, wenn des Nachts beim Mondenschein zwei schwarze Raben vom Eulenturm aufsteigen und mit ihrem Geschrei die himmlische Dreifaltigkeit verspotten. Auch die Mauern der Ruine sollen dann vollends einstürzen.
Dies alles ist nur eine Legende, doch wenn man bedenkt, daß in jüngster Zeit die mächtigen Mauern mit Balken abgestützt werden mußten, wo sie doch schon so viele Jahre lang Wind und Wetter getrotzt haben, könnte man meinen, daß die Sage doch ein Körnchen Wahrheit enthält.

Die verwünschte Fee

Eine Sage aus Birkenfeld

Es begab sich vor langer, langer Zeit, im Jahre des Herrn um 1400. Damals tanzten noch allabendlich Feen und Elfen über die Wiesen und Felder vor den Toren des Dorfes zu Birkenfeld und ließen mit ihrem Zauber die Früchte reichlich gedeihen. Durch gesegnete Ernten wurde das Dorf reich und seine Menschen glücklich, Wohlstand füllte die Bäuche der Männer, und Edelsteine zierten die Dekolletés der Frauen.

Eine Fee wurde von Neugier in das Dorf getrieben und sah mit unendlichem Neid die prächtigen Steine auf den Brüsten der Weiber prangen. Sie selbst war jedoch nur eine Fee, geheißen, mit ihrer Zaubergabe Gutes zu tun und dabei bescheiden und verborgen zu bleiben. Doch nein! Sie war die Schönste unter den Ihren, und sie dachte, die funkelnden Perlen würden dies noch unterstreichen. So kam es, daß sie ihren Eid brach und sich mit Menschenschätzen bereicherte. Als dies ihre Schwestern sahen, wurde die Schöne in der folgenden Nacht ihres Hochmuts wegen von ihnen verstoßen und verwünscht. Verflucht nunmehr als häßlichstes aller Wesen, sollte sie fortan des Nachts durch die Gassen des Dorfes umherirren, bis sie einen Mann fände, der sich überwinde, ihr aus Liebe einen Kuß zu geben. „Mann, der du dich des Nachts auf die Gasse begibst, zügle nicht deinen Schritt, wenn dir ein Schatten folgt. Denn jeder, der ihr Antlitz erblickt, ist des Wahnsinns Spielgefährte. Dieser ausweglosen Strafe bewußt und von Verzweiflung ergriffen, steigt sie des Nächtens durch des Kamines Öffnung zu euch in euer Schlafgemach und küßt im Schlafe euch die Lippen – oh Ahnungsloser! Doch ihrer Hoffnungen einmal mehr beraubt, bleibt dir nur des Morgens ihr scheußlicher Geschmack auf deinem Mund". So steht's geschrieben.

Der verwunschene Elf im Nagoldtal

Eine Sage aus Unterreichenbach

Das Nagoldtal ist, wie das Enz- oder das Würmtal, ob seiner Sagen und geheimnisvollen Geschichten bekannt. Auch dort sind die Kobolde und Elfen daheim. Man sagt, daß man dort im Tal in früherer Zeit noch die Alraune, eine mächtige Zauberpflanze, finden konnte.

Wie ihre Geschwister, Enz und Würm, ist auch die Nagold ein sehr romantischer Fluß, an dem schon so mancher Dichter seiner Liebsten einen Vers schrieb. Doch das rauschende Wasser wispert auch von Jahren harter Arbeit und Schweiß, denkt man nur an die Flößer, die dort in reiner Knochenarbeit ihr Holz nach Unterreichenbach und Pforzheim steuerten.

Dort am Ufer der Nagold gibt es ein Wesen, welches da schon viele Jahre verweilt und auf seine Erlösung hofft. Es ist der verwunschene Elfenprinz, der dort wartet und dem die Freude an der Nagold wohl entschwunden ist. Dies ist seine Geschichte, und sie ist wahrhaft traurig.

Lang ist es schon her, da lebte der Elfenprinz in der Gegend von Unterreichenbach. Er hatte viele Untergebene. Alle Elfen und Kobolde, ja selbst die Trolle und Faune waren ihm treu ergeben. In seinem Reich, das irgendwo im Wald zwischen den Bäumen und Blumen lag, war er ein gerechter Herrscher. Die Waldgeister liebten ihren Prinzen und verwöhnten ihn. Dann kam die Zeit, als der Prinz sich eine Frau nehmen sollte. Dies war seine Pflicht, wenn er sein Reich erhalten wollte. Er schickte Boten aus, um die Nachricht im ganzen Nagoldtal zu verbreiten.

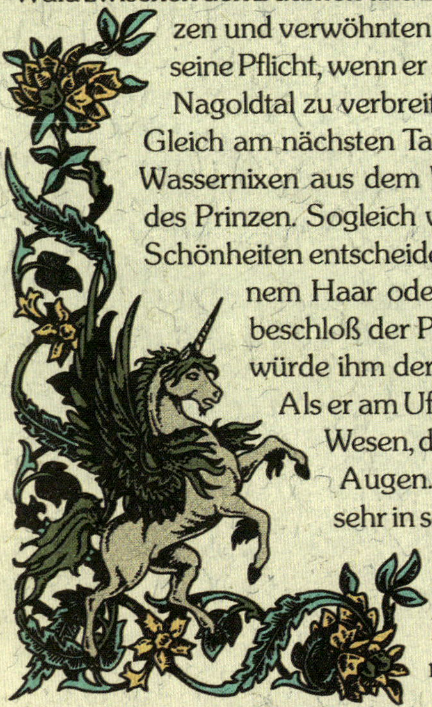

Gleich am nächsten Tage fanden sich viele Waldfeen und Baumjungfern bei ihm ein. Ja selbst die Wassernixen aus dem Würmtal waren erschienen. Sie alle erhofften sich den Platz an der Seite des Prinzen. Sogleich wurde ein prächtiges Fest gefeiert, auf dem sich der Elfenprinz für eine der Schönheiten entscheiden sollte. Doch die Wahl fiel ihm schwer! Sollte er sich für eine Nixe mit goldenem Haar oder für eine Elfe mit glänzenden Flügeln entscheiden? In seiner Ratlosigkeit beschloß der Prinz, hinunter an die Nagold zu gehen. Dort, bei den rauschenden Wassern, würde ihm der Entschluß sicher leichter fallen.

Als er am Ufer der Nagold saß und über seine Wahl nachdachte, erblickte er das schönste Wesen, das er jemals zu Gesicht bekommen hatte. Es war ein Mädchen mit rehbraunen Augen. Daß sie ein Menschenkind war, vergaß er völlig, denn die Liebe brannte zu sehr in seinem Herzen. Der Prinz dachte gar nicht mehr an das Fest und an all die Elfen und Jungfern, die dort auf ihn warteten. Er hatte nur noch einen Gedanken, er mußte dieses Mädchen besitzen. Doch nach den strengen Gesetzen der Elfen war es ihm verboten, einen Menschen zu lieben. Und es war schon gar nicht möglich, einen Menschen zu heiraten.

In seiner Verzweiflung wußte er sich nicht anders zu helfen, als eine Wasserhexe um Rat zu bitten. Daß die Wasserhexe nicht gerade zu den Freunden der Elfen zählte, vergaß er völlig. Deshalb bemerkte er auch nicht, daß sie einen bösen und gemeinen Plan ausheckte. Sie sagte, daß sie zwar nicht dafür sorgen könne, daß der Prinz das Mädchen zur Frau bekam, aber eine einzige Nacht mit dem schönen Menschenkind könne sie ihm wohl verschaffen. Der Prinz sollte aber einen Preis dafür bezahlen. Was das für ein Preis war, sollte er erst später erfahren. Er machte sich auch gar keine Gedanken darüber, sondern dachte nur an die kommende Nacht. Tatsächlich traf der Elfenprinz das Mädchen in der folgenden Nacht im Wald. Die Wasserhexe hatte einen Zauber auf das Mädchen gelegt, damit sie dem Prinzen auch seine Wünsche erfülle. Die Nacht verging. Und als sich die beiden im Morgengrauen voneinander trennten, kam die Hexe zu dem Prinzen und verlangte ihren Preis. Dankbar wie er war, versprach er, ihr zu geben, was sie wollte. Das hätte er besser nicht getan, denn die Hexe verwandelte den armen Prinzen in einen häßlichen Frosch und nahm diesen zum Manne. Nur seine Elfenflügel durfte er behalten. So sitzt der Prinz noch heute irgendwo am Nagoldufer und wartet auf seine Erlösung. Doch wie er erlöst werden kann, weiß einzig und allein die Hexe.

Der Riese auf der Burg zu Liebenzell

Eine Sage aus Bad Liebenzell

Hoch über dem Städtchen Bad Liebenzell steht heute noch, wie vor vielen hundert Jahren, die stolze Burg Liebenzell. Sie ist, wie das Heilwasser, welches unten im Stadtpark aus den Tiefen der Erde hervorquillt, das Markenzeichen der Stadt. Um das Jahr 1200 wurde sie das erste Mal erwähnt. Aus dieser längst vergangenen Zeit stammt wohl auch die Legende vom Riesen Erkinger, der in jenen Tagen der Schrecken des ganzen Nagoldtales war.

Man erzählt sich, daß einst dieser Riese in den Wäldern um Liebenzell sein Unwesen trieb. Er soll ein grausamer Geselle gewesen sein, dem keiner im Kampf begegnen konnte, ohne dabei sein Leben zu verlieren. Mit einer riesigen Stange schlug der Bösewicht alle tapferen Krieger zu Boden und nahm ihnen das Leben. Es begab sich, daß der Riese eines Tages eine Burg erbauen ließ. Den Mörtel mußten die Maurer mit Wein anmachen, damit die Felsquader besser aufeinander hielten. Von dieser Burg aus schickte er seine Schergen hinab ins Tal, auf daß sie ihm, immer wenn ein Bauer Hochzeit feiern wollte, die frisch vermählte Braut brachten. Viele junge Frauen ereilte dieses Schicksal und keine kehrte jemals zu ihrem Gemahl zurück, denn sie wurden alle von dem Riesen mit Haut und Haar gefressen. Die Gebeine aber warf er aus dem obersten Fenster des Burgturmes, so daß sie immer auf der gleichen Stelle herniederfielen. Viele Jahre beging der Riese diese Greueltat, und mit der Zeit türmte sich eine Viertelstund Fußmarsch von der Burg entfernt ein gewaltiger Berg aus den gebleichten Knochen der Frauen auf. Diesen Berg nennt man noch heute den Beinberg, und das Dorf auf seiner Höhe nennt man ebenso.

Endlich wandten sich die geknechteten Bürger an ihren Landesherrn, den Markgrafen von Baden, und erzählten von ihrer Not. Der Markgraf verbündete sich, als er von der Stärke des Riesen hörte, mit Ruprecht, dem Pfalzgrafen. Mit einem gewaltigen Heer zogen die beiden vor die Mauern der Burg Liebenzell. Doch der Riese wußte sich zu wehren. Er warf mit großen Steinkugeln nach den Feinden und erschlug damit fast das halbe Heer. Als die Grafen erkannten, daß die Burg auf diese Weise nicht einzunehmen war, ließen sie den Eingang über Nacht zumauern, auf daß der Riese verhungern solle. Als Erkinger das sah, beendete er selbst sein schmachvolles Leben, indem er sich vom Turm in den Tod stürzte.

In Hirsau stand viele Jahre eine Kapelle, auch Riesenkapelle genannt, in der man lange Zeit das Wams, einen Hosenträger und einen Schuh des Riesen aufbewahrte.

Vom Jäger Franz und dem Teufel

Eine Sage aus Bad Herrenalb

Es ist wohl schon einige hundert Jahre her, da war das Tal südlich von Herrenalb ein wahres Felsenmeer. Dort wuchs nur Gestrüpp und Dornenzeug. Kein Bauer hatte jemals dort sein Vieh weiden lassen, denn die Disteln stachen die armen Tiere beim Fressen in die Mäuler. Am Anfang des Tales befand sich eine Mühle, und darin wohnte die schöne Müllerstochter Marie. Marie hatte einen Liebsten, den Jäger Franz. Die beiden liebten sich wirklich sehr, doch wie es damals nun einmal Brauch war, verlangte der Vater für Marie etliche Ländereien von Franz. Ja, er wollte von ihm das ganze Tal und den ganzen Wald, bis hinauf zum Roßkopf. Das war ein sehr großes Gebiet und für den verliebten Franz völlig unerschwinglich. Wie nur sollte er so viele Taler aufbringen, um das Land zu kaufen, damit er es dem Vater seiner Angebeteten zum Geschenk machen konnte?

Tag und Nacht grübelte er darüber nach. So ging das einige Wochen lang. Der Vater von Marie dachte gar nicht daran, von seiner Forderung abzulassen, sondern freute sich noch darüber, daß er seine Tochter nicht an einen Habenichts weggeben mußte. Franz konnte bitten und betteln, es half alles nichts. So saß er einmal oben auf dem Felsen über dem Tal, voll Trauer im Herzen. Dann, es mag wohl schon in der Dämmerung gewesen sein, trat aus dem Gebüsch hinter ihm ein Mann hervor. Dieser war niemand anderes als der Teufel selbst. Franz erkannte dies sofort, denn die Erscheinung war so häßlich und abscheulich, wie es kein Mensch hätte sein können. Der Teufel sagte zu Franz, daß er sehr wohl wüßte, warum er so traurig sei, und er könne Franz helfen. Franz sollte nur mit seinem eigenen Blut ein Pergament unterschreiben, auf daß seine Seele dem Teufel gehören möge. Dann, so meinte der Teufel, würden das Tal und der Wald Franz gehören. Franz war darüber so erbost, daß er sogleich seine Armbrust auf den Gehörnten anlegte, um ihn zu erschießen. Der Teufel lachte nur und sagte, daß er auch gerne zu einer Wette bereit sei.

Er meinte, daß Franz es niemals schaffen würde, auf dieses verdorrte Land eine Geiß zu bringen, die auch noch aus lauter Freude über die vielen Dornen herzhaft meckerte. Wenn er das schaffe, so würde ihm das Land gehören. Sollte Franz aber versagen, so sei seine Seele für immer verloren. Franz schlug ein, wenn auch nur widerwillig. Doch insgeheim hatte er schon einen Plan, wie er den Teufel besiegen konnte. Er machte sich, so schnell es nur ging, auf den Weg zu seiner Marie, um mit ihr darüber zu sprechen.

Es kam die nächste Nacht, und Franz ging hinauf zu dem Felsen. Der Teufel wartete schon auf ihn und trat siegessicher vor Franz hin. Als der Gehörnte nirgends eine Geiß entdecken konnte, begann er, schallend zu lachen. Doch Franz sagte zu ihm, er solle sich doch einmal umdrehen.

Das tat der Teufel auch und erblickte Marie, wie sie den Hügel hinaufstieg. An ihrer Seite lief eine Geiß. Als die beiden oben angekommen waren, begann die Geiß sofort an den Disteln zu schnuppern. Geschwind nahm Marie eine Rute und schlug damit auf das Hinterteil der Geiß. Diese begann sogleich zu meckern und zu trampeln. Erstaunt starrte der Teufel die Geiß an. Dann begriff er, daß die beiden ihn überlistet hatten. Mit einem derben Fluch stampfte er auf den Boden und verschwand in einer Rauchwolke. Franz hatte gewonnen und bekam das Tal und seine Marie. Das Tal aber, das noch keinen Namen trug, nannte er Geißtal. Dieser Name wurde später in Gaistal umgeändert.

Der Hexenfelsen

Eine Sage aus Beinberg

Wenn man vom Dorf Beinberg hinabsteigt in das Tal, in dem die uralte Nagold fließt, so sollte man sich insbesondere nachts hüten, seinen Weg vorbei am sogenannten Hexenfelsen zu wählen. Nach einer alten Legende soll es dort nicht geheuer sein. Warum der Felsen diesen Namen trägt und warum es dort nicht mit rechten Dingen zugehen soll, läßt sich nur schwer herausfinden, denn darüber streiten sich die Gemüter. Die einen behaupten, der Fels trage diesen Namen, weil sich dort einst die Hexen der Umgegend zum Sabbat getroffen hätten, andere wiederum behaupten, der Name deute darauf hin, daß dort zu dunkleren Zeiten die Heidnischen und Ungläubigen als Hexen und Zauberer hingerichtet wurden.

Eine andere Erklärung läßt sich finden, wenn man einer uralten Geschichte glauben darf, die schon seit langer Zeit in der Gegend um Bad Liebenzell erzählt wird. Einst, das heißt, noch vor der Gründung des Klosters in Hirsau, trug sich an besagtem Felsen folgendes zu. Oben auf dem Felsen soll eine alte Eiche gestanden haben, die von unzähligen Faunen und Feen bewohnt wurde.

Eines Tages kam ein Mann, der die Eiche kurzerhand fällte. Was dieser für einen Grund hatte, gerade diesen Baum zu fällen, ist nicht mehr zu erfahren. Fest steht nur, daß alle Feen und Faune, die dort nun ohne Wohnstatt waren, sich so erzürnten, daß sie sich geschworen hatten, fortan jeden, der versuchen sollte, den Felsen zu erklimmen, hinunterzustürzen. Es ist nicht bekannt, ob dort schon jemand zu Tode kam, es ist aber seltsam, daß man des Nachts dort eigenartig klagende Stimmen vernehmen kann, insbesondere in der Walpurgisnacht.

Wenn des Nachts der Totenvogel schreit

Eine Sage vom Büchelberg, zwischen Neuhausen und Münklingen

Auf dem Büchelberg zwischen Neuhausen und Münklingen wurde des öfteren schon der sogenannte Totenvogel gehört. Wohlgemerkt! Viele haben ihn schon gehört, den markerschütternden Schrei des schwarzen Raben, doch nur wenige konnten darüber noch berichten, nachdem sie der Bestie Auge in Auge gegenübergestanden hatten. Denn der Anblick des Totenvogels bringe den

Tod, so sagt man! Wie es dazu kam, daß der Vogel gerade die Gegend um Neuhausen unsicher macht, weiß man nicht. Zuviele Legenden ranken um seine Entstehung, und dies ist eine davon:

Einst, als sich die Menschen noch vor den Wölfen und wilden Bären mehr fürchteten als vor dem Teufel, begab es sich, daß der Gehörnte sich ausgerechnet die Gegend um Neuhausen und Münklingen für seine Jagd nach neuen Seelen aussuchte, um sie in die nicht allzu weit entfernte Teufelsmühle zu bringen, wo sie Steine zu Feuer zermahlen sollten.

Dies erwies sich als nicht allzu klug, denn der Bocksbeinige hatte nicht mit der Bauernschläue und der Gewitztheit der Menschen in dieser Gegend gerechnet. Und so kam es, daß die braven Bauern dem Teufel selbst immer wieder Hörner aufsetzten und ihn mit seiner eigenen Hinterlist hinter's Licht führten. Sie schalten ihn einen Narren und verlachten ihn. Das machte den Teufel so wütend, daß er mit einem ohrenbetäubenden Getöse hinabfuhr in das dunkle Gestein, aus dem er gekommen war, und nie mehr zurückkehrte. Jedoch berührte er zuvor mit seinen schwarzen Händen einen Raben und flößte ihm seinen stinkenden Atem ein. So kam es, daß aus einem gewöhnlichen Raben ein gespenstiger Greif wurde, der des Nachts schreiend seine Kreise zieht. Er wurde auch schon auf dem nahegelegenen Galgenberg gehört. Gerade in dieser Gegend gibt man noch heute einsamen Wanderern eine letzte Warnung mit auf den Weg in die Nacht: „Bas uf, das de dr Nachdkrab net holt!"

Das Mönchsgewand

Eine Sage aus der Gegend von Ispringen

In der Nähe des heutigen Ispringen lebte einst ein Mönch ganz allein im Wald. Er war bei den einfachen Leuten sehr beliebt, denn er teilte oft sein karges Essen mit den Armen und Gebrechlichen.

Auch ging er oft zu den Bauern, um ihnen die Worte des Herrn nahezubringen. Die Töchter der Bauern unterwies er in der Lehre von den heilenden Kräutern und auch den Söhnen brachte er allerhand Nützliches bei. So war er immer ein gern gesehener Gast.

Da der Mönch aber so arm war, trug er nur ein paar Lumpen am Leib. So kam es, daß eine der Bauerstöchter aus Dankbarkeit eine Kutte für den Mönch anfertigte, auf daß er nicht mehr frieren müsse. Der Mönch war sehr erfreut und schloß die Tochter in seine Gebete ein.

So verging noch einige Zeit, und immer trug der fromme Gottesmann das Gewand. Doch eines Tages, so berichtet die Sage, fand man den Mönch tot im Wald. Seine Kutte war verschwunden. Wie der arme Mönch ums Leben kam, weiß niemand genau. Es wird erzählt, Räuber hätten ihn erschlagen und sein Gewand gestohlen. Jedoch wird auch berichtet, der Teufel selbst habe den frommen Mann ums Leben gebracht und seine Seele geholt. Seit dieser Zeit ist es in den Wäldern um Ispringen nicht mehr geheuer, denn des öfteren wurde dort schon ein Mönchsgewand zwischen den Bäumen gesehen, das scheinbar ziellos umherirrt. Von diesem Gewand wird behauptet, daß es die Kutte des Mönchs sei, die ihren Besitzer suche.

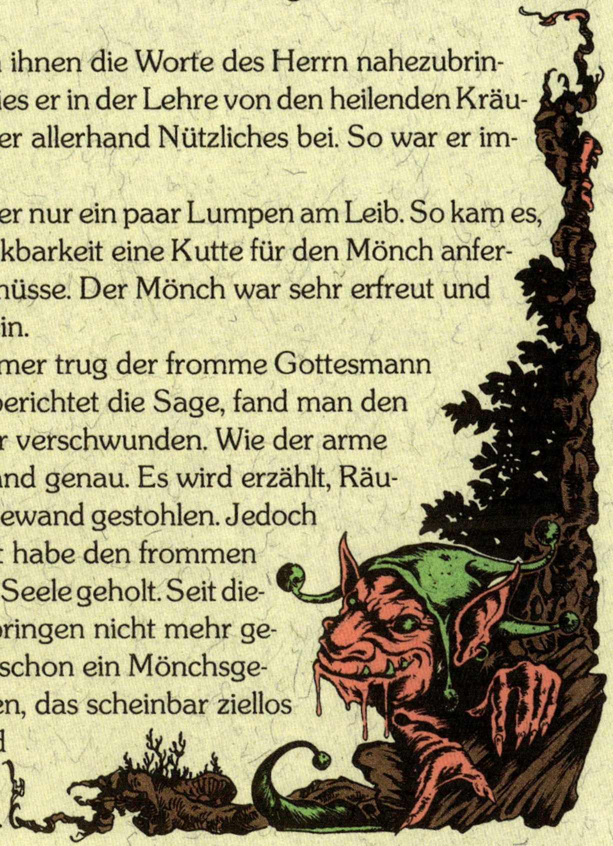

Der Hirsch vom Hohlohsee

Eine Sage aus Kaltenbronn, Sprollenhaus

Viele Legenden ranken um das schöne Hochmoor, dort bei Kaltenbronn. Der Wildsee und auch der Hohlohsee waren schon immer Orte, an denen die Geister in großer Schar umgehen sollen. Da wird von unseligen Nonnen und kopflosen Reitern erzählt. Auch die Irrlichter haben dort oben ihre Heimat. Und wer schon einmal diese Orte bei Vollmond besucht hat, der kann sich auch denken, warum. Diese Gegend ist so urig und geheimnisvoll, daß es viele Menschen schaudert, wenn sie nur an sie denken. Daran ist auch der Hirsch vom Hohlohsee schuld, denn sein Auftauchen bedeutet immer, daß sich das Hochmoor wieder eine Seele geholt hat. Wie es zu dieser Erscheinung kam, berichtet eine Geschichte aus alten Tagen.

Einst war dort oben zwischen den geisterhaften Bäumen ein Jäger auf der Pirsch. Dieser soll mit einigen anderen Jägern aus der Gegend eine Wette abgeschlossen haben. Jeder hatte gewettet, daß er den kapitalsten Hirsch erlegen würde. Jener Jägersmann hatte einmal von einem Bauern gehört, daß oben auf der Höhe des Hohlohsees ein gewaltiger Hirsch sein Revier habe. Dorthin ging der Jäger auf die Pirsch. Man sagt, er habe sehr lange nach diesem Hirsch gesucht, und es wird auch erzählt, daß dem Jäger auf seiner Suche einige der dort umgehenden Geister begegnet seien. Die Gier und die Jagdlust waren es wohl, weshalb der Jägersmann trotzdem weiter nach dem herrlichen Tier suchte. Alle Angst vor den Geistern war ihm fremd. Eine alte Weisheit besagt, wer lange genug wartet, wird auch belohnt. Und so war es wohl auch bei dem Jäger, denn nach einiger Zeit begegnetete ihm das Tier, und es muß wohl von solch einer Pracht gewesen sein, daß es dem Jäger schwerfiel, seine Büchse auf es anzulegen. Doch dann tat er es doch, denn die Wette war ihm wichtiger als das Leben jenes Hirsches. Als die Kugel den Hirsch traf, so soll der Jäger später berichtet haben, ließ er einen schauerlich wehklagenden Ruf ertönen. Dann sei der Hirsch in seinem Schmerz losgelaufen, um dem Jäger zu entkommen.

Der Jäger verfolgte den Hirsch quer durch den ganzen Wald bis zu einem Ort, an dem das Tier nicht mehr weiter konnte. Wenn diese alte Geschichte wahr ist, dann hat sich der Hirsch in das Moor gestürzt. Das stolze Tier wollte wohl eher im Moor versinken, als in den Händen des Jägers verenden. Dies ist der Grund, warum man zuweilen im Moor einen Hirsch erblicken kann, dessen Geweih immer mächtiger wird. Denn man sagt, jedesmal, wenn ein Mensch dort oben in den tiefen dunklen Wassern sein Leben läßt, werde das Geweih des Hirsches um ein Ende reicher. Gottlob ist in den letzten Jahren niemand mehr dort oben ertrunken, und so mag es hoffentlich auch bleiben. Doch wer schon einmal diesen Hirsch erblickt hat, mit seinem riesigen Geweih, der kann erahnen, wieviele Menschen schon seit jener Zeit dort oben umgekommen sind.

Die Windsbraut

Eine Sage aus Grunbach

Der Glaube an die Windsbräute stammt noch aus heidnischer Zeit, als man jedem Element auf unserer Erde, sei es nun Wasser oder Feuer, ein eigenes Leben zuordnete. Auch der Wind hatte seine eigene Seele. Ja, es wurde sogar behauptet, daß er etliche Töchter habe. Und eben diese Töchter nannte man die Windsbräute. Sie sollen wunderschön gewesen sein, und schon so mancher Bursche soll sich unsterblich in eine von ihnen verliebt haben. Doch eine alte Weisheit aus unserem Land besagt, daß man sich davor hüten soll, einer Windsbraut zu folgen. Es scheint zwar unwahrscheinlich, daß die Windsbräute den Menschen böse gesinnt sind, doch läßt sich aus der nun folgenden Sage schließen, daß sie manchmal gar nicht wissen, was sie den Menschen antun können.

Einst lebte in Grunbach ein junger Mann, der so einer Tochter der Lüfte begegnete. Das Schicksal, das ihm widerfuhr, ist wahrhaft traurig.

Auf dem Heimweg von Büchenbronn nach Grunbach erblickte er im Heiligenwald, nahe des Beutbaches, eine gar wunderliche Erscheinung. Wie er später erzählte, sei zwischen den Bäumen, ein paar Ellen hoch in der Luft, ein wunderschönes Licht gewesen, das von einem nebelhaften Schleier umgeben war. Freilich war der Bursche neugierig und wollte sich das seltsame Wunder aus der Nähe betrachten. So ging er darauf zu, und langsam schälte sich eine Mädchengestalt aus dem Nebelschleier. Sie war von solch einer Schönheit und ihr Gesang erklang so lieblich, daß der Mann sogleich sein Herz an sie verlor. Er war der unsterblichen Liebe verfallen, doch als er näher heranging und die Schöne berühren wollte, verschwand das wundersame Geschöpf, um in einiger Entfernung wieder zu erscheinen. Wieder ging der Bursche darauf zu, und wieder geschah das gleiche.

Die Liebe brannte lichterloh im Herzen des jungen Mannes, doch so sehr er sich auch bemühte, er konnte das Wesen einfach nicht einholen. Tage und Nächte ohne Schlaf rannte er ihr hinterher. Einem Wanderer, der ihn dabei beobachtete, erzählte er in aller Hast und völlig erschöpft von seiner Begegnung. Der Bursche zeigte mit seinem Finger auf die Erscheinung, doch der Wanderer erblickte nur ein paar Blätter, die sich im Wind drehten. Wahrscheinlich irrt er noch heute durch die Wälder, immer auf der Suche nach dem lieblichsten Geschöpf, das er jemals erblickt hatte.

Das Burgfräulein im blauen Gewand

Eine Sage aus Birkenfeld

Zwischen Neuenbürg und Birkenfeld, oberhalb der Enz auf der Hornklinge, soll dereinst eine mächtige Burg gestanden haben. Stolz und ehrfurchtgebietend waren die dicken Mauern der Festung schon von weitem zu sehen. Um so verwunderlicher scheint es, daß man davon nichts mehr finden kann. Jedoch nicht alles ist im Dunkel der Zeit verschwunden.

In manchen Nächten zeigt sich dort ein bedauernswertes Wesen, das man das Fräulein im blauen Gewand nennt. Vor vielen hundert Jahren begab es sich, daß auf der Burg ein Herrscher mit seiner Tochter lebte. Man sagt, die Tochter sei von überirdischer Schönheit gewesen und dazu noch so sanft und lieblich wie der Gesang einer Nachtigall. Der Burgherr jedoch war ein gemeiner und niederträchtiger Geselle der nur eines im Sinn hatte, nämlich anderen Menschen weh zu tun. Selbst vor seinem eigen Fleisch und Blut machte er nicht halt. Hätte er die Folgen erahnt, wäre folgendes vielleicht nie geschehen.

Eines Tages soll der Burgherr seine Soldaten ausgeschickt haben, einen standesgemäßen Bräutigam für seine Tochter zu suchen. Freilich wußten alle in der Gegend, was für eine Schönheit die Tochter war, deshalb ist es auch nicht verwunderlich, daß alsbald Ritter aus dem ganzen Land um die Hand der Holden anhielten. Das Schicksal wollte es aber anders. Wie konnte der Burgherr auch wissen, daß seine Tochter ihr Herz schon längst einem anderen geschenkt hatte. Als der Herrscher hörte, daß der Auserwählte ein ganz gewöhnlicher Stallbursche war, dachte er sich einen hinterhältigen Plan aus.

Er rief den Burschen zu sich und gab ihm ein Schwert. Dann sagte er zu ihm, er möge erst hinausziehen und mit einigen anderen Soldaten sein Geschick beim Kriegshandwerk unter Beweis stellen. Kehre er dann mit reicher Beute zurück, so solle er die schöne Tochter zur Frau bekommen. Beim Abschied versprach die Tochter ihrem Liebsten, daß sie auf ihn warten wolle, und zu seiner Freude würde sie bei seiner Rückkehr ihr schönstes Kleid tragen. Dieses Kleid soll ganz von himmlischem Blau gewesen sein. So verging die Zeit. Aus den Tagen wurden Monate und aus den Monaten ein ganzes Jahr. Dann endlich kehrten die Soldaten zurück, und sogleich zog die Tochter ihr blaues Kleid an. Doch wie groß war ihr Schmerz als sie erfuhr, daß ihr Geliebter durch Feindeshand umgekommen war. So voller Trauer war sie, daß sie sich noch in der gleichen Nacht vom höchsten Burgfried stürzte. Über den Tod seiner Tochter wurde ihr einst so böser Vater verschlossen und schwermütig, und man sagt, er habe sich eines Tages in der Enz ertränkt.

Um die mächtige Burg soll es etliche Kämpfe und Streitereien gegeben haben, so daß sie im Laufe der Zeit gänzlich zerfiel. Was von dieser traurigen Geschichte übrigblieb, ist das Versprechen der Tochter. Noch heute soll sie dort oben, hoch über dem flüsternden Wasser der Enz, sitzen und auf ihren Stallburschen warten. Dabei singt sie ein trauriges Liebeslied, und der Wind spielt mit ihrem blauen Kleid.

Blütenduft in Winternächten

Eine Sage aus Tiefenbronn

Vor langer Zeit soll in der Gegend von Tiefenbronn ein kleines Blockhaus gestanden haben. In diesem Haus lebte eine alte Frau glücklich mit ihrer Enkeltochter. Jeden Abend lag das kleine Mädchen in ihrem Bett und lauschte den Geschichten, die die Großmutter zu erzählen wußte. Diese sprach oft von einer wundersamen Blume, die nur im Winter blühe und die heilende Kraft besitzen sollte. Die Großmutter erzählte dem Mädchen auch, daß man die Blume nur in ganz kalten Winternächten unter klarem Sternenhimmel finden könne. Das Schönste an dieser Blume sei ihr lieblicher Duft, der einem, wenn man ihn einatme, alle bösen Träume verjage. Die Jahre zogen ins Land, und die Alte wurde immer greiser. Dann, in einem sehr kalten Winter, wurde die Großmutter schwerkrank und konnte nicht mehr aus ihrem Bett aufstehen. Um einen Mann der Medizin bezahlen zu können, fehlte ihnen das Geld und wahrscheinlich hätte sich sowieso kein Arzt auf den beschwerlichen Weg durch den verschneiten Wald gemacht. Die alte Frau muß wohl gewußt haben, daß sie nicht mehr lange zu leben hatte, und man kann sich denken, daß ihre größte Sorge darin bestand, wer sich denn nun um ihre Enkelin kümmern würde.

Das Mädchen aber dachte an die wundersame, heilende Blume und machte sich auf den Weg in die eisige Winternacht. Es hatte schon sehr lange gesucht und die Hoffnung fast aufgegeben, da sah es in der Ferne ein schwaches Schimmern. Und tatsächlich, es war die Wunderblume, und sie duftete so herrlich, daß das Mädchen die Kälte vergaß. Berauscht setzte es sich nieder, schlief ein und erfror neben der Wunderblume. In kalten Winternächten wandelt der Geist des Mädchens noch heute durch die Gegend, umgeben vom Blütenduft der geheimnisvollen Blume.

Die Wolfsgrube

Eine Sage aus Pforzheim

Als in mittelalterlicher Zeit, insbesondere in den kalten Wintern, die Bedrohung der Pforzheimer Bürger durch hungernde Wolfsrudel immer größer wurde, beschlossen die in Furcht lebenden Menschen, der Gefahr mit Gewalt zu begegnen. Für jeden getöteten Wolf sollte eine Belohnung gezahlt werden. Schon bald machten sich einige Männer aus den verschiedensten Schichten der Gesellschaft auf, um den grauen Bestien den Garaus zu machen.

Unter ihnen, so wird berichtet, war auch ein Edelmann. Nicht der Belohnung wegen sei dieser auf die Jagd gegangen, denn noch mehr Geld hatte er bestimmt nicht nötig, nein, wegen der Freude am Quälen und Töten zog er hinaus.

Man sagt, er habe in mühevoller Handarbeit und unter Einsatz all seiner Kraft etliche tiefe Gruben ausgehoben. Eine dieser Gruben kann man noch heute in der Nähe des Tierparks finden. Und eben diese Grube sei dem Edelmann zum Verhängnis geworden.

Es heißt, der Mann habe jeden Wolf, der in diese Grube fiel, bis aufs Blut gequält und dann jämmerlich verhungern lassen. Diese schändliche Tat hatte zur Folge, daß er eines Tages spurlos verschwand, und man behauptet, er sei von den gepeinigten Seelen der Wölfe in diese Grube gestürzt worden. Manchmal könne man in der Nacht ein fürchterliches Schreien vernehmen, das von dem Geist des Mannes stammt, der dort in der Grube sein Leben lassen mußte und zur Strafe selbst zum Wolfsgeist wurde.

Der Friedhofswächter

Eine Sage aus Pforzheim

In alter Zeit war die Angst vor den Geistern noch tief im Glauben der Menschen verwurzelt. So entstand ein schrecklicher Brauch. Man beschloß, fortan, wenn ein neuer Gottesacker entstehen sollte, in jedem ersten Grab einen Menschen lebendig zu begraben. Dessen ruheloser Geist solle dann über den Friedhof wachen und jeden Störenfried verjagen, sei es nun Mensch oder böser Geist.

Auch auf dem Pforzheimer Stadtfriedhof soll es einen solchen Wächter geben. Eine große Erscheinung soll er sein. In eine alte Kutte gehüllt und mit stechenden Augen. Mit sich trägt er einen Stab aus Eichenholz. Schon manch düsterer Gesell soll diesen Stab zu spüren bekommen haben. Man sagt auch, daß die Hände des Wächters so kalt seien, daß einem bei seiner Berührung das Blut in den Adern gefriere. Doch es wurden auch schon gute Taten von diesem Geist berichtet. So soll er sich manchmal den Schwermütigen, die des Nachts mit traurigen Gedanken belastet über den Friedhof wandern, annehmen. Einmal, so sagt man, wanderte dort ein junges Mädchen zwischen den Gräbern umher, ganz in Tränen aufgelöst. Da erschien ihr der Friedhofswächter. Er fragte das Mädchen nach ihrem Kummer und warum sie mitten in der Nacht an so einem unheimlichen Ort umherwandere. Das Mädchen, das sonderbarerweise gar keine Angst zu haben schien, jammerte über den Tod ihrer Mutter und daß sie nun ganz alleine mit ihren drei kleinen Geschwistern sei. Auch wüßte sie nicht, wie sie ihre Familie ernähren solle. Da führte der Wächter sie zum Grab der Mutter; dort erschien ihr deren Geist und sagte, unten im Keller des Hauses sei eine Truhe versteckt; in der befände sich ein Beutel mit Geld. Dieses Geld solle das Mädchen nehmen und mit ihren Geschwistern nach Calw gehen. Dort würden sie ihre Tante finden, bei der sie sicher und in Frieden leben könnten. So half der Friedhofswächter einer armen Seele aus der Not. Er soll deshalb zu manchen Menschen gut sein, weil er in seinem irdischen Leben ein frommer Mönch war, der zu Unrecht wegen Ketzerei angeklagt und zum Tode verurteilt wurde.

Der Geist im Hundstal

Eine Sage aus der Gegend zwischen Waldrennach und Höfen

Vom Hundstal, welches zwischen Waldrennach und Höfen an der Enz liegt, erzählt man sich eine gruselige Geschichte über einen Metzger, der dort sein Unwesen treiben soll. Man behauptet, er sei eine gar furchterregende Erscheinung, so groß wie ein Bär und mit glühenden Augen. In seinem Wamsgürtel stecke ein langes Fleischermesser. Er sei von oben bis unten mit Blut verschmiert, ganz so, als habe er gerade ein Schwein geschlachtet. Das Wunderlichste an dieser Erscheinung sei aber, daß er auf seinen derben Händen ein zartes Lämmchen trage.

Zu seinen Lebzeiten war der Metzger in der Gegend um Höfen und Waldrennach als schlechter und niederträchtiger Bursche bekannt, und nichts machte ihm mehr Freude, als die Menschen zu betrügen. Weil er so groß war und ein rauher Geselle, der auch seine Fäuste gebrauchte, traute sich niemand, gegen ihn aufzubegehren, noch ihn beim hohen Amt anzuzeigen. Ohne jegliche Furcht, jemals vom Arm der Gerechtigkeit überführt zu werden, konnte der Metzger weiterhin seine schändlichen Taten begehen. Er füllte, wenn er wieder einmal geschlachtet hatte, nur Unrat und schlechtes Fleisch in die Wurst. Das gute und schmackhafte Fleisch aber verspeiste er selber. Selbst sein Hund bekam von ihm besseres Fleisch zu fressen als die armen Leute in der Gegend. Dabei war Fleisch zu jener Zeit für die Armen in den Dörfern ein fast unerschwinglicher Genuß.

So ging es Jahr um Jahr, und es geschah nicht selten, daß ein Bürger an verdorbenem Fleisch starb. Eines Tages kam ein armer Bauer zu ihm und wollte mit seinem letzten Ersparten ein kleines Stück Wurst kaufen. Die Wurst sollte ein Geschenk für seinen kleinen Sohn sein, der an diesem Tage sechs Jahre alt wurde. Der Metzger nahm für die Wurst, die auch nur aus verdorbenem Fleisch bestand, das ganze Geld des armen Bauern und freute sich über seine eigene Gemeinheit. Am nächsten Tage ging es dem Söhnchen des Bauern sehr schlecht, und weil sich die Bauersleut keinen Medicus leisten konnten, starb das Kind in den Armen seiner Eltern. Dies war die wohl schlimmste Tat des gemeinen Metzgers, und deshalb konnte sie auch nicht ungesühnt bleiben. In seiner unbeschreiblichen Trauer und mit schrecklichen Rachegelüsten im Herzen begab sich der Bauer hinaus ins Hundstal, denn er wußte, daß es dort im Wald Mächte und Wesen gab, die den Menschen in Not und Pein zur Seite standen. Freilich, den Sohn bekam der Bauer dadurch nicht zurück. Über den Metzger jedoch konnte er mit Hilfe der Waldgeister einen gerechten Fluch legen. Seit dem Tage, an dem der Metzger von dieser Welt schied, muß er draußen im Hundstale umgehen, und auf seinen Armen trägt er, in der Gestalt eines Lämmchens, die Seele des Kindes, das durch seine Schuld starb. So soll er auf ewig an seine Untat erinnert werden und die Seele des Kindes als Buße auf Händen tragen. Noch heute geht er im Hundstal um und heult seine Pein in die Nacht hinaus. Ja, selbst bis nach Langenbrand habe man ihn schon schreien hören.

Der Kapuzinermönch

Eine Sage aus Siehdichfür

Zu jener Zeit, als in unseren Gefilden das Christentum noch jung war, soll in der Nähe von Siehdichfür ein Mannskloster gestanden haben. Da man heute nicht einmal mehr den genauen Standort weiß und auch keine Überreste gefunden wurden, kann man darauf schließen, daß das Kloster schon seit uralter Zeit zerfallen ist. Wahrscheinlich würde heute niemand auch nur daran denken, daß in dieser Gegend einmal ein Kloster gestanden hat, wäre da nicht die Legende vom Kapuzinermönch, der noch heute auf seine Erlösung wartet.
Also, an besagtem Ort begab es sich, daß eine Frau aus Nöttingen zu noch früher Tageszeit in der Nähe von Siehdichfür auf einen Mönch traf, der neben zwei hölzernen Kisten stand. Der Mönch rief die Frau zu sich und öffnete die beiden Kisten. In der einen befand sich Gold und in der anderen Silber und Edelsteine. Er sprach zu dem Weib: „All diese Reichtümer sollen Dir gehören, wenn du mich von meinem Fluch erlöst. Doch dazu mußt du folgendes tun!" Der Mönch erklärte ihr, daß sie nach dem Mittag zwischen der zweiten und dritten Stunde wiederkommen müsse, und dabei solle sie ihm eine Windel aus der Wiege eines Neugeborenen und ein Handtuch bringen. Sie brauche auch nicht alleine zu kommen, sondern dürfe noch jemand mitbringen. Jedoch mehr als drei Seelen sollten nicht davon wissen. Die Frau ging zurück in ihr Dorf. Doch konnte sie ihren Mund nicht halten und erzählte sogleich dem Pfarrer und jedem anderen, der ihren Weg kreuzte, von den beiden Kisten und den sagenhaften Reichtümern, die darin verborgen lagen. So wußte es alsbald das ganze Dorf, und zur abgemachten Zeit erschienen nicht nur drei Seelen am vereinbarten Ort, sondern fast alle Dorfbewohner.
Der Mönch jedoch hatte sie schon erwartet und sprach: „Mehr als drei haben davon erfahren, und deshalb ist meine Erlösung nicht möglich." Und er verschwand mit seinen Kisten.
Das Seltsamste an dieser Geschichte ist aber, daß nur die Frau und zwei weitere Leute den Mönch gesehen und gehört haben. Alle anderen haben nichts wahrgenommen, außer dem Flüstern des Windes.

Zwei Musikanten beim Hexentanz

Eine Sage aus Zavelstein

Zwei Musikanten aus Zavelstein, die für ihr schönes Spiel auf der Geige weithin bekannt waren, spielten einmal in einem benachbarten Ort, es mag wohl Rötenbach gewesen sein, auf der Kirchweih.

Als sie sich, vom langen Spiel müde geworden, auf den Heimweg machten, begegneten ihnen zwei edle Reiter. Die beiden Musikanten wurden aufgefordert mitzukommen, um für ein fürstliches Entgelt in einem Wirtshaus zum Tanz aufzuspielen.

Als die Musikanten an das viele Geld dachten, war ihre Müdigkeit schnell verflogen, und sie folgten den beiden Reitern durch den nächtlichen Wald.

Alsbald kamen sie an ein vornehmes Wirtshaus, welches sie zu ihrer Verwunderung noch gar nicht kannten. Darin saßen edle Damen und Herren, tranken aus goldenen Bechern und speisten von goldenen Tellern, so berichteten die beiden später.

Auch die beiden Spielleute durften aus solchen edlen Bechern trinken. Dafür mußten sie jedoch die ganze Nacht spielen, und als der Morgen graute, gab man ihnen zwei goldene Becher als Lohn.

Dann verschwanden die feinen Leute in vierspännigen Kutschen, noch bevor die Sonne über den Horizont schaute.

Kaum stand die Sonne aber am Himmel, da verwandelten sich die Becher in Ziegenhufe. Nun wußten die beiden armen Männer, daß sie den Hexen zum Tanz aufgespielt hatten. Aus lauter Wut, so erzählt man, zerbrachen sie ihre Geigen und schworen, nie mehr ein Instrument zu spielen.

Der Einsame im Moor

Eine Sage aus Würzbach

Einst lebte in Würzbach ein Mann, der immer zornig und boshaft war. Niemand konnte ihn leiden, am allerwenigsten seine junge Frau, die ihn nur geheiratet hatte, um der Armut zu entfliehen. Weil es die Frau nicht gut bei ihrem Mann hatte und darob sehr verzweifelt war, dauerte es nicht lange, bis sich ein junger Bursche aus dem Nachbarort in die bedauernswerte Frau verliebte. Auch sie war ihm nicht abgeneigt. So kam es, daß sie beschlossen, gemeinsam die Gegend zu verlassen. In aller Stille und Heimlichkeit wollten sie in der Nacht fliehen.

Sie hatten jedoch nicht damit gerechnet, daß der boshafte Ehemann davon wußte. In seiner Heimtücke ließ er sie gewähren, doch in der Bruckmüsse, welche man auch als Würzbacher Moor bezeichnet, lauerte er den beiden Fliehenden auf und erschlug sie mit einem Hammer. Danach warf er die beiden Leichen in das schwarze Wasser des Moores.

Was aus dem Mörder wurde, weiß man nicht. Aber als man anfing, im Moor Torf zu stechen, fand man die Leiche der Frau, und die Leute sorgten dafür, daß sie christlich begraben wurde, auf daß ihre arme Seele in Frieden ruhe.

Die Leiche des Geliebten fand man nie.

Jedoch wird erzählt, daß man schon des öfteren eine gar grausige Gestalt im Moor umherwandeln sah, ganz so, als ob sie etwas suchen würde. Sogar bis nach Würzbach soll die Gestalt schon gekommen sein, und es ist wohl besser, wenn man sich ihr nicht in den Weg stellt, denn es heißt, der Unselige suche den Mann, der ihn und die Geliebte einst heimtückisch erschlug.

Vom kopflosen Holzfäller

Eine Sage aus Agenbach

Die Sage vom kopflosen Holzfäller, der in mondhellen Nächten durch die Wälder rings um Würzbach und Agenbach streicht, erscheint nur auf den ersten Blick wie eine Schauergeschichte. Wenn man genauer darüber nachdenkt, kommt man letztendlich zu dem Schluß, daß es unter den Bewohnern der Wälder so manchen Scherzbold gibt. Auch wenn der Streich, den der Holzfäller über sich ergehen lassen mußte, eher von der dunkelsten Art war, sollten wir die nun folgende Sage mit etwas verständnisvollem Humor sehen.

Einst lebte im kleinen Dorf Agenbach ein Holzfäller mit Namen Hannes. Die Geschichte erzählt, daß Hannes nicht gerade mit Verstand gesegnet war. Deshalb nannten ihn die Leute auch den dummen Hannes. Was ihm jedoch viele neideten, war seine Standhaftigkeit beim Trinken. Er konnte, so erzählt man, sieben Liter Bier auf einmal trinken, ohne auch nur ein bißchen zu schwanken. Manche hatten es schon versucht, den Bierhannes beim Trinken zu schlagen. Doch wenn die Herausforderer schon längst völlig betrunken unter den Tischen lagen, nahm Hannes seine Axt und ging in den Wald, um einen Baum zu fällen.

So verging die Zeit, und der Hannes trank einen nach dem anderen unter den Tisch, um gleich danach wieder in den Wald zu gehen. Eines Tages, als Hannes wieder einmal die Axt schwang, um eine dicke Eiche zu fällen, ertönte aus dem Wurzelstock des Baumes ein fürchterliches Gezeter und Geschrei.

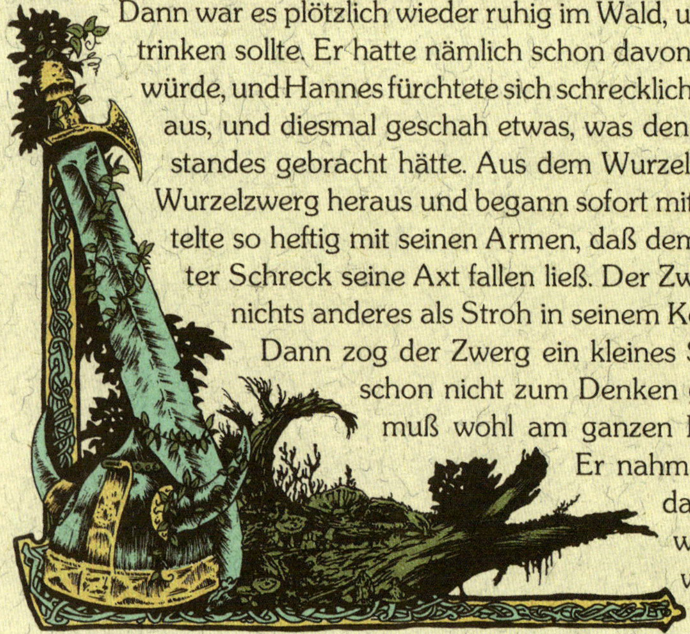

Dann war es plötzlich wieder ruhig im Wald, und Hannes dachte sich, daß er wohl doch etwas weniger trinken sollte. Er hatte nämlich schon davon gehört, daß man vom vielen Trinken Gespenster sehen würde, und Hannes fürchtete sich schrecklich vor Gespenstern. Schließlich holte er zum nächsten Hieb aus, und diesmal geschah etwas, was den armen Hannes fast um den kläglichen Rest seines Verstandes gebracht hätte. Aus dem Wurzelstock der Eiche kam, mit Donner, Blitz und Rauch, ein Wurzelzwerg heraus und begann sofort mit dem erstaunten Hannes zu schimpfen. Der Zwerg fuchtelte so heftig mit seinen Armen, daß dem Hannes ganz Angst und Bange wurde und er vor lauter Schreck seine Axt fallen ließ. Der Zwerg schimpfte ihn einen kopflosen, dummen Wicht, der nichts anderes als Stroh in seinem Kopf hätte.

Dann zog der Zwerg ein kleines Schwert und sagte zu Hannes: „Wenn du deinen Kopf schon nicht zum Denken gebrauchst, dann kann ich ihn ja abschlagen!“ Hannes muß wohl am ganzen Leib geschlottert haben, als er diese Worte vernahm. Er nahm seine Axt und machte sich, so schnell er nur konnte, davon. Er hörte noch die Worte des Zwerges, als er schon weit weg war, und fürchtete, daß dieser seine Drohung wahrmachen würde, wenn Hannes in diesem Wald noch einmal einen Baum schlagen würde.

Zu Hause angekommen, begab sich Hannes sofort ins Wirtshaus und begann zu trinken. Die Leute fragten ihn natürlich, was denn geschehen sei, und Hannes erzählte seine Geschichte. Das hätte er besser nicht getan, denn sofort begannen die Leute, sich über ihn lustig zu machen. Darum trank Hannes noch mehr und blieb bis zum nächsten Morgen sitzen. Dann, als er seinen Rausch ausgeschlafen hatte, hielt er in seiner Leichtgläubigkeit alles Erlebte für einen Traum.

Er schalt sich selbst einen Narren und machte sich auf, um dieselbe Eiche, die er hatte fällen wollen, noch einmal anzugehen. Dort angekommen, hob er erneut seine Axt zum Hieb, und schon stand wieder der Zwerg vor ihm!

Hier ist die Sage eigentlich zu Ende, denn was dann geschah, kann sich wohl jeder denken. Man sagt, daß Hannes seit jener Zeit im Wald einherwandelt und vergeblich seinen Kopf sucht.

Die Frau ohne Unterleib

Eine Sage aus der Gegend von Würzbach

Dies ist die Sage von der Schorch-Agnes. Die unterschiedlichsten Geschichten werden über ihr Schicksal erzählt. Hier ist eine davon. Zu jener Zeit, als noch Wölfe und Bären durch die Wälder von Würzbach streiften, lebte dort einst ein junges, hübsches Mädchen. Sie trug den Namen Agnes, und ihre Haare glänzten in der Sonne wie die Schwingen eines Raben. Sie wurde von jedermann geliebt und geschätzt und hatte natürlich auch viele Verehrer, die um sie warben. Doch Agnes blieb lieber in ihrem Elternhaus bei Vater und Mutter. Die beiden liebten ihr einziges Kind wie sonst nichts auf Erden. So lebten sie in Ruhe und Frieden. Bis zu dem Tage, an dem Agnes ihren siebzehnten Geburtstag feierte. An jenem Tag kam ein fremder Wanderer nach Würzbach. Wie das Schicksal es so will, suchte er ausgerechnet im Hause von Agnes' Eltern eine Zuflucht für die Nacht. Niemand konnte wissen, daß der Wanderer ein wandelnder Geck war, also ein Schwarzzauberer. In der Nacht, bei Donner und Blitz, schlich er sich in die Kammer des Mädchens und verführte es. Am nächsten Morgen ging der Wanderer seines Weges, und außer ihm und Agnes wußte niemand etwas von dem nächtlichen Geschehnis.

Doch mit der Zeit kam alles ans Tageslicht, denn ein paar Monate später bemerkten die Eltern, was mit ihrer Agnes geschehen war. Zu jener Zeit war es eine sehr schlimme Sünde, ein uneheliches Kind in sich zu tragen. Die Schande war groß für Agnes und ihre Eltern. Niemand sprach mehr ein Wort mit ihnen. Alle Leute zeigten nur noch mit den Fingern auf sie. So dauerte es auch nicht lange, bis es zu einem bösen Streit zwischen Agnes und ihren Eltern kam. Aus lauter Verzweiflung lief Agnes in den dunklen Wald und blieb seit jener Zeit verschwunden. Man sagt, sie habe sich ins Moor gestürzt. Doch der Zauberer wußte davon und holte sein ungeborenes Kind durch seine Zauberkraft zu sich. Die arme Agnes aber, nun frei von ihrer Schande, versank im nahegelegenen Moor. So soll sie bis zum heutigen Tage ohne ihren Unterleib dort umgehen.

Vom Wolfsmensch und dem Schmied

Eine Sage aus Wildbad

Eine der wohl schauerlichsten Erscheinungen in der Sagenwelt ist der Wolfsmensch. Diese Kreatur ist auch bekannt als Werwolf. Dabei handelt es sich um eine Person, die die schreckliche Gabe besitzt, sich bei Nacht in einen Wolf zu verwandeln. Dies ist wahrhaftig eine erschreckende Vorstellung. In der Gegend um Wildbad soll es einst eine solche Erscheinung gegeben haben. Immer dann, wenn der silberne Vollmond hoch oben am Nachthimmel stand, stiegen die Mächte des Bösen aus der Tiefe hervor und nahmen von einem Mann Besitz. Sie drangen in seine Seele ein und erweckten die verborgenen tierischen Instinkte.

Wenig später erklang dann der schauerliche Ruf des Werwolfs über dem schlafenden Wildbad. Heute denkt fast niemand mehr daran. Damals jedoch war dieser Ruf ein Zeichen für die Einwohner dafür, besser Türen und Fenster fest zu verriegeln. Niemand, war er auch noch so mutig, wagte es damals, aus dem Haus zu gehen. Wer dieser Werwolf in seinem bürgerlichen Leben war, wußte niemand genau, und deshalb war das Mißtrauen unter den Leuten auch sehr groß. Keiner traute dem anderen, und jeder achtete darauf, ob sein Nachbar etwas zu verbergen hatte. Beim Morgengrauen kamen die Menschen dann aus ihren Häusern, um zu sehen, was der Unhold wieder Schreckliches angerichtet hatte. Meist tötete er im Blutrausch die Tiere der Bauern. Diese lagen dann mit durchgebissenen Kehlen auf der Weide. Der Schrecken hätte wahrscheinlich niemals ein Ende genommen, wäre der Wolf nicht eines Nachts auch in die Hütte des Dorfschmiedes eingedrungen. Vom Lärm aufgeschreckt, erwachte der Schmied aus dem Schlaf und wollte nachschauen, was denn das für ein Gepolter war. Als er den Werwolf entdeckte, wollte er weglaufen, doch es war zu spät. Der Werwolf stellte sich ihm in den Weg. Da begann der Schmied zu bitten und zu betteln, daß er ihm nichts antun möge. „An mir ist doch nichts dran", sagte der Schmied zum Wolf, „suche Dir einen anderen zum Fressen." Dem Werwolf gefiel die Unterwürfigkeit des Schmiedes und er schlug ihm einen Handel vor. Der Wolf behauptete, daß es keine Kette auf der ganzen Welt gäbe, die ihn halten könne. Doch wenn es dem Schmied bis zum nächsten Vollmond gelinge, solch eine Kette herzustellen, wolle er ihm das Leben schenken.

Dann verließ die Bestie das Haus. Der Schmied machte sich sogleich an die Arbeit. Er hämmerte Tag und Nacht an dieser Kette. Man erzählt sich, jedes Glied sei so dick wie ein Arm gewesen. Dann ließ er den Geistlichen kommen, auf daß dieser die Kette weihte. Danach dachte er sich noch einen gerissenen Plan aus, um den Wolf zu besiegen.

Als der nächste Vollmond kam, erschien der Werwolf wieder bei dem Schmied und fragte, wo er denn die Kette habe. Dieser antwortete, die Kette sei zu groß, um sie in der Hütte aufzubewahren. Also gingen sie hinaus in den Hof, und der Wolf legte sich die Kette um seinen behaarten Körper. Er sagte zu dem Schmied, daß er die Glieder nur fest zusammenhaken solle. Dies tat der Schmied auch, und der Wolf begann, an der Kette zu zerren. Doch wie sehr er sich auch darin wand, er konnte die Glieder nicht brechen, denn sie waren ja geweiht. Der Wolf begann, zu heulen und zu brüllen. Er tobte und wälzte sich auf der Erde. Doch damit nicht genug. Denn die Kette war an einem Ochsengespann festgemacht, und als die Tiere das Geschrei des Wolfes vernahmen, begannen sie loszulaufen und schleppten den winselnden Werwolf hinter sich her.

Sie zogen ihn geradewegs auf den Kirchhof und schleppten den Unhold direkt vor das Kirchenportal. Dort schwand die Kraft der Bestie, und sie konnte überwältigt werden.

Es stellte sich heraus, daß der Werwolf niemand anderes war als der Sohn des Bürgermeisters. Wenig später wurde er dann auf dem Dorfplatz erhängt und verbrannt. Seine Asche vergrub man irgendwo im Schatten der Kirche.

Man sagt, daß man seinen Geist bis zum heutigen Tage dort winseln und jammern hören kann!

Die Jungfer der Burg Liebeneck

Eine Sage aus der Gegend zwischen Tiefenbronn und dem Ort Würm

Gegenüber dem schönen Ort Hohenwart, auf der anderen Seite des Würmtales, steht die Ruine der einst mächtigen Burg Liebeneck. Am Tage ein beliebtes Wanderziel für jung und alt, ist sie jedoch des Nachts ein Ort der Einsamkeit und Grabeskälte.
Von dieser Burg wird erzählt, daß darin einmal vor langer Zeit eine wunderschöne Jungfer lebte, um die sich einst viele wackere Ritter im Kampfe stritten. Unzählige Turniere wurden ausgetragen, auf daß einer der Ritter die Gunst der holden Jungfer erlangen sollte. Jedoch keinem gelang es, die Schöne für sein Herz zu gewinnen, denn sie hatte ihre Liebe schon einem anderen versprochen. Der Auserwählte war ein einfacher Jägersmann, und auch sein Herz schlug nur für die schöne Jungfer.
Als die Ritter das erfuhren, waren sie neidisch und erzürnt. Sie beschlossen, den Jäger zu töten. So geschah es, daß der Jäger, als er wieder einmal durch die tiefen Wälder zog, hinterrücks von einem der Ritter erschlagen wurde. Als die Jungfer vom Tod ihres Liebsten erfuhr, brach es ihr das Herz, und sie stürzte sich vom hohen Burgfried in den Tod. Doch zuvor schwor sie noch, bei der christlichen Heiligkeit, daß sie fortan jede Nacht als Geist auf den Mauern wandeln wolle, um ihrem Liebsten ein Liebeslied zu singen. Dieser Gesang ist so schön, daß einmal ein Wanderer, der des Nachts an der Burg vorbeikam, nicht widerstehen konnte, die Herkunft dieser ach so schönen Stimme zu ergründen. Als er die Jungfer schließlich sah, begann sie bitterlich zu weinen und sprach zu ihm: „Du bist nicht mein Liebster!“ und verschwand, immer noch weinend, zwischen den Mauern. Der Wanderer aber hatte seit dieser Nacht ein so schwermütiges Herz, daß er wenige Wochen danach starb.

Die Sage vom Wolfsgeist

Eine Sage aus Schönmünz

Viele Geschichten erzählt man sich in unserer Zeit über das einstmalige Treiben der Wölfe in unserem Land. Meist handelt es sich dabei um wahre Schauergeschichten, die man den grauen Schleichern nachsagt. Wenn man einmal darüber nachdenkt, so fällt auf, daß die Wölfe immer auf der Seite des Bösen stehen und scheinbar nur auf der Welt sind, um den Menschen das Leben schwer zu machen. Dieser Aberglaube sorgte schließlich dafür, daß die Wölfe bei uns so gut wie ausgerottet wurden.

Nur sehr wenige Geschichten und Sagen gibt es, in denen der Mensch den Wölfen gegenüber im Unrecht war. Meist war es die Unwissenheit der Menschen, die zu so manch schlimmem Unglück führte. Wenige haben in ihrer Panik das Richtige getan und sind auf diese Weise dem Tode entronnen. Wenn man schon nicht weiß, wie man sich einem lebenden Wolf gegenüber verhalten soll, woher soll man dann wissen, was zu tun ist, wenn man einem Wolfsgeist gegenübersteht. Über solch eine Begegnung berichtet die nun folgende Sage aus mittelalterlicher Zeit.

Es geschah am Wildsee, unweit der heutigen Schwarzwaldhochstraße, am Fuße des Seekopfes. Ein Mann, der dort die Angelrute zum Fischfang ausgelegt hatte, machte dort einen gar seltsamen Fund. An der Angelschnur hing nicht, wie erwartet, ein Fisch, sondern der bleiche und geheimnisvolle Schädel eines Wolfes.

Da der Mann an diesem Tag keinen besseren Fang getan hatte und am Firmament auch noch dicke Regenwolken aufzogen, beschloß er, sich nun auf den Heimweg zu machen. Den Schädel nahm er mit, denn, wie er wohl später erzählt hat, gefiel dieser ihm so gut, daß er ihn bei sich in der Hütte aufbewahren wollte. So kam es, daß der Schädel, aus seiner Ruhe gerissen, bei dem Mann in der Hütte lag.

Als am Abend die Wolken ihre Last auf die Erde niederließen und man nichts anderes hören konnte, als die Regentropfen auf dem Dach der Hütte, hatte der Mann das Gefühl, daß er aus kalten Augen beobachtet wurde. Dieses Gefühl plagte ihn die ganze Nacht. Am kommenden Morgen jedoch war alles vergessen. Er dachte nicht mehr daran und ging wie gewohnt seinen Geschäften nach. Doch in der darauffolgenden Nacht hörte er leise Schritte um seine Hütte schleichen, und vor lauter Angst krampfte sich sein Herz zusammen.

Er nahm wohl an, daß gefährliche Mordgesellen um seine Hütte schlichen und nur darauf warteten, daß er die Tür aufmache. Die Nacht verging, und am nächsten Morgen war wieder alles vergessen. In der dritten Nacht kratzte etwas an der Türe, und der Mann hörte ein drohendes Knurren. Die

ganze Nacht bangte er um sein Leben und ihm wurde klar, daß nur der Schädel, den er mit seiner Angel aus dem Wildsee gefischt hatte, für diese schauerlichen Geschehnisse verantwortlich sein konnte.
So beschloß er, den Schädel wieder zurück ins Wasser zu werfen und bat Geist und Schädel um Vergebung. Von nun an hatte der Mann seine Ruhe. Wer weiß schon, was geschehen wäre, wenn er den Schädel behalten hätte? Diese Sage zeigt uns, daß auch Tiere eine Seele haben, und daß wir ihre letzte Ruhe respektieren sollten.

Der Troll

Eine Sage aus den Wäldern um Dennach

Beim Conweiler Stein, nicht weit vom Dörfchen Dennach entfernt, soll einmal ein Troll gelebt haben, von dem behauptet wird, daß er zwar sehr häßlich, doch den Menschen wohlgesonnen war. So habe er des öfteren geholfen, wenn jemand Beeren oder Pilze sammeln wollte. Man mußte sich nur mitten im Wald unter eine Eiche stellen und den Troll rufen. Dieser kam dann herbei und führte einen zu den besten Sammelplätzen.
Niemand ahnte jedoch, daß der Troll nur so freundlich war, weil er nicht wollte, daß man alleine durch den Wald ging. Schließlich hat jeder Troll einen Schatz zu hüten. So war es auch bei diesem. Sein Schatz war ein goldener Pilz. Eigentlich gehörte der Pilz den Waldelfen. Diese hatten den Troll nur als Wächter auserkoren, weil er der gescheiteste und listigste unter allen Waldgeistern war. Aber, wie so oft im Leben, gibt es immer jemanden, der noch gescheiter ist als man selbst. Und so kam es wie es kommen mußte. Zwei schlaue Brüder dachten sich einen durchtriebenen Plan aus, um an das geheime Versteck zu gelangen. Eines Tages gingen sie beide in den Wald. Der eine verbarg sich hinter einem Strauch, der andere stellte sich hin und rief: „Guter Troll! Komm geschwind, und zeig mir wo die Beeren sind!“ Sogleich kam der Troll herbei und sagte zu dem Mann, daß er ihm folgen solle. Die beiden gingen los. Als sie zwischen den Bäumen verschwunden waren, kam der andere Mann hinter seinem Strauch hervor und machte sich sofort daran, genau in der entgegengesetzten Richtung nach dem Schatz zu suchen. Er schaute unter jeden Busch und unter jeden Strauch. Er wollte schon aufgeben, denn schließlich konnte der Troll jeden Moment zurückkommen, da erblickte er in der Ferne ein goldenes Blitzen, und als er darauf zuging, sah er den goldenen Pilz. Voll diebischer Freude nahm er das edle Stück an sich und steckte es in seine Jackentasche. Dann machte er sich, so schnell er nur konnte, auf den Heimweg. Dort erwartete ihn schon sein Bruder. Doch, was sie nicht wissen konnten war, daß der Dieb von den Waldelfen bei seinem Raub beobachtet worden war. Diese hatten dem Troll auch gesagt, wer der Dieb war. Der Troll legte in seiner Wut einen bösen Fluch auf die beiden Brüder, worauf diese wenige Tage später starben. Man kann noch heute in den Wald gehen, um den Troll zu rufen. Doch soll dies nicht ratsam sein, denn seit jener Zeit führt er die Menschen nur noch zu den giftigsten Beeren und Pilzen, die der Wald zu bieten hat.

Der Verirrte im Fuchsloch

Eine Sage aus der Gegend zwischen Dietlingen und Birkenfeld

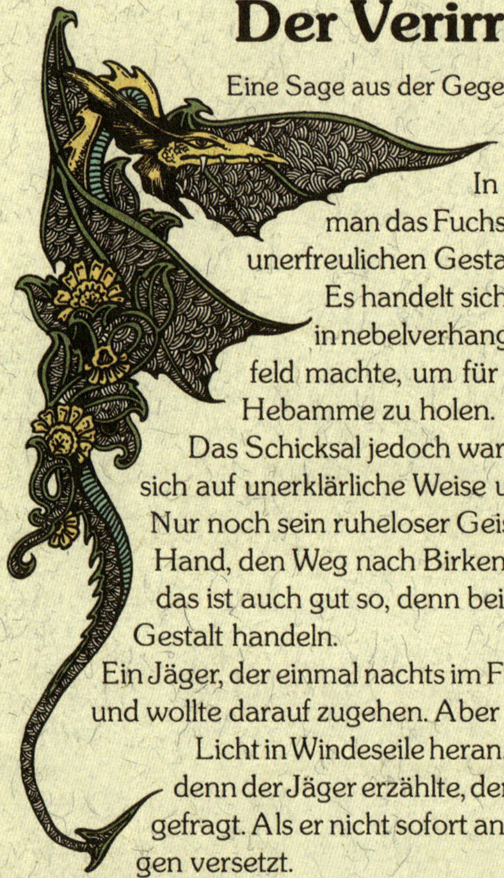

In der Gegend zwischen Dietlingen und Birkenfeld, die man das Fuchsloch nennt, kann man in nebligen Nächten einer sehr unerfreulichen Gestalt begegnen.

Es handelt sich dabei um einen ehemaligen Schuster, der sich einst, in nebelverhangener Nacht, auf den Weg von Dietlingen nach Birkenfeld machte, um für seine Frau, die kurz vor der Niederkunft stand, die Hebamme zu holen.

Das Schicksal jedoch war dem Schuster nicht wohlgesonnen, denn er verirrte sich auf unerklärliche Weise und war seit dieser Zeit verschwunden.

Nur noch sein ruheloser Geist geht dort im Fuchsloch umher, eine Laterne in der Hand, den Weg nach Birkenfeld suchend. Er wurde noch nicht oft gesehen, und das ist auch gut so, denn bei dem Geist soll es sich um eine wirklich schauerliche Gestalt handeln.

Ein Jäger, der einmal nachts im Fuchsloch auf der Pirsch war, sah in der Ferne ein Licht und wollte darauf zugehen. Aber statt dessen, so berichtete der Jäger später, kam das Licht in Windeseile heran. Dabei hatte es sich wohl um den Verirrten gehandelt, denn der Jäger erzählte, der gräuliche Geist habe nach dem Weg nach Birkenfeld gefragt. Als er nicht sofort antwortete, habe ihm die Gestalt ein paar derbe Ohrfeigen versetzt.

Man sagt, diesen Geist könne man erlösen, wenn man ihm den Weg nach Birkenfeld weise. Doch wer hat schon den Mut, in der Nacht dorthin zu gehen, denn wenn man im Fuchsloch in einen Nebel gerät, läuft man Gefahr, daß man nicht so schnell wieder nach Hause findet. Die Ohrfeigen des Geistes müssen sehr schmerzhaft sein, denn der Jäger hatte schlimme Verbrennungen im Gesicht, wie man heute noch zu berichten weiß.

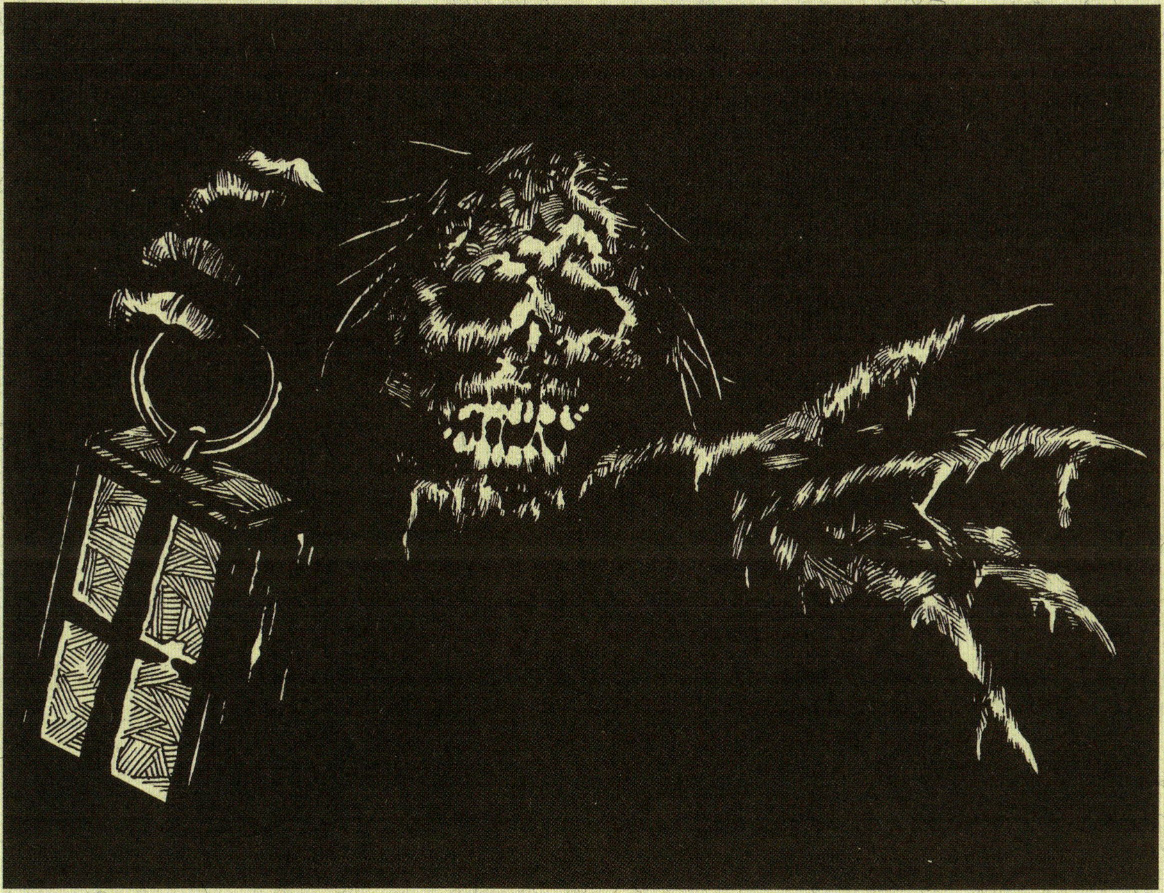

Der Wassernix vom Hornsee

Eine Sage aus Kaltenbronn

Viele Legenden ranken um den Hohloh- und Wildsee, doch nur wenige wissen, daß es in dem benachbarten, kleineren Hornsee auch nicht geheuer ist.

Es wird erzählt, daß dort unten in dem dunklen, tiefen See ein Wassernix lebe, der den Menschen nicht gerade wohlgesonnen sei. Außerdem soll er so häßlich anzusehen sein, daß selbst die Bäume um den See herum bei seinem Anblick verdorren.

Uralt sei er, und wenn es nachts ganz still ist um den Hornsee, dann könne man ihn auf dem Grund des Wassers über Gott und die Menschheit fluchen und lästern hören.

Er sei ein garstiger Geselle, und jeder Einheimische hütet sich, zu nah an den See heranzutreten, denn es wurde schon berichtet, daß sich der Nix einen Spaß daraus mache, arglose und übermütige Leute in die tiefen Abgründe des Wassers zu ziehen.

So erging es auch einem Tischlergesellen, der im Trunke mit seinen Freunden gewettet hatte, er würde, auf einem Baumstamm sitzend, über den See fahren. Dabei wolle er noch lauthals über den Nix spotten. Und so handelte der Leichtsinnige, wie er sich vorgenommen hatte. Doch kaum erreichte er auf seinem Baumstamm die Mitte des Wassers, begann es aus den Tiefen zu brodeln, und eine grausige Hand packte den Stamm samt dem Unglücklichen und schleuderte ihn weit durch die Lüfte.

Die anderen Burschen, die sich um den See versammelt hatten, um der Wette beizuwohnen, flohen Hals über Kopf hinab ins Tal und schrien immer wieder: „Der Wassernix, der Wassernix!". Dort, wo der arme Bursche auf seinem Stamm wieder vom Himmel fiel, sei der Poppelsee entstanden, so die Legende...

Der lachende Kobold

Eine Sage aus Eutingen

Im Eichwald zu Eutingen kann man in manchen Nächten ein schauerliches Lachen vernehmen. Die Legende erzählt, daß dort, zu einer Zeit, als noch die Ritter die Herren des Landes waren, ein Kobold gelebt habe. Der Kobold soll ein garstiger Geselle gewesen sein, der unzählige Opfer auf dem Gewissen habe.

Man sagt ihm nach, daß er viele schändliche Dinge getan habe. So erzählt man auch, daß er das Vieh verzaubere. Eine Geiß habe ein Junges mit zwei Schwänzen geboren und ein Gaul habe draußen auf dem Feld Brennesseln gefressen und sei, als ob ihn der Leibhaftige reiten würde, in den dunklen Wald galoppiert. Die schlimmste Tat jedoch sei die gewesen, daß der Kobold ab und zu die neugeborenen Menschenkinder gegen Wechselbälger austauschte, die zwar so aussahen wie kleine Kinder, jedoch immer schrien und nie satt wurden, so daß die armen Eltern buchstäblich ihr letztes Hemd geben mußten, um die immerhungrigen Bälger satt zu kriegen, was in damaliger Zeit schon unter normalen Bedingungen ein schweres Unterfangen war.

Der Kobold habe auch manchmal die Früchte des Waldes verzaubert, so daß einige Menschen an vergifteten Pilzen oder Beeren starben, die man sonst ohne Bedenken essen konnte. Und immer, wenn eine Schandtat vollbracht war, vernahm man das schauerliche Lachen des Unholds. Man erzählt, daß die geplagten Menschen in ihrer Not einen zauberkundigen Eremiten um Hilfe baten. Dieser Eremit soll mit seiner Macht den Kobold in den Wurzelstock einer jungen Eiche verbannt haben. Von diesem Zeitpunkt an hatten die Leute wieder ihren Frieden.

Das böse Lachen jedoch hatte der Eremit nicht verbannen können, und so soll man es noch immer hören, bis zum heutigen Tag.

Die Federn des Raben

Eine Sage aus der Gegend zwischen Unterhaugstett und Ottenbronn

Im Mittelalter wurde manchen Frauen nachgesagt, sie hätten ein Bündnis mit dem Gehörnten. Oft sah man an der Seite solch einer Frau, die man im Volksmund als Hexe bezeichnete, einen Raben. Auch auf den Friedhöfen sah man die Raben oft, und man nannte sie todbringende Vögel. Das ist selbst in unserer Zeit noch so. Man kann immer noch Leute sehen, die beim Anblick eines Raben dreimal auf den Boden spucken, um damit das nahende Unglück abzuwenden.

Natürlich gibt es auch etliche Legenden über die Raben. Diese hier ist eine von ihnen, und in ihr spielt, wie auch der Totenvogel in Neuhausen, ein Rabe die Rolle eines schlechten Boten. Im Bergwald zwischen Unterhaugstett und Ottenbronn läßt sich zuweilen ein Rabe sehen, der von einem seltsamen Glühen umgeben sein soll. Es sei ein Glühen, das man nur sehr schwer beschreiben könne. Man sagt, es käme dem Wetterleuchten gleich. Und doch, wenn die Bewohner dieser Gegend des Nachts aus ihren Fenstern sehen und in der Ferne ein Glühen erblicken, dann hoffen viele von ihnen, daß es sich dabei wirklich nur um ein sich näherndes Gewitter handelt. Niemand denkt gerne an den glühenden Raben, denn er soll den Tod bringen. Seit dem Mittelalter zeigt sich der Rabe in dieser Gegend, und schon damals wußten die Menschen, daß, wenn eine seiner Federn den Boden berührt, ein Bewohner dieser Gegend sterben muß. Es wird auch erzählt, daß jeder Baum, auf dem sich der Rabe niederläßt, verdorren muß. Vielleicht läßt sich die Legende durch eine andere, viel ältere Sage erklären. In heidnischer Zeit, als Germanen und Kelten in unserer Gegend lebten, glaubten die Menschen an zwei Raben, die immer auf die Erde kamen, um den Menschen den Willen der Götter zu überbringen. Freilich, wenn es sich bei diesem Raben um einen dieser Boten handelte, dann könnte man meinen, jene Götter seien den Menschen nicht gut gesonnen gewesen. Doch wenn wir Menschen uns selbst betrachten und ganz ehrlich zu uns sind, dann können wir auch nicht erwarten, daß uns die alten Götter wohlgesonnen sind.

Ob es sich nun um den heidnischen Glauben handelt oder um den christlichen, gottlos ist unser Handeln nur allzuoft. Und vielleicht ist es dieses ungläubige Dasein der Menschen, das uns solch unglückbringende Boten beschert. Ein alter Volksglaube besagt, daß man niemals die Feder eines Raben vom Boden aufheben darf, und sei sie noch so schön. Sie könnte die Feder eines Unglücksraben sein, und man würde damit sein Schicksal in die Hände dunkler Mächte legen.

Vom dicken Amtmann

Eine Sage aus Pforzheim

Gar schauerliche Geschichten ranken sich um einen Beamten aus Pforzheim, der seiner Leibesfülle wegen nur der „dicke Amtmann" genannt wurde. Dies wäre ja nicht schlimm, wenn er nicht noch dazu ein sehr schlechtes Benehmen gegenüber seiner Kundschaft gezeigt hätte. Auch den Frauen gegenüber legte er ein so rüpelhaftes Verhalten an den Tag, und es ist wohl nicht verwunderlich, daß jeder Bürger hoffte, nicht mit ihm ins Gespräch kommen zu müssen.

Auch seine Amtsgeschäfte verrichtete er so schlecht, daß ihm eines Tages eine Untersuchung von höchster Stelle drohte. Aus lauter Furcht, ins Gefängnis zu müssen, ging er hinaus in den Hohbergwald und erhängte sich dort im Kuhloch. Jedoch, ein Jäger fand ihn noch rechtzeitig und schnitt ihn ab. Sogleich, als der dicke Amtmann wieder unter den Lebenden weilte, verlangte er von dem Jäger dessen Stillschweigen und gab ihm dafür einen Batzen Geld. Das neue Leben währte jedoch nur an die zwei Monate, dann erhängte er sich erneut, diesmal in seinem eigenen Haus.

Dort mußte der dicke Amtmann fortan Nacht für Nacht umgehen. Als der neue Hausbesitzer dem unseligen Geist einmal des Nachts auflauern wollte, bekam er von diesem ein paar derbe Ohrfeigen. Ein anderer Mann, so wird erzählt, habe sich einmal dem Geist mutig in den Weg gestellt und ihm gesagt, er solle ihm zum Beweis, daß er auch der dicke Amtmann sei, die Hand geben. Der Geist aber wollte nicht und legte seine Hand auf ein Brett, das sogleich verbrannte. Da wußte der Mann, daß es seiner eigenen Hand wohl schlecht ergangen wäre, und machte sich aus dem Haus, mit der Gewißheit, daß es sich wirklich um den dicken Amtmann gehandelt habe.

Auf diese Art und Weise sei der dicke Amtmann zwanzig Jahre lang umhergegeistert, bis es den Hausbewohnern zu viel wurde und sie einen Diener Gottes kommen ließen. Dieser Gottesmann, der sich auch auf die Kunst der Zauberei verstand, verwandelte den Geist in einen kleinen Hund und trug ihn in einem Sack aus der Stadt. Im Kuhloch bannte er den unseligen Geist und befahl ihm, fortan nur an dieser Stelle zu spuken. Dort zeigt sich der häßliche, alte Amtmann bis heute und führt zuweilen die Wanderer in die Irre. Eine gar fürchterliche Gestalt sei er, und hätte auch schon manchem, der ihn neckte, ein paar schlimme Ohrfeigen gegeben.

Der Jäger und sein Hund

Eine Sage aus Langensteinbach

Im Wald, um die Ruine der Barbarakirche, ist es nicht geheuer. Das ist vielen der Bewohner in den umliegenden Ortschaften wohl bekannt. Unzählige Geschichten und Legenden ranken um diesen Wald. Einige davon sind wahrscheinlich längst in Vergessenheit geraten, und nur der geheimnisvolle Wald selbst könnte sie noch erzählen.

Ein paar jedoch blieben der Nachwelt erhalten, wurden sie doch immer wieder an langen, kalten Winterabenden erzählt. Eine dieser Legenden, die vom Jäger und seinem Hund handelt, ist wie folgt überliefert:

Einmal, es mag wohl schon über hundert Jahre zurückliegen, ging ein Jäger mit seinem Hund in besagtem Wald auf die Pirsch. Es war ihm wohlbekannt, daß man in diesem Wald kein Wild jagen sollte, weil die Tiere unter dem Schutz der guten Geister und Elfen standen.

Es wurde zu dieser Zeit auch behauptet, daß es selbst dem besten Schützen nicht gelingen würde, dort ein Tier zu erlegen, weil die Kugeln es nicht erreichen konnten. Dies alles tat der Jäger mit der Behauptung ab, es sei doch nur der Aberglaube von ein paar alten Weibern. So schritt der Jäger, stolz wie er war, unbekümmert in den Wald hinein, und sein treuer Hund folgte ihm.

Ein altes Sprichwort sagt, daß Stolz und Arroganz die Ehrfurcht im Menschen zerstören und daß man unempfänglich wird für die Schönheit der Natur. So dauerte es nicht lange, da hatte der Jäger einen prächtigen Hirsch erspäht und legte sogleich seine Jagdbüchse auf ihn an. Der Jäger war ein guter Schütze, und eigentlich hätte die Kugel den Hirsch sofort niederstrecken müssen. Aber der Hirsch blieb, wie der Jäger später berichtete, einfach stehen und blickte den Jäger mit seinen dunklen Augen an. Das ärgerte den Schützen, und er legte ein zweites Mal auf das Tier an. Doch auch diesmal blieb der Hirsch wie durch ein Wunder unverletzt. Aus lauter Wut über sein Versagen ergriff der Jäger seinen Hund und erschlug ihn.

Erst später bereute er seine Tat und wurde über den Mord an seinem treuen Gefährten so schwermütig, daß er kurze Zeit danach seinem Leben selbst ein Ende setzte.

Sein Hund jedoch, der im Zorn getötet wurde, soll heute noch als Geist in diesem Wald umherwandeln. Man erzählt sich, daß aus dem einst so treuen Tier ein fürchterliches Wesen geworden sei, das nur darauf warte, daß wieder ein Jäger kommt, um ein Tier zu erlegen.

Das fromme Gelübde

Eine Sage aus Steinegg

Zu einer Zeit, als der fruchtbare Boden unseres schönen Landes unter den Stiefeln des Feindes erbebte und der Hunger über die Menschen herrschte, begab es sich, daß die Nachricht über das baldige Erscheinen des Feindes am Horizont auch die Tore des Steinegger Schlosses erreichte.

Dort, in den alten Mauern, wußte man von der Grausamkeit der Feinde, und daß sie den Tod mit sich bringen würden. So kam es, daß die meisten Bewohner des Schlosses ihr Heil in der Flucht suchten. So auch ein schönes Schloßfräulein, das, so erzählt uns die Sage, von solch einer Schönheit gewesen sei, daß man sie zuweilen nur das Kind der Sonne nannte. Das Fräulein war auch von solch einer Tugendhaftigkeit, daß kein Tier des Waldes ihr etwas zuleide getan hätte. Deshalb wollte das Mädchen in den nahen Wald fliehen, um sich dort vor den Soldaten zu verstecken.

Der Feind jedoch war wohl schon sehr nah, denn die Flucht endete nach kurzer Zeit an einem Felsen, der hinter dem Schloß liegt und von dem aus man in das romantische Würmtal hinabblicken kann.

Das Fräulein konnte sich an dieser Schönheit aber nicht erfreuen, denn zu dieser Stunde war der Feind so nahe, daß man schon die Marschtrommeln hören konnte. In ihrer Not verkroch sich das Mädchen unter einem überhängenden Felsen, der nicht einmal einem verwundeten Kaninchen Schutz gegen die nahende Hundemeute gegeben hätte. In ihrer aussichtslosen Lage blieb dem Mädchen nur noch ihr Glaube an die göttliche Macht und Gerechtigkeit, und so sank sie auf ihre Knie und fing an zu beten. Mit dem Gebet kam wieder die Hoffnung auf ein Wunder. Sie bat die heilige Maria um Hilfe und gelobte, wenn sie vor des Feindes Schergen verschont bliebe, wolle sie ihr an diesem Ort eine Kapelle erbauen lassen. An dem, was dann geschah, kann man erkennen, daß selbst in dunkelster Kriegszeit immer eine göttliche Macht die Menschen verschont. Man sagt, die heilige Maria habe eine Spinne geschickt, die den Eingang zu dem Versteck mit einem dichten Netz zuspann. So kam es, daß das holde Fräulein verschont blieb und ihr Versprechen einlöste. Eine schöne, kleine Kapelle steht heute noch dort, man nennt sie „zur segensreichen Mutter Gottes"!

Der Hofnarr des Teufels

Allgemeine Schwarzwaldsage

Schon viele dunkle Jahre hat unser Land erlebt. Kriege und Hungersnöte rafften die Menschen dahin. Schreckliche Krankheiten krochen wie ein Schatten dem Hunger hinterher und befielen Mensch und Tier. Die heilende Kunst der Medizin steckte noch in den Kinderschuhen und wurde deshalb auch mehr als Zauberei angesehen als für das, was sie heute ist. So scheint es auch nicht verwunderlich, daß das einfache Volk, wie auch die herrschenden Ritter und Grafen, ja selbst der König, eher an Hexenwerk und schwarze Magie glaubten, wenn im Land eine Epidemie ausbrach. Auch im Schwarzwald rafften solch seltsame Krankheiten viele Menschen und Tiere dahin. Doch bei uns glaubten die Leute weniger an das Werk der Hexen als daran, daß der leibhaftige Teufel seine Klauen im Spiel habe.

In jenen fernen Tagen entstand die Sage vom Teufel, der seinen Hofnarren schickte. Schon etliche Male war der Teufel auf unserem fruchtbaren Boden erschienen, um sich die Seelen von einfachen Leuten zu holen, die er dann mit sich in sein finsteres Reich nahm. Doch kam er bei den schlauen Schwaben nicht immer an die Richtigen. Mehr als einmal bewiesen sie, daß sie selbst dem bocksbeinigen Gesellen aus den Tiefen des Fegefeuers an Gerissenheit überlegen waren.

Dem Teufel blieb dann oft nichts anderes übrig, als mit seinem Bocksfuß auf den Boden zu stampfen und mit einem wahrhaft höllischen Geschrei und derben Flüchen auf den Lippen wieder in sein Reich hinabzufahren. Das konnte er natürlich nicht immer auf sich sitzen lassen, denn sein Ansehen als Höllenfürst stand schließlich auf dem Spiel. So kam es, daß der Teufel, als er wieder einmal um eine Seele geprellt wurde, auf einen Berg stieg und seine Stimme weithin über das Land hinausschickte: „Ihr elenden Menschen wollt mich zum Narren halten! Ich werde euch einen Narren geben, dann werden wir schon sehen, ob ihr über ihn auch lachen könnt!"

Seit dieser Zeit gibt es einige Berichte über einen wahrhaft dämonischen Narren, der überall dort zu sehen ist, wo schreckliches Elend ausbricht. So wird behauptet, daß er die Pest nach Pforzheim und Calw brachte. Er sei des Nachts durch die Straßen getanzt und habe dort überall mit seinem Stock an die Türen der Häuser geklopft. Auch in den kleinen Dörfern und Gehöften war er ein schrecklicher Gast. Salmbach und einige andere Dörfer zerbrachen fast an dem schweren Los der Pest, und immer tanzte der teuflische Hofnarr auf dem Dorfplatz und

verhöhnte die Menschen. Nicht einmal vor den Tieren machte er halt, denn ihm wird auch die Rinder- und Schweinepest zur Last gelegt.
Ein Bauer habe einmal erzählt, daß er des Nachts von einem schrecklichen Geschrei geweckt worden sei und hinausging, um nach seinen Tieren zu sehen. Da habe er den Hofnarren erblickt, laut lachend auf den Kühen reitend. Am kommenden Morgen seien dann alle Tiere von Beulen übersät gewesen und kurz danach jämmerlich verendet.
Selbst heute noch wird in einigen abgelegenen Gebieten unseres Landes vom teuflischen Hofnarren gesprochen, wenn ein mißgebildetes Kalb zur Welt kommt.

Gevatter Tod

Allgemeine Schwarzwaldsage

Noch heute ist der Aberglaube in unserer Gegend weit verbreitet. Viele Menschen glauben noch an die Zeichen des Schicksals, so wie es ihre Ahnen schon vor tausend Jahren taten. Doch vieles am Aberglauben verschwand mit den Jahren. Auch der Volksglaube an das Unglück, welches einem widerfahren kann, wenn man einem blinden Bettler die milde Gabe verweigert, ist längst im Nebel der Vergangenheit entschwunden. Einst zogen viele Bettler durch unsere Wälder. Man fand sie an allen Orten. Sie saßen an Wegesrändern oder vor den Toren einer Burg. Dort warteten sie auf einen Handelsmann oder Adligen, um diesen um eine Gabe zu bitten. Einige von ihnen waren durchaus dazu bereit, für ein Stück Brot einen Menschen zu töten. Andere zogen von Haus zu Haus und bettelten an den Türen um ein wenig Geld. Und eben unter diesen wandernden Bettlern gab es einen, vor dem man sich in acht nehmen mußte, denn er war nicht von dieser Welt. Man erzählt, daß dieser Bettler, blind wie er war, eines Tages durch das Dorf Hohenwart kam. Er klopfte an die Türen der Häuser und bat um eine milde Gabe. Die meisten Leute erwiesen sich als barmherzig. Obwohl sie selbst nicht viel zum Leben hatten, gaben sie ihm gerne einen Kanten Brot oder eine Schale Milch zu trinken. Jedesmal bedankte sich der Bettler damit, daß er sagte, der Herrgott möge für immer die Leute und ihre Hütte in seiner Hand halten. Dann zog er friedlich seines Weges.

Schließlich klopfte der Bettler mit seinem Stab auch an die Tür eines wohlhabenden Bauern. Doch der Bauer hatte ein kaltes Herz. Er drohte dem Bettler, daß er seinen Hund auf ihn hetzen werde, wenn er sich nicht sogleich von seinem Grund und Boden mache. Der Bettler starrte den Bauern mit seinen blinden Augen an und sagte: „Sollst schon sehen, was du davon hast!" Dann ging er seines Weges. Schnell vergaß der geizige Bauer den Bettler.

Doch als die Nacht kam und der Bauer sich schlafen legen wollte, befiel ihn eine Unruhe. Er beschloß, noch einmal auf die Gasse hinauszugehen, um noch etwas frische Luft zu schnappen. Vor seinem Haus ging er unruhig auf und ab. Er wußte nicht, daß eine Strafe auf ihn wartete. Als er seinen Blick erhob, um in den Nachthimmel zu schauen, sah er etwas so Schreckliches, daß er sofort starb. Man fand ihn am nächsten Morgen. Damals sagten die Leute klar, daß der blinde Bettler niemand anderes als Gevatter Tod gewesen sei und nur der Bauer hatte dies in seinem Geiz nicht erkannt.

Das Ochsengespann vom Hagenschieß

Eine Sage aus dem Hagenschießwald bei Pforzheim

Wenn Donner ertönt und Blitze über dem Hagenschieß zucken, wenn hernach die schleichenden Bodennebel in den Himmel aufsteigen zwischen Pforzheim und Tiefenbronn, dann ist die Zeit gekommen, die Zeit, in der das gespenstische Ochsengespann wieder einherzieht.

Dort in dem alten Hohlweg, nahe der einstigen Römerstraße, wurde es auch oft gesehen, und schon manchen hat es schrecklich gegraust.

Man sagt, es sei ein Wagen mit einer Plane darauf, der von zwei unheimlichen Ochsen gezogen wird. Die Augen der Ochsen scheinen zu glühen, und wenn sie den Rachen öffnen, so brennt darin die Glut der Hölle. Die Zügel hält ein unsichtbares Etwas, von dem man nur die Stimme vernehmen kann. Diese Stimme spricht so gotteslästerlich, daß jedem anständigen Bürger angst und bange wird. Wie es zu diesem Spuk kommen konnte und was doch Raub und Mord bewirken können, erzählt die folgende Legende. In jener Zeit, als sich das Land und insbesondere Pforzheim gerade vom schwarzen Tod erholt hatte und alle froh waren, daß die scheußliche Pest nun vorbei war, begab es sich, daß ein Bauer auf dem Weg von Pforzheim nach Tiefenbronn unterwegs war. Er fuhr mit seinem vollbeladenen Wagen, der von zwei starken Ochsen gezogen wurde, zurück nach Hause. Damals war das Reisen sehr gefährlich, denn es wimmelte in den Wäldern nur so von Dieben und Räubern. Freilich, viele hatten nichts zu essen, und von Reichtum war gar nicht zu sprechen. So wurden aus vielen anständigen Bürgern diebische, grausame Mordgesellen. Der Bauer wußte wohl um die Gefahr, und deshalb trieb er seine Ochsen auch an. Doch der Weg war schlecht und holprig, und es hätte wohl noch einige Zeit gedauert, die sichere Heimat zu erreichen. Doch in jener folgenschweren Nacht hatte das Schicksal andere Pläne mit dem Armen. Es dauerte nicht lange, da sprangen einige Wegelagerer, mit spitzen Säbeln und scharfen Äxten bewaffnet, vor das Gespann und versperrten ihm den Weg.

Banditen machten zu dieser harten Zeit nicht viel Federlesen mit ihren Opfern, und so mancher brave Mann konnte damals von Glück sagen, wenn er mit heiler Haut davonkam. Dem Bauern aber sollte dieses Glück nicht widerfahren, denn die Wegelagerer waren von der schlimmsten Sorte. Sie nahmen ein Seil und hängten den Erbarmungswürdigen an einen Ast, mit dem Kopf nach unten. Dann raubten sie alles Gut vom Wagen und steckten ihn in Brand. Auch die Ochsen blieben nicht verschont, denn man hatte sie mit eisernen Ketten an den Wagen gebunden, und so mußten sie einen schrecklichen Feuertod sterben. Als die Ochsen endlich von ihrem Schmerz erlöst waren, machten sich einige der Banditen daran, die Tiere zu zerteilen, auf daß sie ihnen wohl schmecken sollten. Den Bauern ließ man lange Zeit hängen und vergnügte sich an seinem Wehgeschrei. Als sich nun die Räuber anschickten, wieder in den tiefen Wald zu gehen, beschlossen sie, ihr Opfer zu meucheln. Und weil sie sich auch daran noch erfreuen wollten, taten sie es auf schreckliche Weise. Sie legten ein glimmendes Stück Holz und ein paar trockene Äste unter sein Haupt und überließen ihn der dunklen Nacht. Als sie so des Weges gingen, hörten sie den Bauern hinter sich schreien und fluchen. Er habe sogar von Gott abgeschworen und seine Seele dem Teufel geschenkt, auf daß dieser ihn rächen solle. Das hat der Gehörnte wohl auch getan, denn die Räuber wurden gefaßt und gestanden ihre Tat auf der Folter. Doch die Seele des Bauern ist seit jener Zeit für immer verloren. Und deshalb fährt er bis zum heutigen Tage fluchend mit seinem Gespann durch den Hagenschieß. Dies ist eine grausige Geschichte, doch sie ist eine Legende aus unserem Land und ein Zeugnis aus jenen dunklen Tagen.

Die alte Burg auf dem Falkenstein

Eine Sage aus Bad Herrenalb

Einst standen im Schwarzwald viele Burgen und Festungen. Manche davon haben die Jahrhunderte überdauert, Krieg und Unwetter getrotzt und stehen heute noch mächtig und ehrfurchtgebietend auf ihren Fundamenten.
Es gab jedoch auch etliche Burgen, von denen heute fast nichts mehr zu sehen ist. Diese Festungen gibt es nur noch in alten Geschichten, die man sich an langen Winterabenden erzählt, umgeben von der wohltuenden Wärme des heimischen Herdes.
Eine dieser Geschichten erzählt von der alten Falkenburg und der Ritterstochter, die heute noch dort umgehen soll. Nicht weit von Bad Herrenalb trotzt schon seit Urzeiten ein mächtiger Fels Wind und Wetter. Auf diesem Felsen soll einmal die Burg Falkenstein gestanden haben, von der heute nichts mehr übrig ist. Diese Burg war der Wohnsitz eines sehr stolzen und herrschsüchtigen Ritters, der sich nichts sehnlicher wünschte als einen Knaben, der einmal die Herrschaft über die Ländereien und die Leibeigenen haben sollte. Dieser Wunsch jedoch blieb ihm versagt, denn seine Frau gebar unter schrecklicher Pein ein Mädchen. Die Geburt schwächte die Mutter so sehr, daß sie bald danach starb. Der unerfüllte Wunsch und der Tod seiner Frau machten aus dem Ritter einen jähzornigen und menschenfeindlichen Gesellen. Er war so erzürnt darüber, daß er das kleine Kind einer Tagelöhnerin zur Pflege gab. Er selbst jedoch zog mit einem fremden Heer in ein fernes Land, um dort Krieg zu führen. Die Zeit verging, und aus dem Kind wurde eine schöne Frau, die alsbald von vielen Bauersburschen umschwärmt war. Und tatsächlich schenkte sie einem der Burschen ihre Liebe und schwor ihm ewige Treue. Schon bald sollte die Hochzeit stattfinden. Zur gleichen Zeit kehrte der Ritter, vom Kriegführen müde geworden, zu seiner Burg zurück. In all den langen Jahren war in ihm der Wunsch gewachsen, sein Leben fortan mit seiner Tochter zu teilen, und so schickte er Boten hinaus, die ihm sein Kind wiederbringen sollten.
Die Boten fanden das Mädchen und erzählten ihr von dem schönen Leben auf der Burg und vom Reichtum ihres Vaters. Da erwachte in ihr die Habgier, und sie verließ ihren Geliebten des Geldes wegen, um an der Seite ihres Vaters das Land zu regieren. Der betrogene Bursche war darüber so traurig, daß er an gebrochenem Herzen starb. Bis zur heutigen Zeit soll die junge Frau dort oben auf dem Felsen umgehen. Man erzählt sich, daß die Mutter des verstorbenen Geliebten die Ritterstochter auf ewig verflucht habe.

Der Fluch der Elfen

Eine Sage aus Birkenfeld

Das Elfenvolk zu Birkenfeld war schon von alters her für seine Gutmütigkeit und seine guten Taten bekannt. Wenn dem jetzt nicht mehr so ist, sind einzig und allein die Menschen daran schuld.
Wie es zu dieser Sinneswandlung kam, erzählt diese Sage. Zu einer Zeit, als die Begegnung mit Elfen und Kobolden noch fast alltäglich war und man den Kindern beibrachte, daß man mit den Geistern der Wälder in Einklang leben sollte, weil sonst Unheil über die Menschen käme, begab es sich, daß ein törichter Holzfäller dieses Gebot mißachtete.

Eines Tages kam eine der Elfen in Gestalt eines Vogels ins alte Birkenfeld, um den Bewohnern etwas zu verkünden. Die Elfe sagte, die Birkenfelder könnten im Wald so viel Holz schlagen wie sie brauchten, um im Winter nicht zu frieren, und auch das Holz, das man brauchte, um Hütten und Häuser zu bauen, gäbe es reichlich in den Wäldern. Aber eine bestimmte Eiche dürfe man nicht schlagen. Wo diese Eiche stand, weiß heute niemand mehr. Der Sage nach glaubt man, daß in dem Stamm ein Schatz lag, der den Elfen gehörte.
Und wahrhaftig, niemand ging auch nur in die Nähe der Eiche. Bis auf einen Holzfäller, der sehr habgierig war. Eines Nachts schlich er, seine Axt auf der Schulter, hinaus in die Wälder und machte sich daran, den Baum zu fällen. Man sagt, alles sei nur eine Prüfung gewesen, ob die Menschen auf die Gebote der Elfen hören würden. Am nächsten Tag fand man die gefällte Eiche. Von einem Schatz fand man nichts, aber seit dieser Zeit kommen die Elfen und Feen nicht mehr nach Birkenfeld, und wenn doch, so gehen sie den Menschen aus dem Weg. In den Wäldern aber kann man heute noch manchmal des Nachts den Holzfäller hören, wie er vor lauter Zorn mit seiner Axt gegen die Bäume schlägt, denn es heißt, er sei von den Elfen dazu verflucht worden und müsse so lang umgehen, bis jemand in den Wald komme, dort eine Münze in die Erde lege und darauf eine Eiche pflanze. Und erst, wenn diese Eiche, viele hundert Jahre alt, von einem habgierigen Holzfäller geschlagen würde, sei der Unselige erlöst.

Die Legende vom Junker Marten

Eine Sage aus Remchingen

Vor vielen Jahren erhob sich auf dem Schloßbuckel zu Singen stolz das Schloß Remchingen. Dort herrschte, mehr schlecht als recht, der Junker Marten und tyrannisierte seine Untergebenen. Einmal begab es sich, daß ein Knecht auf dem Feld Dinkelsamen aussäte. Der böse Junker jedoch gab ihm nur Spreu zur Aussaat. Verständlicherweise konnte daraus nie eine Frucht entstehen. Junker Marten aber erklärte in seiner Boshaftigkeit den Knecht für ungehorsam und unfähig. Deshalb ließ er den armen Kerl in den tiefen Kerker des Schlosses werfen, auf daß er dort verhungere. Eine Schloßmagd, so erzählt man, hatte mit dem armen Burschen Erbarmen gehabt und gab ihm jeden Tag zu essen und zu trinken. Da jedoch die Tür zu dem Verlies zugemauert war, konnte sie ihm die Speisen immer nur durch ein kleines Loch in der Mauer geben. Dieses Loch hatte der Junker offengelassen, denn der Knecht sollte nicht ersticken.

So überlebte der Gefangene sieben lange, düstere Jahre. Es heißt, der Junker habe über die Zeit hinweg den Knecht längst vergessen, doch das Schicksal wollte es, daß er eines Tages bemerkte, wie die Magd dem Eingemauerten das Essen durch das Mauerloch reichte. Sogleich schmiedete der böse Herrscher einen gemeinen Plan. Er nahm sein Schwert und steckte ein Stück Brot auf die Spitze. Dann schob er das Schwert durch das Loch, und als der Knecht mit dem Mund nach dem Brot schnappte, stieß er ihm die Klinge in den Mund, und der arme Bursche verblutete jämmerlich in seinem Gefängnis. Seitdem muß der tyrannische Junker als Geist umgehen bis in alle Ewigkeit.

Es heißt, der Grabstein des Junkers habe zuerst in der längst verfallenen Peterskirche von Remchingen gestanden. Auf diesem Stein war der Junker als Ritter mit Schwert, Schild und Bogen abgebildet. Später wurde der Grabstein zusammen mit einigen anderen auf den Wilferdinger Friedhof gebracht. Es sind jedoch nur noch wenige Überreste davon zu sehen. Der Geist aber geht noch immer um, insbesondere im Junker- und Bannforst.

Die Würmnixe und ihr Fluch

Eine Sage aus dem Würmtal

Wenn man die Würm betrachtet, so ist es nicht verwunderlich, daß man sich manchmal fragt, ob nicht doch eine der vielen Sagen um diesen geheimnisvollen Fluß wahr sein könnte.

Mal tobt das Wasser in wilder Hast durch das gewundene Flußbett, mal scheint es eine verträumte Rast einzulegen, um ganz sanft an den schön bewachsenen Ufern entlangzuplätschern.

Das Wasser ist erfüllt von vielfältigem Leben, und an hellen Sommertagen fliegen liebliche Libellen über das glitzernde Wasser.

Es scheint ganz natürlich, daß in so einem Gewässer die Nixen zu Hause sind. Und wahrhaftig, in mondhellen Nächten soll man die überirdisch schimmernden Wassergeister auf ihren Harfen spielen hören.

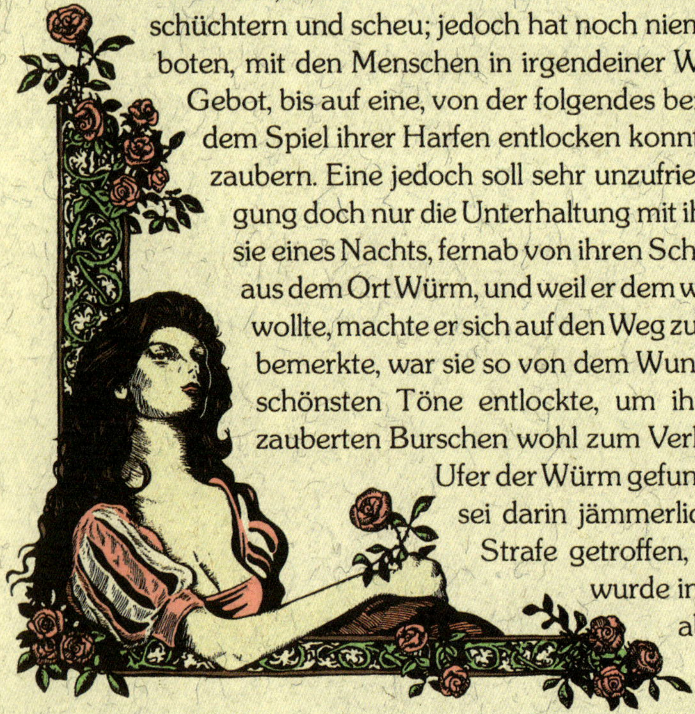

Es ist überliefert, daß die Nixen allesamt freundlicher Natur sind und den Menschen gegenüber eher schüchtern und scheu; jedoch hat noch niemand die Wassergeister gesehen. Es heißt, es sei ihnen verboten, mit den Menschen in irgendeiner Weise zu verkehren. Einst hielten sich alle Nixen an dieses Gebot, bis auf eine, von der folgendes berichtet wird: Die Nixen wußten um die Zauberkraft, die sie dem Spiel ihrer Harfen entlocken konnten und hüteten sich davor, einen Menschen damit zu verzaubern. Eine jedoch soll sehr unzufrieden mit ihrem Dasein gewesen sein, hatte sie zur Belustigung doch nur die Unterhaltung mit ihresgleichen und den Tanz mit den Fischen. So kam es, daß sie eines Nachts, fernab von ihren Schwestern, auf ihrer Harfe spielte. Das hörte ein junger Mann aus dem Ort Würm, und weil er dem wunderschönen Spiel der Harfe aus nächster Nähe lauschen wollte, machte er sich auf den Weg zu dem glitzernden Wasser. Als die Nixe den jungen Burschen bemerkte, war sie so von dem Wunsch besessen, mit ihm zu sprechen, daß sie ihrer Harfe die schönsten Töne entlockte, um ihn noch näher zu locken. Das wurde dem armen verzauberten Burschen wohl zum Verhängnis, denn sein Körper wurde wenige Tage später am Ufer der Würm gefunden. Man sagt, die Nixe habe ihn ins Wasser gelockt, und er sei darin jämmerlich ertrunken. Die Nixe aber habe eine noch schlimmere Strafe getroffen, hatte sie doch gegen das oberste Gebot verstoßen. Sie wurde in eine schlimm aussehende, warzige Kröte verwandelt, die ab und zu an das Ufer der Würm klettert und dort sitzt, um ihre Sünde zu büßen.

Die verführte Nonne

Eine Sage aus Frauenalb

Nicht weit vom schönen Städtchen Bad Herrenalb, welches durch seine Klosterruine weithin bekannt ist, liegt zwischen Spielberg und Bernbach die Ruine des einstmals gewaltigen Klosters zu Frauenalb.

Zu früher Zeit waren die Menschen in jener Gegend noch bettelarm und froh darüber, daß es die tugendhaften Nonnen gab. Nun war wieder einmal der Teufel auf der Suche nach einer einsamen Seele, die er verderben konnte. Er beschloß, eine Nonne zu verführen, denn auf diese Weise konnte er den himmlischen Mächten einen großen Verlust zufügen. Da es ihm aber nicht möglich war, in das Kloster einzudringen, nahm er die Gestalt eines Bettlers an und setzte sich vor das Tor des Frauenklosters. Es verging eine ganze Woche, und der Satan wollte sein Vorhaben schon aufgeben. Da begab es sich, daß ein junges Mädchen in das Kloster kam, um dort in den Dienst des Herrn zu treten. Vor dem Tor verabschiedete sie sich von einem jungen Burschen, der wohl ihr Geliebter war. Warum sich die beiden trennten, weiß heute niemand mehr, doch in jenen Zeiten geschah es oft, daß ein Mädchen von ihren Eltern ins Kloster geschickt wurde. Es flossen viele Tränen vor dem Tor und der Teufel war sicher, daß er nun die Richtige gefunden hatte. Als die junge Nonne einmal das Kloster verließ, um eine Besorgung zu machen, erschien ihr der Satan in Gestalt des jungen Burschen und erzählte ihr, daß er in ferne Länder ziehen müsse, um dort gegen den Feind zu kämpfen. Der Teufel wußte, daß eine Nonne zur Keuschheit verpflichtet ist, und deshalb bat er sie um einen Abschiedskuß. Er nahm sie mit in den Wald. Was dort geschah, weiß niemand. Doch eines ist bekannt. Der vermeintliche Liebhaber schenkte der Nonne eine Rose zum Abschied. Dann verließ er die Geblendete und verschwand. Als die Nonne wieder in das Kloster zurück wollte, blieben die Türen verschlossen und die Unglückliche starb, erfüllt von Kummer und Gram. Bis zum heutigen Tage soll sie nahe der Klosterruine umgehen und darauf warten, daß ihr Liebster zurückkehrt.

Die weiße Frau

Eine Sage aus Bad Liebenzell

Auf dem Stadtfriedhof von Bad Liebenzell kann man zuweilen eine durchsichtige Gestalt sehen, die scheinbar ziellos zwischen den alten Grabsteinen umherwandelt. Das ist die weiße Frau von Bad Liebenzell. Man sagt, ein Liebenzeller Doktor sei schuld an dem nächtlichen Geisterspuk.

Vor etlichen Jahren soll sich folgendes zugetragen haben. Im alten Beinberg lebte einmal ein hübsches, junges Mädchen, das von allen jungen wie auch von vielen alten Männern begehrt wurde. Sie jedoch liebte nur einen jungen Knecht, der sich auf einem Bauernhof in Maisenbach sein armseliges Brot verdiente. So oft sie konnten, trafen sich die beiden im Wald zwischen Beinberg und Maisenbach, und das war nicht sehr oft, denn der Knecht arbeitete von früh bis spät. Wen wundert es da, daß das Verlangen der beiden zueinander sehr groß wurde. Doch zu alter Zeit war es eine unbeschreibliche Schandtat für ein junges Mädchen, sich heimlich mit einem Mann zu treffen.

Die Sage erzählt, daß das Mädchen eines Tages sehr krank wurde und sich deshalb von einem Mann der Medizin behandeln lassen mußte. Da das Mädchen aber sehr arm war, konnte es sich nicht leisten, den Doktor zu sich kommen zu lassen. So begab es sich selbst auf den beschwerlichen Weg in das alte Liebenzell. Der Doktor, so erzählt man sich, soll ein alter, zorniger Mann gewesen sein, und als er bemerkte, wie arm die junge Schöne war, lehnte er es ab, sie zu behandeln. Er schickte die Kranke wieder hinaus in die kalte Nacht. Man sagt, erst spät am nächsten Tag sei die Schöne auf dem Friedhof gefunden worden. Einige glauben, sie habe sich an dem schauerlichen Ort zu Tode erschreckt. Andere wiederum meinen, sie sei in der eisigen Nacht erfroren.

Jedenfalls kann man sie heute noch manchmal in eiskalten Nächten umherwandeln sehen.

Manchmal hält sie ein Kind auf dem Arm, von dem man behauptet, es sei das Kind des Knechtes, das sie zum Zeitpunkt ihres Todes in sich getragen habe.

Hexenzauber

Eine Sage aus der Gegend von Calw

Es soll einmal, so sagt die Legende, ein Handwerksbursche, der sich auf der Wanderschaft befand, in einer alten Scheuer in der Nähe von Calw Zuflucht vor der Dunkelheit gesucht haben. Zur Mitternachtsstunde wurde er jedoch von einem grausigen Lärm aus seinem Schlaf gerissen.

Als er vorsichtig aufstand, um nach der Ursache der Ruhestörung zu sehen, bemerkte er zu seinem Entsetzen, daß sich auf der Tenne der Scheuer der leibhaftige Teufel mit seinen Hexen versammelt hatte. Es muß wohl schauerlich für den jungen Burschen gewesen sein, war er sich doch bewußt, in welch einer Gefahr er sich befand. Deshalb wagte er nicht einmal zu atmen. In seinem Versteck konnte er den Worten des dunklen Fürsten genau zuhören und er vernahm, wie der Teufel einer alten Hexe, die auf einem Ziegenbock saß, einen Auftrag gab, der so lautete: Jeden Morgen in der Frühe zog der Schweinehirt aus, und die Kinder von Calw folgten ihm. Sie nun sollte in die Kinderschar fahren und des Schmiedes Kind packen. Noch bevor die Sonne aufging, verschwanden die böse Hexe und der Teufel, und sofort machte sich der Handwerksbursche auf den Weg zum Schmied. Er erzählte ihm alles, und der Schmied bedankte sich bei dem Burschen mit einer Mahlzeit, die in der damaligen Zeit für einen armen Handwerker nicht alltäglich war. Als dann die Stunde kam, in der der Hirte am Haus des Schmiedes vorüberzog, schickte sich das Kind sogleich an, ihn zu begleiten. Als sie erst ein paar Schritte des Weges gegangen waren, stürzte sich mit einem Male ein furchterregendes Schwein auf das Kind. Der Schmied jedoch hatte wohl nur darauf gewartet, denn er sprang sofort hinzu und stieß der Sau einen glühenden Eisenstab in den Rachen. Vor Schmerzen schreiend flüchtete das Tier, und der tapfere Schmied konnte sein Kind unversehrt in die Arme schließen. Jedoch, es dauerte nicht allzu lange, da kam das andere Kind des Schmiedes zu seinem Vater und sagte, er solle schnell zur Ahne kommen, denn sie würde wohl im Sterben liegen. Da bemerkte der brave Mann, daß die Ahne die Hexe war, die vom Teufel dazu angestiftet worden war, ihr eigen Fleisch und Blut anzugreifen.

Die Enz-Jungfrau

Eine Sage aus Neuenbürg

Dort, wo die sagenumwobenen Wasser der Enz schon seit tausenden von Jahren in still flüsternden Reigen ihren Weg nehmen, wo des Nachts die Elfen an den Ufern der Enz tanzen, liegt der verträumte Ort Neuenbürg. Hoch darüber, auf dem Schloßberg, stehen still und doch immer noch ehrfurchtgebietend die Reste der einstigen Burg Neuenbürg. Gegenüber, auf der anderen Seite der Enz, findet man noch heute die spärlichen Überreste der sogenannten Waldenburg, die man auch die Wolkenburg nennt.

Einst, so erzählt man sich, gab es zwischen diesen beiden Burgen einen unterirdischen Gang, der sogar unter der Enz durchführte. Dieser Gang sei jedoch verschüttet und somit für alle Zeiten unzugänglich. Prächtig müssen die beiden Burgen einst ausgesehen haben, und damals stand der Ort Neuenbürg wohl in voller Blüte. Neuenbürg ist noch heute ein schöner Platz. Wen wundert es da, daß man sich von diesem Ort eine der schönsten Sagen des Schwarzwaldes erzählt. Es ist die Legende der schönen Enzjungfer.

Von ihr erzählt man, daß sie einen unterirdischen Schatz hüte, der in dem verschütteten Gang liegt. Ein nächtlicher Wanderer, der auf der Wolkenburg eine Rast eingelegt hatte, habe sie dort schon singen gehört. Und eben von dieser Burg aus sieht man sie des Nachts umherwandeln, und ihr Weg führt dabei über die Schlößleinsbrücke bis in das alte Schloß, welches vor den Ruinen der alten Burg Neuenbürg steht. Dort im Schloßpark soll man nachts auch ein helles Licht sehen, das vom Klingen zweier aufeinandertreffender Schwerter begleitet wird und zuweilen bis hinunter an die Enz gelangt, um dort im Wasser zu verlöschen. Bei diesem Licht handle es sich um die armen Seelen zweier Rittersleut, die sich einst, um die Gunst der schönen Jungfer kämpfend, mit dem Schwert schlugen. Der Kampf der beiden soll sehr lange gedauert haben und bis hinunter an die Enz geführt haben. Dort seien die Ritter, ihrer schweren Verletzungen wegen, jämmerlich ertrunken. Dies ist vielleicht der Grund, warum die Jungfer umgehen muß; geschah doch wegen ihr damals so ein schreckliches Leid. Schon etliche Recken haben versucht, die Jungfer zu erlösen, doch es ist keinem gelungen. Auch ein Birkenfelder hatte es nicht geschafft. Was ihm wiederfuhr, ist wie folgt überliefert.

Der Mann, der am Ufer der Enz verweilte, sah eben an der Stelle, an der die Ritter ertranken, einen wunderschönen, weißen Schwan herbeischwimmen. Weil ihm das edle Tier so gefiel, warf er dem Schwan drei Brocken von seinem Brot zu. Da geschah, wie der Mann später berichtete, ein unsagbares Wunder. Der Schwan verwandelte sich in einen kleinen Kahn, der ganz von leuchtendem Gold war, und in diesem Kahn saß, schön wie der lichte Morgen, die Enzjungfer. Die Jungfer sprach mit lieblicher Stimme zu dem Mann und sagte zu ihm, daß er in der folgenden Nacht zur Geisterstunde hinauf auf das alte Schloß gehen solle.

Dort würde er einen Stein finden, und diesen solle er auf die Seite rücken. Darunter befinde sich eine Treppe, die in ein unterirdisches Gemach führe. In diesem Gemach würde er einen guten Fund machen.
So tat der Mann wie ihm geheißen. Zur Mitternachtsstunde ging er auf das Schloß. Er fand auch den Stein und rückte ihn mit viel Mühe zur Seite. Wie erwartet, befand sich darunter eine lange Treppe, die zu einem Gemach führte. An der Wand aber hing ein schauerliches Menschengerippe an einem Halseisen. Bei dem Gerippe befand sich ein Topf und darinnen drei alte Kirschkerne. Das jedoch war dem Mann zu wenig. Deshalb ging er wieder nach Hause.
Später kam der Mann voller Eifer noch einmal zurück, denn ein Bekannter hatte ihm geraten, die Kerne zu holen. Sie seien wahrscheinlich aus purem Gold. Doch solange der Mann auch suchte, den Stein fand er niemals wieder. Der Sage nach würden sich die Kerne in drei Schlüssel verwandeln, wenn man sie aufnehme. Mit diesen Schlüsseln könne man eine Tür in dem Gemach öffnen. Darin befinde sich der Schatz, und damit wäre auch die Jungfer erlöst. Doch bis zum heutigen Tag hat niemand diese Steine gefunden. So konnte die Enzjungfer auch niemals erlöst werden. Deshalb wandelt sie noch immer dort in Neuenbürg an den Ufern der geheimnisvollen Enz.

Die Räuberhöhle

Allgemeine Schwarzwaldsage

Mitten in der Einöde des Schwarzwaldes stand einmal ein großes Wirtshaus. Eine Magd, die auf der Suche nach Arbeit war, fragte auch dort nach einer Anstellung und die Wirtin sagte ihr gerne Arbeit zu, denn sie konnte eine fleißige Hilfe gebrauchen. Kaum war das Mädchen aber einige Tage im Wirtshaus, mußte es feststellen, daß das Wirtshaus nur eine Tarnung war: in Wirklichkeit war sie in einer Räuberhöhle gelandet, in der die vorbeikommenden Reisenden beraubt, geschlagen und ermordet wurden. Zuweilen machten sich die Räuber auch auf, um außerhalb des Hauses auf Beutezug zu gehen. Nur sehr selten blieb ein Einkehrender in dem Wirtshaus vom Tode verschont und das auch nur dann, wenn es ein armer Schlucker war oder die mordenden Gesellen auswärts weilten.

Als die Magd dieses schrecklichen Geheimnisses gewahr wurde, wollte sie fliehen, doch der Räuberanführer erwischte sie dabei und drohte ihr an, daß er auch sie umbringen würde, wenn sie nochmals zu fliehen versuchte oder wenn sie irgend jemandem etwas erzählen würde.

Nach einem Jahr war die Magd also immer noch bei den wüsten Gesellen und sah immer schrecklichere Untaten, je länger sie blieb. Jeden Abend in ihrer Kammer betete sie darum, daß jemand käme, der sie befreien und von diesem unheimlichen Ort wegbringen würde.

Eines Tages betrat ein durstiger Metzgergeselle das Wirtshaus, der einen gewaltigen Hund an einer dikken Leine mit sich führte. Erschöpft setzte er sich an einen der Tische und rief der Wirtin, sie solle ihm doch etwas zu Essen und zu Trinken bringen. Außerdem brauche er ein Nachtquartier, denn er sei müde von der langen Reise. Zu seinem Glück waren die Räuber gerade einmal wieder auf Beutezug in der Umgegend, und so tat die Wirtin, was von ihr verlangt wurde. Seine Mahlzeit bezahlte der Bursche gleich – dazu nahm er einen prall gefüllten Geldgürtel von der Hüfte und warf ein echtes Goldstück auf den Tisch. Die Wirtin bekam große Augen und auch der Magd entging der Reichtum des hübschen Metzgers nicht. Als die Wirtin gerade in den Keller gegangen war, um noch mehr Wein zu holen, huschte die Magd zu dem Metzger und flüsterte ihm aufgeregt zu, er solle so schnell wie möglich von hier verschwinden, denn er befinde sich unter Räubern. Er sei seines Lebens nicht sicher, und wenn der Wirt zurückkäme, würde er ihn ganz bestimmt ausrauben, wenn nicht noch Schlimmeres. Da meinte der Metzger nur, daß es wohl schon nicht so schlimm sei, und er würde sich schon zu helfen wissen. Da lief das Mädchen weinend davon, denn sie wollte nicht mit ansehen, wenn dem netten Burschen etwas zustieß. Der Metzger bestellte sich aber noch einen großen Krug Wein, den er vor sich hinstellte und blieb so ungerührt noch stundenlang sitzen, ohne aber auch nur einen Schluck Wein zu trinken. Sein riesiger Hund lag brav unter dem Tisch und schlief.

Um zwölf Uhr in der Nacht kamen der Wirt und seine dreizehn

Gesellen nach Hause. Laut gröhlend und offensichtlich betrunken stürmten sie durch die Tür und als sie den Metzger am Tisch sitzen sahen, gingen sie auf ihn zu. Der Wirt zog auch gleich sein langes Schwert aus der Scheide, hielt dem Burschen die Klinge an die Kehle und forderte ihn auf, seine gesamte Habe auf den Tisch zu legen, ehe er seinem Schöpfer gegenübertreten werde. Der Metzger legte seinen Geldgurt auf den Tisch und bat den Wirt noch um einen letzten Wunsch: er wolle noch ein Gebet sprechen, bevor er sterben müsse. Der Wirt meinte nur: „Nur zu, das wird Dir aber auch nichts mehr helfen!“ und machte sich mit seinen Kumpanen über den Gottesgläubigen lustig. Dieser zog jedoch ein kleines Büchlein aus der Jacke und begann laut daraus vorzulesen – in einer Sprache, die die Räuber nicht verstanden. Die Räuber glaubten, daß es sich um Gebete handle, doch in Wirklichkeit sprach der Metzger einige Zauberformeln über die Räuber aus, die diese bannten. Da standen nun die Räuber mit ihren gezückten Waffen bei vollem Bewußtsein, doch keiner von ihnen konnte auch nur ein Glied bewegen. Da nahm der Bursche den Kübel Wein und begoß damit die Mörder. Der Wein verwandelte sich aber sogleich in dickflüssiges Blut, und als der Metzger nur ein einziges Wort zu seinem Hund sagte und ihn von der Leine ließ, riß dieser einen Räuber nach dem anderen nieder und zerfleischte sie alle. Da nahm der Bursche das Schwert des Anführers und schlug damit jedem den Kopf vom Leibe. Auch die Wirtin, die herbeigeeilt war, erschlug er mit dem Schwert ihres Mannes und enthauptete sie. Dann machte sich der Bursche auf die Suche nach der Magd und fand sie im Hühnerstall, wo sie sich ängstlich versteckt hatte. Als sie das blutrote Schwert in seiner Hand sah, dachte die Magd, ihr letztes Stündlein habe geschlagen und sie faltete ihre Hände und begann zu beten. Der Metzger aber beugte sich zu ihr herab und meinte, sie brauche doch vor ihm keine Angst zu haben – sie hätte ihn schließlich zu sich gerufen. Da hob er sie vom Boden auf und schwor ihr, sie niemals mehr alleine zu lassen und sie bis an ihr Lebensende zu lieben und zu beschützen.

Als die beiden die Räuber angezeigt hatten, fand man bei der Durchsuchung des Wirtshauses im Keller die Knochen der von den Räubern Erschlagenen und den zusammengestohlenen Reichtum. Dieser Schatz wurde dem Metzger und der Magd für ihre tapfere Tat zugesprochen, die sich bald darauf vermählten.

Das Wirtshaus aber wurde angezündet und dem Erdboden gleichgemacht, so daß kein Stein mehr auf dem anderen ruhte.

Das steinerne Kreuz am Fluß

Eine Sage aus Dillweißenstein

In längst vergangenen Tagen lebte einst ein frommer Ritter auf dem Bergschloß in Weißenstein. Sein einziges Kind war ein Mädchen von solcher Schönheit, daß viele Barden und Minnesänger gar liebliche Melodien für sie verfaßten. Auch so mancher mutige Recke hatte von der holden Maid gehört, und viele hielten um ihre Hand an. Unter ihnen befand sich auch der Wilde Heinz, Herr der benachbarten Burg Liebeneck, der seinem Namen alle Ehre machte. Doch auch ihn wies die Schöne, wie alle anderen Bewerber, ab – hatte sie doch völlig andere Pläne für ihr weiteres Leben. An ihrem achtzehnten Geburtstag wollte sie dem weltlichen Leben den Rücken kehren und ins Kloster Hirsau eintreten, um eine ehrfürchtige Dienerin des Allmächtigen zu werden. Über die Entscheidung seiner Tochter, den Antrag des Wilden Heinz abzulehnen, war der Schloßherr besonders froh, da über den rauhen Gesellen noch kein gutes Wort an sein Ohr gedrungen war – nur Missetaten waren über ihn bekannt.

Als nun der Wilde Heinz beim abendlichen Mahl von der abweisenden Haltung des Mädchens erfuhr, war er außer sich. Wütend sprang er vom Tisch auf, dabei kippte der Stuhl, auf dem er saß, nach hinten um und kam laut polternd auf dem Boden zu liegen. „Niemand wagt es, mich zurückzuweisen und vor jedermann lächerlich zu machen!“, schrie er mit hochrotem Kopf und bebender Stimme. „Ich werde mir meine Braut persönlich abholen!“ Und mit diesen Worten rammte er den Dolch, den er beim Essen gebraucht hatte, mit solcher Wucht in die Tischplatte, daß dieser beinahe bis zum Heft im Holz verschwand. Noch am selben Abend ließ er vier Pferde satteln und ritt zusammen mit zwei seiner wüstesten Gesellen gen Weißenstein. Dort angelangt, verbargen sich die drei in einem Waldstück, durch das das schöne Mädchen allabendlich zu lustwandeln pflegte. Auch an diesem Tag kam sie in der Dämmerung an besagtem Wäldchen vorbei. Brüllend stürzten sich die Haudegen auf sie, banden ihr die Füße und Hände mit einem Hanfseil, knebelten sie, damit sie nicht um Hilfe rufen konnte, und warfen sie über den Rücken des vierten Pferdes. In wilder Jagd galoppierten sie nun den Weg hinunter zur Nagoldbrücke, um ihre Beute so schnell wie möglich in die heimische Burg zu bringen. Doch als sie die Mitte der Brücke erreicht hatten, zerbarst diese unter den Hufen der Pferde und stürzte mit Mann und Roß in den reißenden Fluß. Die Schreckensschreie der Entführer verstummten bald, denn Wasser breitete sich still über deren nasse Gräber aus. Keiner der Schurken überlebte – nur das gefesselte Mädchen wurde wie durch ein Wunder von unsichtbarer Hand ans Ufer nahe der Brücke geschwemmt. Dort fand man sie kurz darauf und brachte sie eiligst heim zu ihrem Vater. Den nächsten Morgen sollte aber auch sie nicht mehr erleben. In den Armen ihres treusorgenden Vaters tat sie

ihren letzten Atemzug – sie starb an den Folgen jenes unsäglichen Schreckens, den ihr zartes Leben nicht verkraften konnte. Der Verlust seiner geliebten Tochter, die er in der Gruft des Schlosses beisetzen ließ, konnte der alte Mann jedoch nicht verwinden. Zu ihrem Andenken ließ er am Flußufer an jener Stelle, an der sie gefunden wurde, ein steinernes Kreuz errichten. In dieses wurde der gekreuzigte Heiland zwischen Maria und Johannes eingemeißelt. Noch ein letztes Mal betete der Vater vor dem Kreuz, bevor er sein Schloß für immer verließ und an seiner Tochter Statt ins Kloster Hirsau zog. Seit diesem tragischen Tage kann man in besonders nebligen Vollmondnächten ein kleines Boot auf der Nagold fahren sehen. Stets zwischen elf und zwölf Uhr nachts erscheint es kurz vor dem Steinkreuz im Wasser, in dem sich silbern das helle Mondlicht spiegelt. Am Gedenkkreuz macht es dann fest, und ein wunderschönes Fräulein entsteigt dem Boot, in der Rechten ein goldenes Kreuz, in der Linken ein durchgeschnittenes Hanfseil haltend. Zielstrebig wandelt sie sodann zur Ruine des einstmals so prächtigen Schlosses zu Weißenstein. Dort brennt in einem der Fenster immer so lange eine Kerze, bis das Fräulein über die Schwelle des Schlosses geschritten ist. Dann erlischt die Kerze, und das Boot auf der Nagold verschwindet so plötzlich, wie es gekommen war. Es wird erzählt, der Herr vom Schloß zu Weißenstein hätte dereinst jeden Abend für seine Tochter eine Kerze ins Fenster gestellt, damit sie den Heimweg von ihren abendlichen Spaziergängen besser hätte finden können.

Das Licht im Dunkeln

Eine Sage aus der Gegend um Langensteinbach

Zwischen Dietenhausen und Langensteinbach lag einst ein finsteres Moor, in dem schon so mancher Mann sein Leben lassen mußte. Tückische Morastlöcher und trügerische Pfade kennzeichneten das Bild in dieser Gegend. Freiwillig ging wohl niemand über dieses Fleckchen Erde, gab es doch zu viele Schauergeschichten über das rätselhafte Verschwinden von armen Landsleuten, die das Moor zu durchqueren suchten.

An einem Sonntag begab es sich nun, daß ein Bauer aus Langensteinbach zum Frühschoppen in die Dietenhausener „Mühle" wanderte, die für ihre geselligen Gäste im ganzen Land bekannt war. Um nun nicht den Weg durchs Moor nehmen zu müssen, nahm der redliche Bauer einen Umweg von einigen Kilometern in Kauf und umging das gefürchtete Gebiet weiträumig. Schwitzend und durstig kam er nach einem strammen Marsch an der Gaststätte an. Die Sonne brannte heiß, und der Bauer war froh, endlich am Ziel angelangt zu sein. So ließ er sich denn an einem der massiven Holztische nieder und bestellte einen Humpen Bier. Diesem folgte rasch der nächste, und als sich ein paar Bauern, die er vom Markt her kannte, zu ihm gesellten, war der Bauer aus Langensteinbach schon recht gesprächig, denn das Bier hatte seine Zunge gelöst. Eigentlich wollte sich der Bauer gegen Nachmittag wieder auf den Heimweg machen, um nicht von der Dunkelheit überrascht zu werden. Doch er vergaß über die lustigen Bekannten und den wohlschmeckenden Hopfensaft völlig die Zeit, und als die Turmuhr der Dietenhausener Kirche zwei Uhr schlug, meinte er, es schlüge zwei Uhr des Mittags, doch seine Kumpanen belehrten ihn darüber, daß es bereits zwei Uhr in der Nacht sei. Erschrocken machte sich der Bauer daran, seine Zeche zu begleichen, hatte er doch nicht einmal eine Laterne oder Fackel dabei, die ihm die Nacht erhellen könnte. Schwankend ging er zur Tür, verabschiedete sich mit schwerer Zunge vom Wirt und torkelte ins Freie. Die Nacht schlug wie ein schwarzer Mantel über ihm zusammen, und in der Ferne hörte er einen Uhu schauerlich rufen. Von den unzähligen Humpen Bier, die im Laufe des Tages seine Kehle hinabgeflossen waren, war der Mann recht umnebelt und dadurch orientierungslos. Ohne zu wissen, was er tat, schlug er den Weg ins Moor ein, und erst als er eine volle Stunde vor sich hin gestolpert war, bemerkte er, in welch mißlicher Lage er sich befand. Verwirrt blieb er stehen, schaute sich um, drehte sich mal in diese und mal in jene Richtung und wurde sich dessen bewußt, daß er sich wohl hoffnungslos verlaufen hatte. Weder wußte er, aus welcher Himmelsrichtung er gekommen war, geschweige denn, wohin er sich für den Heimweg wenden mußte. Angst schlich sich leise in seine Gedanken, und ihm fröstelte, als er Geräusche wahrnahm, die er sich nicht erklären konnte. Ein Rascheln hinter sich ließ ihn herumfahren, doch seine Augen konnten die rabenschwarze Nacht nicht durchdringen, um die Ursache des Geräusches zu erkennen. Seine Gedanken machten sich selbständig und erfüllten die

Dunkelheit mit mancherlei schauerlichen Gestalten. Da erblickte er in der Ferne ein kleines Licht im Dunkeln – war es Einbildung oder Wirklichkeit? „Ach, wäre doch der bei meiner Seite, der das Licht durch das Moor trägt – so könnte er mir doch den Heimweg leuchten, und ich müßte an diesem grausigen Ort nicht warten, bis der Morgen anbricht!“, sprach er so zu sich selbst, und kaum hatte er die Worte ausgesprochen, da wurde er von hellem Feuerschein geblendet. Als er die zusammengekniffenen Augen blinzelnd öffnete, blieb ihm vor Entsetzen der Mund offen stehen, als er sah, wen er da zu sich gebeten hatte. Vor ihm stand ein Wesen, das aus einem Alptraum entsprungen zu sein schien. Verfaultes Fleisch hing in Fetzen von seinem Gerippe – die bleichen Knochen waren an etlichen Stellen zu sehen. Seine Augäpfel traten weit aus seinem Schädel hervor, und dünne Haarsträhnen wehten leis im Wind. Der Mund, der zu einem hämischen Grinsen verzogen war, gab den Blick auf einzelne schwärzlich-grüne Zähne frei, und beißender Verwesungsgeruch stieg dem Bauern in die Nase. Gurgelnd und röchelnd begann der Schauerliche zu sprechen: „Hier bin ich, wie Du gewünscht – ich sei Dein hilfreiches Licht im Dunkeln und Dein Wegweiser in die Heimat!“ Zitternd hob er mit diesen Worten den rechten Arm, oder besser gesagt das, was davon übrig war, und hielt dem Bauern seine hell leuchtende Laterne unter die Nase. In Anbetracht seiner ausweglosen Situation wollte dieser der grausigen Erscheinung nicht widersprechen – befürchtete er doch die Strafe des Wesens. So folgte er ihm wortlos, als sich der Untote umwandte und davonschritt. Noch vor Sonnenaufgang erreichten die beiden das Häuschen des Bauern in Langensteinbach. Vor der Tür verlangte nun der schaurige Laternenträger einen angemessenen Lohn. Doch der Bauer fragte sich im Stillen, was der finstere Geselle denn mit Geld anfangen wolle, werde er doch wohl kaum auf dem Markt damit einkaufen gehen. So zog er aus seiner Westentasche einen Kupferling, den er dem Wesen mit unsicherer Miene entgegenhielt. Als dieser die lächerliche Entlohnung für seine Dienste sah, ließ er laut aufstöhnend die Laterne zu Boden fallen. Sein Mund öffnete sich, und ein markerschütternder Schrei entfuhr seiner Kehle. Im selben Moment sackte der Bauer auf die Knie, blickte den Untoten noch ein letztes Mal ungläubig an, bevor dieser in Flammen aufging und innerhalb von wenigen Augenblicken nur noch ein Rauch in der Nacht war.
Man sagt, bei der schaurigen Gestalt handle es sich um einen Verunglückten, der dazu verdammt sei, so lange durchs Moor zu wandern und Verirrten den Weg zu weisen, bis er dafür angemessen entlohnt werde. Es heißt weiterhin, daß der erste, der dies erfülle, mit Gold und Juwelen überschüttet würde, so daß er bis an sein Lebensende sorglos leben könnte.

Die schöne Zigeunerin im Lierbachtal

Eine Sage aus Allerheiligen

Im Kloster Allerheiligen arbeitete einst ein junger Steinmetz. Er war ein wahrer Meister seines Fachs, der die filigransten Gebilde aus dem Stein zu hauen vermochte. Für seine Arbeit wurde er immer reichlich entlohnt, und trotzdem lebte er in armen Verhältnissen. Den größten Teil seines Lohnes schickte er nämlich regelmäßig seiner kranken Mutter, die davon ihre teure Medizin bezahlte. Weil er so ärmlich und zerlumpt daherkam, wollten auch die Mädchen im Dorf nichts von dem herzensguten Steinmetz wissen. Sie spöttelten nur über ihn und lachten ihn hinter seinem Rücken aus. So kam es, daß der Bursche keine Freunde hatte und jeden Abend allein war und sich langweilte.

Da waren die Zigeuner, die sich eines Tages am Dorfrand einfanden und ihre Kunststücke zur Schau stellten, eine willkommene Abwechslung. Gebannt schaute der Steinmetz den Gauklern zu, die Feuer spien, jonglierten und auf gespannten Seilen balancierten. Auch eine Wahrsagerin, die die Zukunft voraussagen konnte, war unter den Zigeunern. Neugierig ging der Bursche auf diese zu und streckte ihr seine Handfläche entgegen, aus der sie lesen sollte. Mit ihren zarten Händen nahm die Wahrsagerin die ihr dargebotene Hand und legte sie in die ihre. Als sie ihren Blick hob und das lange, schwarzgelockte Haar aus ihrem Gesicht strich, sah der Steinmetz das bezauberndste Mädchen, das er jemals gesehen hatte. Ihre großen Augen waren so braun wie Kastanien und ihr Mund so rot wie eine Mohnblüte. Beim Anblick solch überwältigender Schönheit war der Bursche nicht mehr in der Lage, seinen begonnenen Satz zu Ende zu sprechen. Das Zigeunermädchen lächelte, und auch sie schien von dem Steinmetz angetan zu sein.

Die beiden Verliebten trafen sich nun jeden Abend heimlich bei den Allerheiligen Wasserfällen, denn der Vater des Mädchens wollte nicht, daß sich seine Tochter mit einem Mann traf, der nicht wie sie ein Zigeuner war. Doch die Liebe der beiden war stärker als das Verbot des Vaters. An einem Samstagmorgen ließ sich das Paar vom Dorfpfarrer vermählen. Da das Geld für ein eigenes Häuschen nicht reichte, zogen sie in eine Höhle im Lierbachtal, dicht bei den Wasserfällen. Die Zigeuner zogen noch in derselben Nacht mit ihren Wagen weiter in Richtung Süden.

Der Steinmetz und die Zigeunerin aber lebten glücklich und zufrieden

in ihrer kargen Wohnung und kamen mit dem Geld, das der Steinmetz verdiente, gerade so über die Runden. Nach einem Monat jedoch packte die Zigeunerin das Fernweh. Sie war es nicht gewohnt, so lange an ein und demselben Ort zu verweilen. Auch das tägliche Einerlei begann sie zu verdrießen – sie sehnte sich nach anderen Städten und Menschen, nach Abenteuern und Abwechslung. In einer stürmischen Nacht wartete sie also, bis ihr Mann tief und fest schlief, küßte ihn zum Abschied noch einmal auf den Mund und verschwand in der Dunkelheit.

Als der Steinmetz am nächsten Morgen erwachte und das Lager neben sich leer fand, machte er sich sogleich auf die Suche nach seiner Frau. Doch so sehr er auch suchte und Ausschau hielt – nirgendwo konnte er sie finden. Sein Herz erfüllte sich mit tiefem Kummer, und sein Haar färbte sich grau vor Sorge um sein Weib. Er suchte Tag und Nacht mehr als zwei Wochen lang die gesamte Gegend ab, bis er erkannte, daß seiner Frau wohl nichts zugestoßen war, sondern daß sie ihn verlassen hatte.

Als er schließlich wieder ins Lierbachtal zurückkehrte, stieg der Steinmetz sogleich die hohen Felsen beim Allerheiligen Wasserfall empor, wo er und seine geliebte Frau sich am liebsten aufgehalten hatten. Oben angelangt band er ein langes Seil an einer starken Tanne fest und ließ sich daran in den jähen Abgrund hinab. Am Seil hängend meißelte er das Antlitz seiner lieblichen Zigeunerin in die harte Felswand. Als er sein Werk vollendet hatte, zog er ein Messer aus seiner Tasche und schnitt das Seil durch, das ihn hielt. Lautlos stürzte der junge Steinmetz in die gähnende Tiefe, die ihn verschlang.

Das eingemeißelte Bildnis der Zigeunerin ist noch heute vom sogenannten "Känzele" bei den Allerheiligen Wasserfällen aus auf der gegenüberliegenden Felswand zu sehen.

Der Teufel bei Nußbach

Eine Sage aus Nußbach

Das Gift der Langeweile und der Bosheit wallte einstmals wieder in den Adern des Teufels. Rastlos zog er mit seinem feurigen Höllenwagen, der von sieben schwarzen Geißböcken gezogen wurde, durch die Lüfte. Angestrengt hielt er mit Augen, die so schwarz wie seine Seele waren, Ausschau nach braven Leuten, denen er ins Handwerk pfuschen oder sonstwie Unglück bringen konnte.

In der Nähe von Nußbach gewahrte er alsbald ein kleines Grüppchen von alten Weibern, die sich gerade in die dortige Wendelinskapelle begaben, um für die Verstorbenen zu beten. Als der Teufel dies sah, ließ er knallend seine Peitsche auf die Geißböcke niederfahren, was das Zeichen für sie war, innezuhalten – der Teufel hatte seine nächsten Opfer gefunden. Rasch hatte er einen Plan ausgeheckt und stieg mit geschwollener Brust auf die Erde hernieder. Zielstrebig steuerte er auf eine Ansammlung riesiger Steinblöcke zu, die jenseits des Rappenlochs lagen. Nun wollte er sich den größten der zwölf Steine auf seinen breiten, roten Rücken laden, um damit die Kapelle zu zerstören, doch der Versuch scheiterte. Trotz seiner übermenschlichen Kräfte war der Gehörnte nicht in der Lage, den Stein auch nur einen Fingerbreit vom Boden aufzuheben. Zornig stampfte er da dreimal mit seinem Bocksfuß auf die Erde und rief die Dämonen der vier Winde herbei. Diese erschienen sofort und verbeugten sich vor ihrem Herrn und Meister. Mit kehliger Stimme befahl er nun den vier häßlichen Gestalten, ihm den Stein auf den Rücken zu laden, damit er ihn auf die Kapelle werfen könne. Gehorsam packten die Dämonen den Stein, hoben ihn mit vereinten Kräften hoch und senkten ihn auf den Rücken des Teufels. Dieser stöhnte laut auf unter der tonnenschweren Last, und seine siedendheißen Schulterknochen und Krallen gruben sich tief in das harte Gestein ein. Schwankend trug er den Fels nun durch das große Rappenloch auf die Schiehalde hinauf, die sich direkt oberhalb der Kapelle befand. Dort begegnete er einem kleinen Männlein, das belustigt zwischen seinen Füßen umhersprang. Das Männlein fragte ihn, was er denn mit dem großen Felsen vorhabe, und der Teufel antwortete barsch: „Den Schweinestall dort unten werde ich damit zermalmen, damit die Schweine, die darin grunzen, ein für allemal Ruhe geben!“, dabei zeigte er auf die Wendelinskapelle. Da schlug das alte Männlein ihm vor, sich doch erst etwas von der Anstrengung auszuruhen und den schweren Stein abzulegen. Der Teufel aber entgegnete ihm, daß er, wenn er den Stein ablege, ihn nie wieder auf seine Schultern bekommen könnte.

Da lächelte das Männlein und meinte: „Ich bin durch meine magischen Kräfte stark genug, Dir den Stein allein nachher wieder aufladen zu können! Bitte, glaube mir – laß den Stein erst einmal ab und ruhe Dich aus!“ Der Teufel ließ sich nicht zweimal bitten und warf ächzend den Stein von seinen Schultern auf den Boden.

Kaum hatte er dies jedoch getan, verschwand das Männchen und ward nie mehr gesehen. Da fluchte und tobte der Teufel gar fürchterlich, denn er mußte nun den Stein dort liegen und die Kapelle unversehrt lassen. Vor Wut biß der Höllenfürst in den Stein, und seine Zähne gruben sich so tief ein, wie zuvor seine Schultern und Krallen. Das Männlein aber, das die Wendelinskapelle vor dem Untergang bewahrte, war unser Heiland selbst in verwandelter Gestalt.
Noch heute liegt der sogenannte „Teufelsstein" auf besagtem Platz, und des öfteren treibt der Böse dort nachts sein Unwesen. Unter Peitschenknallen fährt er mit seinen gehörnten Böcken dort umher, und dabei hinterläßt sein glühendroter Wagen gelbe Flammenspuren am nächtlichen Sternenhimmel. Die Wendelinskapelle aber steht schon lange nicht mehr an ihrem alten Platz – sie wurde näher bei Nußbach neu errichtet. Nur ein Bildstock zeugt noch von ihrem alten Standort.

Die Höfener Hexen

Eine Sage aus Höfen

Dort, wo jetzt das Dörfchen Höfen steht, soll vor langen Jahren nur eine Ansammlung kleiner Bauernhöfe gelegen haben, von woher auch der Name rühren soll. Die Leute dort waren zwar arm, aber redlich.

Als nun einmal ein heimatloser Wandersmann an die Tür eines der Bauernhöfe klopfte und um ein warmes Plätzchen für die Nacht bat, führten ihn die Bauersleute zur nahegelegenen Viehscheune des Hofes und richteten ihm dort hinter einem Holzverschlag ein Lager her. Der Wandersmann bedankte sich recht herzlich und legte sich bald zur Ruhe.

Doch was die Bauersleute nicht wissen konnten, war, daß sich in der Scheune allnächtlich zur Mitternacht die Hexen und Dämonen zum Tanze trafen. So auch in dieser Nacht. Dutzende von garstigen, warzenbewachsenen Hexen und rotbeschuppten Dämonen drängten sich zur Geisterstunde durch die Fenster und Dachluken der Scheune. Vom geschäftigen Lärm erwachte der Wanderer, und als er sah, was hier vor sich ging, versteckte er sich eilig hinter seinem Holzverschlag. Von dort aus beobachtete er das sündige Treiben und hoffte, nicht entdeckt zu werden.

Eine halbe Stunde später hatten die Hexen eine gewaltige Tafel aufgebaut, die von köstlichen Speisen, edlen Getränken und güldenem Geschirr geradezu überquoll. Nun zechten, tanzten und lachten die Gestalten, und ihr Übermut kannte keine Grenzen. Nach kurzer Zeit lösten sich zwei der Hexen aus der Gruppe und kamen direkt auf das Versteck des Wanderers zu. Kurz davor blieben sie stehen und begannen zu reden: „Wem könnten wir denn heute Unheil bringen, meine Liebe?“, fragte die eine, und die zweite antwortete: „Meine Nachbarin hat heute abend vergessen, für ihr Kind zu beten. Das werden wir uns jetzt holen!“ Mit einem Zischen und Dampfen verschwanden die beiden, um nach einer Viertelstunde plötzlich wieder auf demselben Fleck zu stehen – nur hatte die eine der beiden jetzt ein etwa drei Monate altes Kind auf ihrem Arm. Die beiden besprachen nun, auf welche Weise sie das Kind am besten töten könnten. Nach langem Hin und Her waren sie sich schließlich einig, das Kind auseinanderzureißen. Schon hatten sie es bei den Füßen gepackt – die eine rechts, die andere links – da sprang der Wanderer entsetzt aus seinem Versteck hervor und rief: „Oh Jesus, nein! Oh Jesus, nein!“ Da ließen die Hexen das Kind fallen, und ein lautes Gezeter und Geschrei hob an. Kurz darauf kehrte wieder Stille in der Scheune ein, denn alle Dämonen und Hexen waren verschwunden.

Da nahm der Wanderer das Kind auf und brachte es zu den Bauersleuten. Denen erzählte er die ganze Geschichte, und gemeinsam gingen sie zurück zur Scheune. Dort stand nur noch die reichgedeckte Tafel der Versammlung – doch aus den Pokalen waren Pferdehufe geworden, aus den Speisen Kuhmist und aus dem Wein Jauche. Die Geschirre, auf denen die Namen ihrer Besitzerinnen eingraviert waren, wurden der Gerichtsbarkeit übergeben, und das Kind blieb bei den Bauersleuten. Boten wurden überallhin ausgesandt, die Hexen und die Eltern des Kindes ausfindig zu machen, doch die Hexen wurden niemals gefunden. Erst zwei Jahre nach diesem Ereignis fand man die Eltern des Kindes, die weit entfernt in einem fremden Lande lebten.

Für den armen Wandersmann aber bauten die Bewohner der Höfe und die Eltern des Kindes ein kleines Häuschen, in dem er bis zu seinem Lebensende wohnte.

Vom Grafensprung

Eine Sage aus dem Murgtal

Man schrieb das Jahr 1367, als Graf Eberhard, genannt der „Rauschebart“, einige Tage in Wildbad verbrachte, um in den dortigen heißen Quellen seine Wunden auszukurieren, die er in seiner letzten Schlacht davongetragen hatte. Als er so arglos seine Glieder im warmen Wasser badete, wurde ihm von einem Bauernburschen die Nachricht überbracht, daß sich der Graf in großer Gefahr befinde. Von Osten her würde sich Wolf von Wunnenstein und von Westen Wolf von Eberstein, zwei seiner ärgsten Feinde, Wildbad nähern. Bei ihnen seien wenigstens fünfzig Mann in voller Rüstung, die den beiden Schurken dabei helfen sollten, Graf Eberhard gefangenzunehmen. Verzweifelt über seine ausweglose Lage bat da der „Rauschebart“ den Bauern um Hilfe. Dieser brachte den Grafen eiligst zu einem Hirten, der für seine Weisheit in ganz Wildbad bekannt war. Dieser nahm den „Rauschebart“ bei der Hand und führte ihn auf verschlungenen, geheimen Pfaden, die zum Teil auch unterirdisch verliefen, nach Zavelstein in die dortige Trutzburg, wo Graf Eberhard in Sicherheit war. Der Hirte aber kehrte zurück nach Wildbad, das noch am selbigen Tage von Wolf von Eberstein völlig zerstört wurde, und gehörte dort zu den zahlreichen Opfern, die der Überfall forderte.

So kam es, daß Wolf von Eberstein von der Obrigkeit gesucht wurde und Graf Eberhard sich bereiterklärte, dies zu übernehmen. Mit seinen Mannen zog er bald darauf ins Murgtal, von wo aus der Weg zum Wohnsitz des Wolf von Eberstein – Schloß Neueberstein – leicht zu finden war. Das Schloß steht dort mächtig auf der linken Seite der Murg, nicht weit entfernt von einem fast senkrecht abfallenden Felsen. Bis auf die Seite des Schlosses, die zu dem unüberwindlichen Felsen zeigte, ließ der „Rauschebart“ über Nacht alle Ausgänge des Schlosses besetzen, so daß der Ebersteiner in der Falle saß.

Am nächsten Morgen erkannte Wolf von Eberstein seine mißliche Lage, wollte sich seinem Feind aber nicht so einfach ergeben. Kurz entschlossen ließ er sein feurigstes Roß satteln, schwang sich hinauf und galoppierte geradewegs aus dem einzigen unbesetzten Ausgang des Schlosses direkt auf den steilen Felsabgrund zu. Mit einem weiten Sprung stieß sich das edle Tier mit funkensprühenden Hufen von dem tödlichen Felsen ab und stürzte mitsamt seinem Reiter metertief in die Fluten der Murg, die unten im Tal entlangfloß. Das Pferd verlor bei dem Sturz das Leben, rettete aber das seines Herrn, der sich an den Hof des Pfalzgrafen zu Heidelberg flüchtete. Dort wurde Wolf von Eberstein aufgenommen und nicht an den „Rauschebart“ ausgeliefert. Dieser aber war über die ungewöhnliche Flucht des Ebersteiners mehr erstaunt als erbost, da dieser doch den gewagten Sprung vom Felsen überlebt hatte. Der steile Felsen bei Neueberstein aber heißt seither der „Grafensprung“.

Die späte Reue des Grafen vom Feldberg

Eine Sage aus der Gegend um den Feldberg

Auf einem Berg in der Nähe des Feldberges stand einstmals eine mächtige Burg, deren Name in den Wirren der Jahre unterging. Über sie und das umliegende Land herrschte ein Graf, dessen einzige Freude und Beschäftigung es war, in den grünen Auen und Wäldern zu jagen. Er ließ das Wild von seinen Untertanen so hegen und pflegen, daß es sich ungehindert vermehrte und des öfteren die Felder der Bauern kahläste. Auf Befehl des Grafen durfte jedoch niemand außer ihm selbst eines der Tiere erlegen – wer dagegen verstieß, wurde mit dem Tode bestraft.

So jagte der Graf auch einmal am Vortage von Ostern. Seine Treiber durchkämmten rufend und klopfend das Unterholz, bis tief in die Nacht hinein. Da geschah es, daß der Graf sich unvorsichtigerweise von seinem Gefolge trennte, um der Fährte eines Hirsches zu folgen. Immer tiefer geriet er in den nächtlichen Forst, und schon bald hatte er vollkommen die Orientierung verloren. Hilflos irrte er bald in die eine, bald in die andere Richtung. Nach zwei Stunden ließ sich der Graf erschöpft auf einer Lichtung zu Boden sinken und schlief augenblicklich ein.

Plötzlich wurde er aus dem Schlaf gerissen – es war Mitternacht, und ein Schlagen und Schreien näherte sich der Lichtung. Erfreut sprang der Graf auf, um seine Gefolgschaft zu begrüßen, die ihn sicherlich gesucht hatte. Doch anstelle der Erwarteten sprang ein keuchender Mann in grüner Kleidung aus dem Gebüsch; über seiner Schulter trug er einen Langbogen, und an seinem Gürtel baumelte ein Jagdhorn. Gehetzt und mit schreckgeweiteten Augen sah er sich um, hielt aber dabei in seinem Lauf nicht inne. Als der Graf ihm gerade nachrufen wollte, vor wem er denn davonlaufe, brachen die Verfolger des Fremden durch die Büsche. Mehrere Dutzend Hirsche und Rehe strömten auf die Lichtung, von denen etwa die Hälfte Skelette auf ihren Rücken trugen. Die Toten hielten Bögen in Händen und gaben hohlklingende Geräusche von sich, die denen der Treiber bei einer Jagd ähnelten. Der Gejagte rannte um sein Leben, doch wohin er sich auch wenden mochte, es kamen ihm von überallher die unheimlichen, weißen Knochenmänner entgegen, die ihn wohl noch gut und gerne eine Stunde lang auf der Lichtung hin und her hetzten. Verzweifelt blieb er endlich stehen und schwor bei Gott, daß er nie wieder jagen wolle. Im gleichen Moment verharrten die Skelette für kurze Zeit auf ihren Plätzen und zerfielen dann zu Staub, den der Wind mit sich hinwegtrug. Nun kam der Verfolgte auf den Grafen zu und sprach ihn mit der Stimme des Todes an: „Ich bin der verfluchte Geist Deines Urgroßvaters. Zu Lebzeiten war ich ein arger Peiniger meiner Untertanen, und außer zu jagen habe ich mein ganzes Leben lang nichts vollbracht. Aberhunderte von Hirschen mußten durch meine Hand sterben, und an die hundert Wilderer, die ich in meinem Revier ertappte, ließ ich bei lebendi-

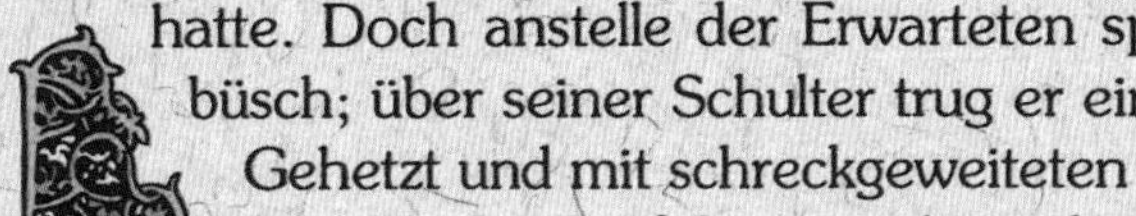

gem Leibe auf Hirsche schmieden und von meinen Hunden hetzen. Wenn die Hirsche dann zu Tode erschöpft zusammenbrachen und verendeten, starben auch ihre Reiter einen langen, qualvollen Tod. Jetzt im Tode muß ich für meine Sünden büßen, indem ich von der Schar der von mir Ermordeten Nacht für Nacht durch den gesamten Wald gejagt werde. Laß Dir mein Schicksal eine Lehre sein und ändere Dein Leben!"

Mit diesen Worten verschwand der Geist. Als der Graf am folgenden Tag von seinem Gefolge aufgefunden wurde, tat er ihnen kund, daß er von nun an auf dieser Lichtung leben wolle. Er ließ sich dort eine Hütte bauen, verteilte all seine Reichtümer unter die Armen und wünschte, daß der Name seines Geschlechts in Vergessenheit geraten und seine Burg verschlossen und vernagelt werden solle.

So geschah es dann auch, und nur die Überreste der einst mächtigen Burg in der Nähe des Feldberges zeugen noch heute von der Existenz des Grafen.

Urso und Landolf

Eine Sage aus Bad Säckingen

Als der heilige Fridolin am Oberrhein ein Kloster und eine Kapelle errichten wollte, sprach man ihm eine grüne Aue zu, auf der heute die Stadt Säckingen steht. Die Wiesen und Felder, die rings um die Aue lagen, gehörten zu gleichen Teilen den adeligen Brüdern Urso und Landolf. Urso, der an einem schweren Siechtum litt, schenkte zum Heil seiner Seele seinen Anteil der Ländereien an den heiligen Fridolin, nachdem er die Einwilligung seines Bruders eingeholt hatte.

Gevatter Tod nahm nur wenige Wochen später den guten Urso mit in sein Reich. Sein Leichnam wurde in die Schweiz überführt, um dort in der Familiengruft die ewige Ruhe zu finden. Nach zwei Monaten der Trauer geschah es dann, daß Landolf die gesamten Ländereien, die sein Bruder zu Lebzeiten an das Kloster verschenkt hatte, gewaltsam wieder an sich riß. Erbost über die Niedertracht des Landolf ging Fridolin zu ihm und forderte zurück, was rechtmäßig ihm und somit dem Kloster gehörte. Landolf aber rang sich ob der Forderung nur ein müdes Lächeln ab und antwortete dem Heiligen frech: „Nun gut, Fridolin. In achtzehn Tagen hält der Landgraf in Rankwil Gericht, bei dem jedermann sein Anliegen vortragen kann. Dieser soll über unseren Fall Recht sprechen, denn der einzige, der bezeugen könnte, daß mein Bruder das Land an Euch verschenkt hat, wäre Urso selbst! Falls Ihr meinen Bruder als Zeugen aufrufen könnt – bitte! – dann soll das Land wieder Euch gehören!“ Nach dem letzten Satz brach Landolf in ein gehässiges Lachen aus, und Fridolin verließ zornig den Saal.

Am kommenden Morgen brach Fridolin in Richtung Schweiz auf, wo er Tage später in dem Dorf ankam, in dem der großzügige Urso beerdigt lag. Vor dem Steinsarg des Urso faltete Fridolin die Hände und begann laut zu beten. Etliche Stunden kniete er vor der Grabstätte und pries den Herrn. Dann klopfte er dreimal auf die Steinplatte, die den Sarg verschloß, und rief: „Urso! Dein Bruder lädt Dich vor Gericht! Lasse mich nicht im Stich, sonst ist alles verloren! Stehe mir in zehn Tagen als Zeuge bei, sonst wird, was Recht ist, zu Unrecht gesprochen, und Dein Seelenheil ist in Gefahr!“ Daraufhin verließ Fridolin die Schweiz und kehrte heim in sein Kloster, wo er auf den Tag der Verhandlung wartete.

Zum bestimmten Tage wurde das Gericht zu Rankwil vom Landgrafen und seinen zwölf Schöffen eröffnet. Bald traten auch Fridolin und Landolf vor den Stuhl des ehrwürdigen Richters und brachten ihre Klage vor. Da sein verstorbener Bruder Urso kein Schriftstück über die Schenkung der Ländereien an das Kloster hinterlassen habe, gehörten sie immer noch rechtmäßig ihm, behauptete Landolf. Falls Fridolin ihm das Gegenteil beweisen wolle, müsse er schon Urso als Zeugen vorführen, der alles bestätigen oder verwerfen könne. Kaum waren die Worte Landolfs in den Mauern verhallt, als es plötzlich dreimal geisterhaft gegen die Pforte pochte. Alle Anwesenden drehten gespannt die Köpfe in Richtung Ausgang, und keiner von ihnen wagte es, auch nur ein Wort zu sprechen. Knarrend schwangen die Holztüren auf, die krachend gegen die Wände prallten. Erschrockene Rufe erfüllten den Raum – nur der heilige Fridolin stand ruhig vor dem Stuhl des Richters. Durch die Tür trat mit unsicheren Schritten der tote Zeuge – Urso. Seine Haut war aschgrau und von unzähligen Fäulniswunden bedeckt. Sein Gesicht war kaum mehr zu erkennen: das rechte Auge fehlte, und statt einer Nase war in der Mitte des Gesichtes nur noch ein großes knöchernes Loch. „Wehe Dir, mein Bruder! Deinetwegen wurde ich in meiner Ruhe gestört! Hier und heute bezeuge ich, daß der Besitz des Klosters an meinen Ländereien rechtens ist und nichts und niemand das Recht hat, dies anzuzweifeln!", so rief der Tote mit hohler Stimme in den Saal. Erschüttert warf sich Landolf bei diesem Anblick auf die Knie und schwor, daß er das Land der Kirche nicht mehr streitig machen werde. Im Gegenteil: auch seine gesamten Besitztümer wolle er dem Kloster vermachen und seinen Lebensabend bei Vater Fridolin im frommen Leben eines Mönchs verbringen. Zufrieden lächelte da der Verstorbene und zerfiel vor aller Augen zu feinem Staub, den ein Windhauch mit sich forttrug. Landolf tat auch wirklich, wie er versprochen hatte, und erst im hohen Alter von neunzig Jahren verstarb er friedlich im Kloster des heiligen Fridolin.

Vom Jäger, der auf den Himmel verzichtete

Allgemeine Schwarzwaldsage

Majestätisch wiegten sich die Tannenwipfel des Schwarzwaldes im Wind. Die Sonnenstrahlen brachen wie goldener Regen durch das dichte Dach des Waldes. Hin und wieder störte der Schrei eines Eichelhähers die Stille des spätsommerlichen Forstes, in dem unter einer mächtigen Tanne zufrieden ein Jäger schlummerte. Neben ihm lag der ausgeweidete Kadaver eines Rehbocks, den er wenige Stunden zuvor erlegt hatte. Pfeil und Bogen hatte er griffbereit an einem Ast aufgehängt, und sein treuer Hund hielt neben ihm die Wacht.

Als nun der Jägersmann erwachte und langsam die Augen öffnete, seufzte er zufrieden und sagte zu sich: „Ach, könnte mein Leben doch ewig so weitergehen – das Wild erlegen, jeden Tag und durch den Wald streifen – dafür würde ich nach dem Tod auch gern auf den Himmel verzichten!“ Kaum aber hatte er die Worte ausgesprochen, fielen ihm auch schon wieder die Augen zu, und er begann unruhig zu träumen. Ihm träumte von einer wilden Jagd auf einen gewaltigen Eber, der ihm am Ende mit seinen langen Hauern den Bauch aufschlitzte und ihm die Gedärme herausriß. Erschrocken und schweißgebadet fuhr der Jäger aus seinem Schlaf hoch und machte sich daraufhin auf den Heimweg.

Am nächsten Morgen bei Sonnenaufgang trieb den Jäger seine unbändige Jagdleidenschaft erneut hinaus in den grünen Forst. Schon bald nahm sein Hund die Spur eines Ebers auf, und bis Mittag verfolgte der Jäger das Wild ohne Rast und Ruh. Da endlich hatte er das stolze Tier vor sich: wild funkelten seine unbändigen Augen, und wüst scharrte es den Boden mit seinen Hufen. Behende nahm der Jägersmann seinen Bogen von der Schulter und legte einen seiner todbringenden Pfeile an. Noch einmal schossen ihm blitzartig die beunruhigenden Bilder seines Traumes durch den Kopf, bevor er die Sehne spannte und der Pfeil davonschnellte. Mit bewundernswerter Sicherheit traf das Geschoß sein Ziel, und mit einem fürchterlich schnaubendem Quieken brach der Eber zusammen – aus seiner Brust ragte das Ende des Pfeils, und aus der Wunde floß tiefrotes Blut. „Heißa!“, rief da der Jäger, „jetzt wirst Du mir die Gedärme nicht mehr herausreißen können, Du Bastard! In Deinem eigenen Blute liegst Du, und den letzten Atemzug hast Du ausgehaucht!“ Triumphierend und von seinem Weidmannsglück berauscht trat er nun auf den toten Eber zu und schnitt ihm mit seinem scharfen Messer den Kopf vom Rumpfe ab. Voller Stolz wollte er seine Trophäe an einem dicken Ast aufhängen, damit das Blut besser abtropfen und kein wildes Tier den Eberkopf erhaschen konnte. Doch, welch Ungeschick! Beim Versuch, den Kopf aufzuhängen, entglitt er dem Jäger, und die messerscharfen Hauer des Ebers schlitzten ihm beim Herabfallen den Bauch auf, aus dem die Gedärme blutig herausquollen. An Ort und Stelle starb der Jäger innerhalb weniger Minuten. Doch für seinen gottlosen Ausspruch, daß er auf den Himmel verzichte, wenn er nur ewig jagen könne, büßt der Jäger noch heute. Seit der Nacht nach seinem Tode ist der Geist des Jägers dazu verdammt, im Wald umherzuirren. Jede Nacht kann man bei genauem Hinhören die wilde Jagd vernehmen: das Gebell eines Hundes, den gehetzten Schritt des Jägers und das Zischen seiner Pfeile. Man sagt, der Geist des ewigen Jägers müsse so lange jagen, bis Gott ein Einsehen mit ihm habe und ihm seinen gotteslästerlichen Ausspruch verzeihe.

Katzentaufe

Eine Sage aus Göbrichen

Im Gesindehaus des Gutsherrn zu Göbrichen herrschte ausgelassene Stimmung. Mägde und Knechte, deren sieben an der Zahl, lachten und kicherten ob der derben Geschichten, die man sich erzählte. Zu fortgeschrittener Stunde – die Kirchenuhr schlug wohl schon Mitternacht – geriet man auf den Einfall, die bevorstehende Taufe des Gutsherrentöchterleins zu spielen. Eines der Mädchen schlüpfte in ein weißes Nachthemd und legte sich, einer Wöchnerin gleich, in eines der Betten. Eine weitere Magd und einer der Knechte zogen ihre Sonntagskleider an, stellten sich jeweils zur Rechten und Linken des Bettendes und miemten die Paten. Der vorlauteste und wortgewandteste unter den Burschen legte sich ein schwarzes Tischtuch um die Schultern, zog sich seine Nickelbrille bis zur Nasenspitze vor und nahm die in Rindsleder eingebundene Bibel zur Hand. So gab er ein spöttisches Abbild des Dorfpfarrers wieder, bei dessen Anblick sich die übrigen Spielgefährten vor Lachen auf die Schenkel schlugen. Als der „Pfarrer" nun zur Zeremonie schreiten wollte, fiel ihm auf, daß sie ja noch gar kein Kindlein hatten, das sie taufen konnten. Da keine Puppe vorhanden war, die man dazu hätte verwenden können, packte der Knecht die gerade vorbeistreunende schwarze Hauskatze beim Nackenfell, wickelte sie in ein weißes Laken, das das Taufkleid darstellen sollte, und legte sie der „Wöchnerin" in die Arme. Nun konnte die Taufe endlich beginnen. Wie er es schon mehrere Male in der Kirche gehört hatte, sprach der Bursche die heiligen Taufworte und fragte die „Paten" und „Eltern", ob sie das Kind auch nach ihrem christlichen Glauben erziehen würden. Als diese mit „Ja" geantwortet und den Namen des „Säuglings" kundgetan hatten, ergriff der „Pfarrer" ein Schälchen mit Öl und zeichnete auf dem Kopf der Katze ein Kruzifix nach, wie es eben der Brauch bei Taufen war. Als er aber das gesegnete Wasser, das zwei Mägde kurz zuvor aus der nahegelegenen Kapelle geholt hatten, über den Kopf der Katze goß, um die Taufe zu beenden, fing diese gar fürchterlich zu toben an. Fauchend und kratzend versuchte sie, sich aus dem Laken zu befreien, wobei sich ihre scharfen Krallen tief in das Fleisch der Magd bohrten, die sie festhielt. Erschrocken ließ diese die Katze los, die sich augenblicklich durch ein offenes Fenster ins Freie flüchtete. Dabei stieß sie aber das Kännchen mit dem Weihwasser um, das polternd und scheppernd zu Boden fiel. Das Weihwasser ergoß sich auf die Steinfliesen und bildete dort einen dunklen Fleck von gar sonderbarer Form. Schaute man genauer hin, so konnte man die Umrisse eines Taufkelches erkennen, doch keiner der Anwesenden wagte es, dies laut auszusprechen – hätten ihn die anderen dann wohl einen abergläubischen Narren gescholten.

So setzten sie denn ihre Tauffeier fort, saßen an den großen Eichentischen und hielten ein prächtiges Taufmahl. Indem sie so zügellos zechten, hörten sie plötzlich ein lautes Klopfen am Fensterladen, das finster durchs Zimmer hallte. Gespannt lauschend hörten alle zu essen auf und blickten erwartungsvoll in Richtung Fenster. Da erklang eine durchdringende, tiefe Stimme: „Sakramentsschänder! Schickt mir den heraus, der die Katze getauft hat!“ Ein eiskalter Schauer überlief die Rücken der Anwesenden, und das nackte Grauen ergriff Besitz von ihren Gedanken. Keiner wagte es, sich zu rühren, doch hafteten die Blicke nun gebannt auf dem Knaben, der zuvor den Pfarrer gespielt hatte. „Da will sich wohl jemand einen Scherz mit uns erlauben“, spöttelte dieser und erhob sich von der festlich hergerichteten Tafel. Da klopfte es erneut, diesmal aber noch heftiger als zuvor, und die unheimliche Stimme wiederholte ihre Aufforderung. Trotz des Flehens seiner Kameraden, er möge doch bei ihnen im Hause bleiben und ja nicht hinausgehen, schritt der Bursche entschlossen auf die Tür zu und trat hinaus. Diese fiel schwer hinter ihm ins Schloß, und es herrschte plötzlich absolute Stille. Da zerriß ein gräßlicher Schrei, voller Pein und Entsetzen, wie ihn noch kein Mensch je zuvor gehört hatte, die Nacht. Mutig eilten die übrigen Knechte nach draußen, um ihrem Freund zu helfen, doch sie fanden ihn zusammengesackt auf der Schwelle liegen. Er war tot. Sein Genick war gebrochen, und aus Mund und Nase floß purpurrotes Blut, welches auf dem schlammigen Boden einen kleinen See in Form eines Taufkelches bildete. Von dem Wesen aber, das den Knecht herausgerufen hatte, konnte nirgendwo eine Spur entdeckt werden. Doch erzählt man sich noch heute in mondlosen Nächten die rätselhafte Geschichte von der Katzentaufe in Göbrichen.

Portus im Schwarzwald

Eine Sage aus Pforzheim

Weit entfernt in Ort und Zeit lebten einst im Römergebiet nördlich der Donau ein Zimmermann und seine Frau. Weil sie so arm waren, mußten sie in einer Höhle leben, die der Mann in den weichen Lößboden am Flußufer gegraben hatte. Als sich nun aber der Winter mit kaltem Atem ankündigte und die Frau des Zimmermanns ihr erstes Kind erwartete, baute der Mann aus Ästen und Zweigen eine Tür, mit der er den Eingang zur Höhle verschloß. Stolz auf sein handwerkliches Geschick, nannte er nun seinen erstgeborenen Sohn „Portus", was soviel wie „Tür" bedeutet. In den folgenden Jahren wuchs Portus zu einem stattlichen, gutaussehenden jungen Mann heran, der sich an seinem einundzwanzigsten Geburtstag auf Brautschau in ferne Länder begab und sich hier und da sein Brot als Zimmermann verdiente. Nach unendlich langen Tagen, in denen er vergebens nach einem Eheweib Ausschau hielt, gelangte er in ein wunderbares Tal, in dem sich drei namenlose Flüsse zu einem mächtigen Fluß vereinigten. An diesem schlug er sein Lager auf und nannte den Fluß zu Ehren Gottes „Nahold" (= Huldigung). Im Laufe des Abends gesellten sich einige Kinder zu Portus ans Feuer, die alle nur so vor Schmutz und Dreck starrten und deren Kleidung lediglich aus ein paar alten, zerfetzten Lumpen bestand. Als Portus nach der Herkunft der Kinder fragte, antwortete eines von ihnen, daß sie die Ungeliebten seien, die Kinder, die von ihren Müttern ausgesetzt oder verjagt wurden. Hier im nahen Grabenwald versteckten sie sich vor den Banditen und Wegelagerern, denn dort sei ihre einzige Zuflucht und ihr einziger Schutz.

Erschüttert über das Schicksal der Kinder versprach Portus, ihnen zu helfen, und brachte somit die Hoffnung zurück in ihre Herzen. Gemeinsam mit den Kindern wollte er eine Burg im Grabenwald errichten, die ihnen Obdach geben sollte. Rasch verbreitete sich die Nachricht vom Burgbau im Grabenwald, und immer mehr Ausgestoßene und Heimatlose, aber auch etliche weitere Kinder kamen zu Portus und wollten ihm untertan sein. Als nun der Burgbau einige Zeit später beendet war, hatte Portus eine Anhängerschar von mehreren hundert Schergen. Sie kleideten sich alle schwarz und führten einen Raben in ihrem Banner, da Portus es vermochte, mit einem Raben zu sprechen, den er sich als Haustier hielt. Schon bald wurde so aus dem Grabenwald der Rabenwald, und die Bewohner der nahegelegenen Stadt, die inzwischen nach Portus „Pforzheim" genannt wurde, nannten die Burg im Wald Rabeneck. Als die Burg schließlich zu klein für die gesamte Schar der Portusanhänger wurde, ließ dieser ein Dorf errichten, in dem zukünftig nur die armen, ausgestoßenen Kinder – man nannte sie „Pilwaisen"– leben sollten; nach ihnen wurde das Dorf „Dillweißenstein" genannt, wie es auch heute noch heißt.

Portus aber, der sein ganzes Leben für die Armen geopfert hatte, um ihnen ein menschenwürdiges Leben zu ermöglichen, legte seinen bürgerlichen Namen ab, verließ die Burg und wurde Mönch. Er ging fort aus der Gegend und nannte sich Hieronymus, was er auf Briefen stets mit „Hirs" abkürzte. So nannte man das Kloster, das er später errichten ließ, Hirsau, genauso wie das angrenzende Dorf. Als er nun aber fühlte, daß sein Ende nahte, begab sich Hieronymus in den Wald bei Hirsau, grub sich mit letzter Kraft eine Höhle in die Erde und verschloß den Eingang – wie er es von seinem Vater gelernt hatte – mit einer Tür aus Ästen und Zweigen. Wie die Leute aus Hirsau berichteten, hatte er nichts weiter bei sich, als ein Bündel großer Schriftrollen aus gegerbten Tierhäuten, die er wie einen Schatz hütete. Die Leute erzählten sich weiter – und so sagt man auch heute noch – Hieronymus habe auf den Schriftrollen das Geheimnis aufgeschrieben, wie es ihm möglich gewesen sei, Burg, Dörfer und Kloster zu bauen und zu unterhalten, obwohl er seine Heimat mit nur drei Silberlingen in der Tasche verlassen hatte. Hieronymus liegt noch heute in dieser Höhle im Wald, denn niemandem ist es bisher gelungen, ihren Eingang zu entdekken. Wer aber dereinst die Pforte zur Höhle fände und mit ihr die Schriftrollen des Portus, dem sei ein Leben in ewigem Reichtum beschert – so berichtet die Sage.

Das Teufelswehr

Eine Sage aus Gernsbach

Nahe bei Gernsbach stand einst die Mühle eines redlichen Müllers an der roten Murg. Tagein, tagaus schuftete der arme Mann, um sich, seine Frau und die hungrigen Kinder satt zu bekommen – er trug sein Los jedoch ohne zu murren. Wäre da nicht das Hochwasser gewesen, das das Wehr des Müllers schon zum wiederholten Male in Stücke gerissen hatte, hätte man meinen können, der Müller sei der glücklichste Mensch in ganz Gernsbach. Doch zum Leidwesen des Müllers wollte es ihm einfach nicht gelingen, das Wehr bei seinem Haus so zu errichten, daß es bei Hochwasser der Murg nicht auseinanderfiel, als sei es nur mit Spucke zusammengebaut. Als der Müller das Wehr zum zigsten Male reparierte und er bereits beim Hämmern und Sägen absehen konnte, daß die Vorrichtung lediglich bis zum nächsten Hochwasser halten würde, packte den Mann so sehr die Wut, daß er lauthals zu fluchen begann: „Verwünschtes Wehr! Was würde ich dafür geben, wenn mir jemand beim Bau des Wehres helfen würde, so daß es kein Hochwasser der Welt wieder zerstören könnte – und wäre es der Teufel selbst, der mir dabei hülfe!“ Und schon qualmte und zischte es im Wasser der Murg, aus der laut lachend der Höllenfürst aufstieg. „Ihr habt nach mir verlangt, Müller? Bis zum nächsten Hahnenschrei werde ich Euch das beste und höchste Wehr bauen, das Ihr jemals gesehen habt! Unzerstörbar wird es sein, und selbst die größte Flut wird nicht über es hinausgelangen! Das einzige, was ich als Gegenleistung von Euch möchte, ist, des Nachts Eure Säge benutzen zu dürfen, um mit ihr die armen Seelen zu zersägen, die ich den Tag über geholt habe. Sollte ich beim ersten Hahnenschrei mein Werk noch nicht vollendet haben, so ist unser Pakt hinfällig!“ Da dachte der Müller bei sich, daß dies ein guter Handel werden könnte – ihm konnte es ja schließlich egal sein, was der Teufel nachts mit seiner Säge zersägte. So willigte er also freudig ein, und sofort begann der Teufel mit dem Bau. Gigantische Felsen und mannsdicke Baumstämme schleppte der Satan herbei, rammte sie ins Flußbett und staute das Wasser solange mit dem Mantel seiner Großmutter. Stück für Stück wuchs das Wehr in die Höhe, und hätte die Frau des Müllers den Pakt nicht mit angehört, so hätte der Teufel seine Wette wahrlich gewonnen. Ehe jedoch noch der erste Sonnenstrahl über die Hügel blinzelte, stieg die Müllerin auf das Dach des Hofes und krähte von dort oben aus so täuschend echt den Hahnenschrei, daß jeder Hahn im Dorf hätte neidisch werden können. Kaum war der Schrei der Müllerin verhallt, als ihr auch schon die Hähne im ganzen Dorf antworteten. Der Teufel jedoch, der mit einer solchen List nicht gerechnet hatte, konnte einfach nicht glauben, daß er dem Müller das Wehr beinahe ganz und dann auch noch umsonst erbaut hatte. Das konnte der Böse natürlich nicht zulassen, und so riß er voller Wut das fast fertige Wehr wieder ein. Der Müller aber, dessen Seelenheil so durch seine Frau gerettet wurde, mußte den Schaden wie ehedem selbst ausbessern.

Der Wildsee

Eine Sage vom Wildsee

Tief im nördlichen Schwarzwald liegt der romantische Wildsee, um den sich so manche Sage rankt. So trieb einst ein junger Hirte mit blondem Haar und sonnigem Gemüt seine Herde von sieben prächtigen Kühen auf eine saftige Weide beim Wildsee. Mit seinem Haselnußstecken in der Hand und einem lustigen Lied auf den Lippen wanderte er vom Ruhstein zur Hornisgrinde empor – stets darauf bedacht, keines seiner Tiere zu verlieren. Wunderschön lag da der dunkle Wildsee in der Tiefe unter ihm, umgeben von finsterem Tannenwald. An der steilen Bergwand fanden die Kühe fettes, saftiges Gras, und der Hirte konnte sich entspannt auf einem Felsen niederlassen und sich des sonnigen Tages erfreuen.

Als er so lag und den Herrgott einen guten Mann sein ließ, drang plötzlich leise Musik an sein Ohr. Überrascht öffnete er die Augen und stützte sich auf seine Arme auf. Waren das nicht die sanften Klänge einer Harfe? Die Viehherde war für ihn vergessen – er starrte nur noch auf die schwarzbraunen Fluten des Wildsees, aus dem die Musik aufzusteigen schien. Wie im Traum kletterte er den steilen Hang hinab und blickte, an dessen Fuße angelangt, auf die glänzende Oberfläche des Sees, auf dem sich golden die Sonne spiegelte. Von der Mitte des Wildsees gingen auf dem sonst so stillen Wasser auf einmal Kreise aus, die sich am steinigen Ufer als kleine Wellen brachen. Dem Hirten wurde es ganz seltsam ums Herz, als im Mittelpunkt der kreisförmigen Wellen langsam eine holde Jungfrau mit wallendem, blondem Haar und einer kleinen goldenen Harfe auftauchte – die Nixe vom Wildsee. In vollkommener Nacktheit schwebte sie für kurze Zeit über den Fluten und näherte sich dann dem Ufer. Ununterbrochen spielte sie auf ihrer Harfe und sang dazu die lieblichsten Lieder, die der Hirte jemals gehört hatte. Ihre zarten Finger strichen flink über die dünnen Saiten, und ihre Augen waren von einem strahlenden Blau und so tief und unergründlich wie der See, aus dem sie aufgestiegen war. Die reinen Lüfte trugen ihren süßen Gesang bis in den Wald, wo selbst die Vögel in ihren Liedern innehielten, um ihm zu lauschen. Allesamt flatterten sie zum Wildsee und ließen sich in der Nähe der Nixe nieder, die sich dort auf einen moosbewachsenen Felsen gesetzt hatte. Auch die Rehe, Füchse und Eichhörnchen kamen in Scharen zu der Jungfrau und bildeten einen weiten Kreis um sie. Alles, was hören konnte, machte sich auf den Weg zum See. Dort saß auch der Hirtenknabe, in verzücktes Staunen versunken, den Blick starr auf die Schöne gerichtet und nicht mehr fähig, einen Laut über seine Lippen zu bringen. Er hielt sich für den glücklichsten Menschen auf dem ganzen Erdenrund und war der festen Überzeugung, daß die lieblichen Melodien der Maid allein ihm galten. Die Zauberin der Stimme hatte sich nun erhoben und setzte sich neben den Knaben in das weiche Gras. Der umnebelte Verstand des Hirten redete ihm die

sonderbarsten Dinge ein. Das schöne Fräulein dürfe er sein eigen nennen, die überirdischen Klänge zu jeder Stunde vernehmen, und der einzige Preis, den er dafür zu bezahlen hätte, wäre der, mit ihr in die Tiefe hinabzusteigen.

Als die Dämmerung hereinbrach und die Nixe sich wieder auf den Weg in den finsteren See machte, folgte ihr der Hirte willenlos und versank mit ihr in den Fluten. Über das Wasser hin klang noch ein letztes Mal das traurige Saitenspiel der Harfe. Dann war alles still, und niemand hat den Hirtenknaben je wieder gesehen. Der Sage nach fanden schon viele junge Männer auf diese Weise den Tod. Es wird erzählt, daß ihre Seelen als schwarze Fische im Wildsee auf ewig dahinschwimmen müssen. Auch heute noch kann man in der Dämmerung im Wildsee diese armen Seelen erblicken.

Brot für die Armen

Eine Sage aus der Gegend um Eichstetten

Vor vielen Jahren wurde das Edelfräulein Brigitte von Landeck mit dem Ritter von Sponeck verlobt. Die beiden hatten sich noch nie gesehen, lebten sie doch ein gutes Stück voneinander entfernt. Als nun der Tag der Vermählung der beiden gekommen war, wurde in Landeck ein festlicher Zug zusammengestellt, der die Braut zu ihrem Bräutigam geleiten sollte. Die Braut saß, gewandet in feinste Seide und reich mit edlem Schmuck behängt, in einer hölzernen Sänfte, die von sechs starken Männern getragen wurde. Ihr folgten einige Mägde, Zofen und die Hofdame, die sich um die Braut zu kümmern hatten. Danach kam ein großer Wagen angefüllt mit Brot und anderen Gaben, die für die Armen bestimmt waren. Diese Gaben stammten von der herzensguten Brautmutter, die die Armen an diesem Festtag teilhaben lassen wollte, indem während der Reise ihrer Tochter das Brot an die Bedürftigen verteilt werde. Begleitet wurde der Troß von zwanzig bewaffneten Kämpfern, die dafür zu sorgen hatten, daß dem Edelfräulein unterwegs nichts zustoße.

So bewegte sich nun der Zug gemächlich in Richtung Sponeck, wo der Ritter bereits ungeduldig auf die Ankunft seiner zukünftigen Gattin wartete. Unterwegs aber begannen sich die Wolken zusammenzuziehen, und kurze Zeit später fing es heftig zu regnen an. Das schlechte Wetter an ihrem Hochzeitstage vergrämte die Braut so sehr, daß sie den Befehl gab, kein Brot mehr an die Armen zu verteilen – wenn sie keine Freude verspürte, so sollten es die anderen auch nicht.

Als es wieder zu regnen aufhörte und der Zug an einem Brunnen zwischen Eichstetten und Bötzingen vorbeikam, ließ Brigitte von Landeck anhalten, denn ihr gelüstete nach einem Schluck kalten Wassers aus dem Brunnen. Eine Magd, die sogleich einen Tonkrug ergriff und zum Brunnen eilen wollte, um ihrer Herrin etwas Wasser zu bringen, rief sie zurück. Sie wolle selbst zum Brunnen gehen und sich Wasser daraus schöpfen. Als das Edelfräulein nun aber aus der Sänfte steigen wollte, sah sie, daß der ganze Boden vom Regen aufgeweicht war und sich hier und da schlammige Pfützen gebildet hatten. Um sich nun das Brautgewand und die Schuhe nicht zu beschmutzen, hieß sie ihre Mägde, die Brotlaibe, die für die Armen bestimmt gewesen waren, aus dem Wagen zu holen und so auf den Boden bis zum Brunnen zu legen, daß sie trockenen Fußes dort ankomme. Als die Braut aber einige Schritte auf den Brotlaiben getan hatte, begann plötzlich der Boden unter ihren Füßen zu beben. Ein riesiger Spalt tat sich berstend in der Erde auf und verschlang die Braut, deren Hilferufe bald verstummten, als sich der Spalt genauso schnell wieder schloß, wie er sich aufgetan hatte.

Seit diesem Tag spukt das Edelfräulein an diesem Brunnen, der danach der „Brautbrunnen" genannt wurde. In ihrem schmutzigen und zerrissenen Brautkleid bettelt sie die Vorbeireisenden um ein Stück Brot an, denn um erlöst zu werden, hätte ein Reisender der ar-

men Seele ein Stückchen Brot schenken und ihr einen Becher Wasser aus dem Brunnen zu trinken geben müssen. Dies tat jedoch niemand, denn jeder hatte Angst vor der schaurigen Erscheinung.
Vor hundert Jahren schließlich wurde der Brunnen zwischen Eichstetten und Bötzingen zugeschüttet. Der Geist der Braut muß somit wohl auf ewig an dieser Stelle umgehen, denn erlöst kann er nun nicht mehr werden, es sei denn, der Brunnen würde eines Tages wieder freigelegt. Der Acker aber, auf dem sich noch vor hundert Jahren der Brunnen befand und auf dem das Edelfräulein umgehen soll, wird heute noch „Brittebrunnen“ (= Brautbrunnen) genannt.

Der Geist auf dem Krummhellenbuckel

Eine Sage aus Dietlingen

Im Dorfe Dietlingen lebte vor etlichen Jahren ein armer Tischler mit seiner lieben Frau. Gemeinsam hatten sie schon so manche notvolle Zeit überstanden, doch war ihre Liebe zueinander immer noch so stark wie am Tage ihrer Hochzeit. Die beiden standen sich so nahe, daß der eine meist wußte, was der andere gerade dachte.

So begab es sich einmal in einer lauen Herbstnacht, daß der Tischler schweißgebadet aus dem Schlaf hochschreckte. Auch sein Weib erwachte zur selben Zeit und schaute sich verwirrt im Zimmer um. Da erzählte der Mann, er habe einen seltsamen Traum gehabt: ein entsetzlich aussehender Geist habe ihn um seine Erlösung gebeten. Dann hätte er ihm bis ins Kleinste beschrieben, wie die Geistererlösung stattzufinden habe und ihm eine reiche Belohnung versprochen. Überrascht meinte seine Frau daraufhin, daß sie denselben Traum gehabt habe. So ging das drei Nächte hintereinander. Da hielten es die beiden Geplagten nicht mehr aus, und sie beschlossen, in der kommenden Nacht den Geist zu erlösen.

Um elf Uhr machten sie sich also in die Dunkelheit auf. Noch einmal riefen sie sich ins Gedächtnis, was der Geist ihnen gesagt hatte: Während der gesamten Erlösung dürften sie auf gar keinen Fall auch nur ein einziges Wort reden, sich nicht umsehen und sich auch durch nichts, was ihnen begegnete, stören lassen.

Es war fürwahr eine schauerliche Nacht. Schwarze und graue Wolkenfetzen trieben am Himmel dahin und gaben ab und zu den Blick auf den sichelförmigen, totenbleichen Mond frei. Der Wind blies den beiden kalt ins Gesicht und ließ sie frösteln. Je weiter sie sich vom Dorf entfernten, desto finsterer wurde ihr Weg und um so banger wurden ihre Herzen. Da vernahmen sie plötzlich Stimmen rechts und links des Weges. Das Raunen und Murmeln schwoll an, flachte wieder ab und wurde zu einem teuflischen Kichern und Meckern. Eisern ignorierten der Tischler und sein Weib die Geräusche, und als eine tiefe, furchteinflößende Stimme „Halt!“ rief, beachteten sie auch diese nicht und setzten ihren Weg unbeirrt in Richtung des Krummhellenbuckels fort, wo sie den Geist erlösen sollten. Nach kurzer Zeit gelangten sie dort an und warteten, was weiter geschehen würde. Da bewegte sich etwas zwischen den Rebstöcken auf sie zu. Eine zwei Meter große Gestalt bahnte sich ihren Weg zu den beiden mutigen Dietlingern, dabei achtlos Weinstöcke umknickend und laut brüllend. Unter dem Gewicht des Mon-

strums schien die Erde zu beben, und als sich die Wolken vor dem Mond verzogen, konnten die beiden erkennen, was da auf sie zukam. Der Körper der Gestalt bestand aus grünlichem Fleisch, das aber schon fast verwest war, so daß es eine unförmige, wabernde Masse bildete. Die Augen des Wesens, die in einem breiigen Gesicht saßen, waren vollkommen weiß, pupillenlos und starrten weit aufgerissen in die Nacht. Das Maul, das unverhältnismäßig groß war, strotzte von langen, spitzen Zähnen, von denen noch purpurnes Blut troff. Überall waren Würmer und Maden zu sehen, die sich durch das Fleisch der Kreatur fraßen. Langsam wankte die Alptraumgestalt näher, dabei hinterließ sie eine schleimige, übelriechende Spur. Röchelnd begann sie zu sprechen, wobei bei jedem Atemzug ein fürchterliches Rasseln zu vernehmen war: „Folgt mir zu dem Weinberg dort, und ihr sollt reich werden!" Doch die Dietlinger blieben stehen und rührten sich nicht von der Stelle. Da verwandelte sich das Monstrum in eine goldfarbene Schlange, die blitzschnell auf die beiden zuschoß. Doch auch dies konnte das mutige Ehepaar nicht aus der Ruhe bringen. Ein helles Leuchten ging plötzlich von der Schlange aus, und sie verwandelte sich erneut – in ein wunderschönes weißes Fräulein, das milde lächelte und sprach: „Ihr habt mich endlich erlöst! Euer Mut und Glauben war stärker als jede Gefahr, der Ihr begegnet seid. Hier ist Eure Belohnung!", dabei deutete sie auf zwei große Kupferkessel voller Gold. „Nehmt Euch aber auf dem Heimweg in acht und verhaltet Euch wie bisher, sonst ist alles zunichte, und ich kann keine Ruhe finden!" Mit diesen Worten löste sich die Erscheinung auf, und die beiden Eheleute machten sich mit dem Gold auf den Heimweg. Tapfer ignorierten sie wieder sämtliche Geräusche, Ungeheuer und Tiere, denen sie begegneten, und redeten kein Wort. Doch als wieder eine Stimme „Halt!" rief, schüttelte die Frau verneinend den Kopf. Die Erlösung wirkte zwar trotzdem, doch blieb die Frau fortan mit diesem Kopfschütteln behaftet.

Auf dem Krummhellenbuckel fand man am nächsten Tag alle Rebpfähle umgeknickt daliegen und alle Weinstöcke verdorrt. Das Ehepaar aber, das die reiche Belohnung erhalten hatte, konnte sich nicht lange an seinem Schatz erfreuen, denn genau sieben Jahre nach der schrecklichen Erlösungsnacht starben beide zur selben Stunde aus unerklärlichen Gründen.

Die goldenen Fröschlein

Eine Sage aus dem Prechtal

In längst vergangenen Tagen lebte im vorderen Schützenbach im Prechtal der Kernebauer. Der war ein redlicher, fleißiger Mann, der gut für seine Familie sorgte. Weil er mit seinem Geld sparsam umging und stets hart arbeitete, konnte er jeden Monat einige Goldstücke zur Seite legen – mal ein bißchen mehr und mal ein paar weniger. So häufte der Kernebauer im Lauf der Jahre ein beachtliches Vermögen an, von dem er aber nie etwas ausgab.

Das Geld im Hause aufzubewahren wurde ihm auf die Dauer zu unsicher – gab es doch viele Halunken und Gauner, die es auf das Ersparte redlicher Leute abgesehen hatten. Deshalb beschloß der Bauer, sein gesamtes Geld im nahegelegenen Wald zu vergraben, wo er es in Sicherheit glaubte. In der folgenden Nacht setzte er seine Idee in die Tat um und vergrub seine ersparte Habe unter einem ganz bestimmten Baum im Wald, den er sich genau merkte. Seine Frau und sein Sohn wußten zwar vom vergrabenen Schatz des Bauern, doch war der Kernebauer der einzige Mensch, der das genaue Versteck kannte.

Da nun spielte das Schicksal dem Bauer übel mit, denn eines schönen Tages traf ihn beim Holzspalten ein Holzscheit so unglücklich am Kopf, daß er den Verstand verlor und sich an nichts mehr erinnern konnte, weder an seinen Namen, noch an seine Frau, geschweige denn an den vergrabenen Schatz. Er wiederholte nur immer wieder den Satz: „Das Geld han i guat versorget!“ Die Frau und der Sohn des Kernebauern hätten zwar wohl nach dem Gold suchen können, doch hätten sie dann den ganzen Wald umgraben müssen, um ihn zu finden, und so ließen sie den Schatz eben liegen, wo immer er auch liegen mochte.

Einige Generationen später war der Schatz des Kernebauern längst in Vergessenheit geraten, da ging dessen Ururenkel in besagtem Wald spazieren. Als er sich erschöpft auf einem umgestürzten Baumstamm niederließ, um etwas zu verschnaufen, sah er ein winziges goldenes Fröschlein mit großen schwarzen Augen vor sich auf dem Waldboden hüpfen. Entzückt von der Schönheit des Tierchens folgte sein Blick den kleinen Hüpfern des Fröschleins. Dieses hopste zu einem Baumstumpf, der völlig mit flauschigem, grünem Moos überwachsen war. Da gesellte sich ein zweites goldenes Fröschlein hinzu, und da! – noch ein drittes. Dies ging so lange weiter, bis der Baumstumpf nur so von den putzigen Tierchen wimmelte und wuselte. Der Bursche, der solche Frösche noch nie zuvor gesehen hatte, ging nun neugierig auf sie zu. Langsam bückte er sich, nahm eines der Fröschlein auf die Hand und steckte es nach kurzem Zögern zusammen mit zwei weiteren der goldenen Geschöpfe in die hölzerne Ziggarenschachtel, die er in seiner Jacke stecken hatte. Zuhause angekommen wollte er sogleich seinen Fund der ganzen Familie präsentieren; doch was für Augen machte er, als er statt dreier hüpfender Frösche drei Goldstücke in der Schachtel wiederfand! Ohne lange zu überlegen eilte der Bursche zurück in den Wald, um auch die restlichen Fröschlein zu holen. Doch, so sehr er auch suchte und den restlichen Wald durchstreifte – er konnte die Stelle einfach nicht wiederfinden, an der sich der überwachsene Baumstumpf befunden hatte. Auch die goldenen Fröschlein hat er niemals wiedergefunden.

Der siebenarmige Leuchter

Eine Sage aus Neuhausen

Schon seit langer Zeit steht auf der Gemarkung Neuhausen im Domänenwald eine stattliche Weißtanne, welche aufgrund ihrer sonderbaren Form auch „die Leuchtertanne“ genannt wird. Hoch über dem Talgrund der Nagold streckt sie ihre sieben Wipfel in den Himmel. Der mächtige Stamm teilte sich einstmals in vier kräftige Äste, die erst rechtwinklig wuchsen, dann aber senkrecht in die Höhe strebten. Durch drei weitere, jüngere Triebe gelangte die Tanne zu ihren sieben Wipfeln. Über die Entstehung der Leuchtertanne wird allerlei Sonderbares erzählt. So sollen um das Jahr 1692 die Franzosen wieder einmal einen Raubzug durch den Schwarzwald unternommen haben. Wo sie durchzogen, schändeten sie die Frauen, entweihten die Kirchen, raubten, mordeten und plünderten sie und steckten die Dörfer in Brand. Da kam die Nachricht über die nahenden Feinde auch in das Dorf Unterreichenbach. Den Einwohnern blieb nichts anderes übrig, als mit ihrer Habe in die nahen Wälder zu fliehen. Auch der Kirchmesner raffte alle wertvollen Gegenstände, die sich in der Kirche befanden, zusammen und wollte mit den anderen flüchten. Unter den Wertgegenständen befand sich auch ein silberner Leuchter mit sieben Armen, den einst eine Edelfrau der Kirche gestiftet hatte und der der heiligen Jungfrau Maria geweiht war. Der verstorbene Gatte der Edelfrau ließ einstmals die Kirche erbauen, und deshalb wurde der silberne Leuchter von den Dorfbewohnern in besonderen Ehren gehalten.

Als letzter verließ nun der Mesner eiligst das Dorf und lief in den dunklen Forst. Doch kaum hatte er die ersten Bäume erreicht, da hörte er hinter sich auch bereits die anrückenden Rotten der Franzosen. Erschrocken beschloß er, die Wertsachen kurzerhand unter Moos, Reisig und Blättern zu verstecken. Gerade damit fertig und nur wenige Meter weitergeflohen, holten ihn die französischen Häscher ein und fesselten ihn. Als sie erkannten, daß es sich bei dem Gefangenen um den Dorfmesner handelte, folterten sie ihn grausam, um zu erfahren, wo er die Schätze der Kirche verborgen habe. Der Mesner aber schwieg beharrlich, bis es dem Anführer des Trupps zu dumm wurde und er dem armen Kerl mit einer schnellen Bewegung die Kehle durchschnitt. Gurgelnd brach der Mesner zusammen, starb noch in derselben Minute und nahm das Geheimnis über die versteckten Schätze mit in den Tod.

Nach drei Tagen konnten die Dorfbewohner den Wald endlich wieder verlassen und zu ihren Wohnstätten zurückkehren. Unterwegs fanden sie ihren frommen und treuen Mesner, dessen Tod und den Verlust der heiligen Gerätschaften und des Leuchters sie beklagten. Sie beteten zur heiligen Jungfrau Maria, die sie offensichtlich vor den Franzosen beschützt hatte, um ein Zeichen, wo die heiligen Gegenstände geblieben seien.
Etwa ein halbes Jahr darauf ging ein kleines Mädchen aus Unterreichenbach im Wald Heidelbeeren suchen. Da erblickte es einen wundersamen Baum, welcher exakt die Form des siebenarmigen Altarleuchters hatte. Dies berichtete das Kind zu Hause seiner Mutter, und diese wußte das Zeichen sofort richtig zu deuten. Sie benachrichtigte die übrigen Dorfbewohner, und gemeinsam gruben sie am Fuß der Tanne nach den verlorenen Schätzen. Tatsächlich, da lagen der silberne Leuchter und die übrigen Dinge gut versteckt unter Moos und Laub. Da verschwand der Wunderbaum mit den sieben Wipfeln wieder so plötzlich, wie er erschienen war, und der silberne Leuchter bekam wieder seinen Ehrenplatz auf dem Marienaltar der Dorfkirche.
Zum ewigen Andenken an das göttliche Zeichen stutzten die Unterreichenbacher eine junge, kräftige Weißtanne zu einem siebenarmigen Leuchter zurecht. Sie hegten und pflegten den Baum noch lange Jahre, und so wurde er zu der großen Leuchtertanne im Domänenwald, die man noch heute bewundern kann. Die Tanne steht dort hoch über dem Dorfe als Symbol alter, frommer Treue und auch als Wahrzeichen des Glaubens an eine göttliche Macht, die stärker ist als alle bösen Feinde ringsumher.

Der Teufel ist mit im Spiel

Eine Sage aus Freudenstadt

In der Gegend von Freudenstadt war ein junger Zimmermannsgeselle gerade auf dem Weg zur nächsten Gastwirtschaft. Da erschien ihm unterwegs eine bildschöne Jungfrau. Ihr goldenes Haar reichte ihr bis zur Hüfte, und sie war in die feinsten Stoffe gehüllt. Mit einem Wink bedeutete sie ihm, ihr zu folgen. Neugierig und fasziniert ob solcher Schönheit folgte der Bursche ihr nach. Kurze Zeit später gelangten sie an ein prächtiges Schloß, das der Geselle hier noch nie zuvor gesehen hatte. Sanft begann die Schöne zu sprechen: „Der Teufel hat mich verwunschen, weil mein Vater ihm einen Streich gespielt hat. Durch seinen teuflischen Zauber bin ich dazu verdammt, als Geist umzugehen, bis ich erlöst werde. Wenn Du mutig genug bist, kannst Du mich erlösen, indem Du drei Freitage hintereinander immer zur gleichen Zeit an diese Stelle kommst. Am ersten Freitag werde ich Dir als Bär erscheinen, den Du dreimal küssen mußt. Am zweiten Tage werde ich ein Löwe sein, den Du ebenfalls dreimal küssen mußt. Beim dritten Mal werde ich Dir als Schlange erscheinen, die eine goldene Krone auf ihrem Kopfe trägt. Drei Blutstropfen aus Deinem Finger mußt Du auf die Krone tropfen lassen und sie dann der Schlange abnehmen – dabei darfst Du aber keine Furcht zeigen und kein Wort sprechen. Hast Du mich erlöst, so werden all meine Schätze Dir gehören, und ich werde Deine Gemahlin!“ Mit den letzten Worten verschwand der Geist und mit ihm das Schloß.

Der furchtlose Geselle tat, wie ihm geheißen, und kam am folgenden Freitage zur vereinbarten Stelle. Als der Bär brüllend und tobend vor ihm erschien, trat der Geselle – beseelt von dem Gedanken an seine Belohnung – unerschrocken vor ihn hin und küßte ihn auf beide Wangen und auf die Stirn. Der Löwe, der ihm eine Woche später gegenübertrat, tobte und fauchte noch viel furchteinflößender – doch der Bursche blieb ruhig. Gelassen küßte er den Löwen ebenfalls auf beide Wangen und auf die Stirn. Am dritten Freitag wand sich eine glitzernde Schlange vor ihm auf dem Boden. Mit einer Nadel, die er mitgebracht hatte, stach der Geselle sich in den Finger und ließ drei Tropfen seines Blutes auf die Krone fallen, die die Schlange auf dem Kopf trug. Als er nun die Hände ausstreckte, um die Krone an sich zu nehmen, kreischte plötzlich der Teufel, der unbemerkt neben ihm auf einem Baume saß: „Gib acht! Sie beißt Dich!“ Voller Schreck entfuhr dem Gesellen ein „Maria und Josef!“

Da begann sich die Schlange immer schneller aufzurollen, bis sie schließlich wieder die Gestalt der Jungfrau annahm. Wütend fuhr diese den Burschen an: „Unglückseliger! Die Erlösung hast Du verpatzt, weil Du auf den Teufel gehört hast! Jetzt muß ich warten, bis von dem Eichbaum, auf dem der Teufel saß, eine Eichel herabfällt und aus dieser ein Baum erwächst. Dann muß der Baum viele hundert Jahre alt und gefällt werden, damit aus seinem Holze eine Wiege gebaut werden kann. Erst das dritte männliche Kind, das in der Wiege liegt, kann mich wieder erlösen. Doch auch dann kann der Teufel wieder sein schreckliches Spiel mit mir treiben und alles verderben!“ Daraufhin begab sich die Jungfrau in das Schloß, und dieses verschwamm mit dem aufkommenden Nebel. Der Bursche aber, der das Schicksal der Jungfrau nicht verwinden konnte, nahm sich noch am selbigen Abend das Leben.

Die treuen Freunde

Eine Sage aus Pforzheim

Über lange Zeit hinweg wurde früher in Pforzheim eine gar schauerliche Erscheinung beobachtet, über die hier berichtet werden soll. Damals geschah alljährlich an einem bestimmten Tag im August folgendes:

Im Morgengrauen konnte man das heisere Krächzen von drei Raben über den Dächern Pforzheims vernehmen. Majestätisch flogen sie nebeneinander am Himmel, und ihre Schwingen schienen die Luft wie in Bruchteile der Ewigkeit zu zerteilen. Das Licht der aufgehenden Sonne brach sich hundertfach auf dem glänzenden Gefieder der schwarzen Vögel. Zielstrebig flogen sie zur Pforzheimer Schloßkirche, auf deren Dachfirst sie sich sachte niederließen. Dort saßen sie nun dicht aneinandergedrängt vierundzwanzig Stunden lang. Keiner von ihnen fraß in dieser Zeit etwas, noch hörte man auch nur einen Schrei von ihnen. Hätten sie nicht ab und an den Kopf bewegt, so hätte man meinen können, es handle sich um Statuen. Beim Glockenschlag zur vierundzwanzigsten Stunde aber erhoben sie sich gleichzeitig in die Lüfte und verschwammen nach kurzer Zeit mit dem grauschwarzen Firmament. Zur nämlichen Zeit erschienen am Portal der Schloßkirche drei Kapuzinermönche, die in schwarze Kutten gehüllt waren. Weder Antlitz, noch Hände konnte man erkennen, hatten sie doch ihre Kapuzen weit ins Gesicht gezogen und ihre Hände in den weiten Ärmeln verborgen. Leichter Nebel waberte um ihre Füße, und hätte jemand in ihrer Nähe gestanden, so hätte er einen eisigen Lufthauch verspüren können, der von den Dreien ausging. Einer der Kapuziner zog dann immer einen großen Schlüssel aus seiner Kutte und öffnete damit das Hauptportal der Kirche. Völlig geräuschlos traten sie sodann alle ins Innere der Kirche ein, und einer von ihnen verriegelte das knarrende Tor wieder. Andächtig schritten die Mönche zum Altar, bekreuzigten sich dort, entzündeten drei Kerzen und wandten sich dann einer Stelle zu, die sich rechts vom Altar befand. Dort ließen sie sich auf die Knie nieder und begannen, den Boden fast zärtlich abzutasten und vorsichtig zu untersuchen. Nach einer Weile nickten sich die drei Kapuziner zu, erhoben sich und falteten die Hände zum Gebet. Nach einer Stunde der Andacht, in der die Kerzen gänzlich abbrannten, wandten sie sich um und verließen die geweihte Stätte. Das Tor schlossen sie wieder sorgsam hinter sich ab, und ihre Schritte verhallten nach wenigen Metern in der Ferne. Dies wiederholte sich lange Zeit jedes Jahr immer am selben Tage, ob nun Leute in der Kirche zugegen waren oder nicht. Die Kapuziner beachteten die Anwesenden überhaupt nicht und sprachen auch mit keiner Menschenseele jemals ein Wort.

Darüber, was dies alles zu bedeuten hatte, gibt es viele verschiedene Geschichten. Eine davon besagt, daß es sich bei den drei Kapuzinern um die Geister von drei befreundeten Mönchen handelte, die jedes Jahr ihren

toten Freund an dessen Todestag besuchten. Dieser soll, wie sie selbst, ein Mönch gewesen sein, und die vier wären im Leben unzertrennlich gewesen – so heißt es. Der eine von ihnen soll fälschlicherweise der Ketzerei beschuldigt und bei lebendigem Leibe in der Schloßkirche neben dem Altar begraben worden sein. Seine drei treuen Freunde besuchten ihn jedoch auch noch nach ihrem Tode alljährlich im August in der Schloßkirche, schauten nach, ob mit seinem Grab alles in Ordnung war, und beteten um seine himmlische Erlösung. Die Raben jedoch seien die Vorboten des Todes, die jedesmal die Ankunft der Geister der toten Kapuzinermönche verkündeten.

Warum die Mönche nun seit geraumer Zeit ihren toten Freund nicht mehr aufsuchen, ist nicht bekannt. Vielleicht hat dieser endlich den Weg ins Paradies gefunden ... ?

Die drei schwarzen Pferde

Eine Sage aus Schwarzenberg

Der Ritter von Schwarzenberg herrschte einstmals über etliche Hufe Land, was heute mehreren Hektar Grundbesitz entspräche, zahlreiche Lehensbauern und über eine stattliche Burg, die er sich hatte errichten lassen. Gerechtigkeit und Gnade kannte der griesgrämige Ritter nicht – seine Untertanen mußten schwer unter seiner Knute leiden. Wie es ihm gefiel, suchte er sich die hübschesten Mädchen in seinem Reiche aus, ließ sie für einige Tage oder Wochen als seine Gespielinnen an seiner Seite leben, um sie dann, wenn er ihrer überdrüssig geworden war, als Mägde in seiner Burg schuften zu lassen.

So fiel eines Tages seine Wahl auf die schöne Tochter des Bauern vom Wahlhof. Diese sollte noch am selbigen Tage auf die Burg des Schwarzenbergers kommen und ihm wohlgefallen. Der Wahlhofbauer jedoch, der die Grausamkeit und Härte seines Herrn kannte, ließ seine Tochter nicht gehen, sondern hieß sie, sich in ihrer Kammer einzuschließen und dort zu verharren – er würde die Sache schon regeln.

Als der Ritter von Schwarzenberg von dem couragierten Bauern erfuhr, platzte er beinahe vor Wut und ließ ihm sogleich folgende Botschaft überbringen: Als Strafe für den Ungehorsam solle der Wahlhofbauer am folgenden Tage den größten Kirschbaum, der auf seinen Wiesen wachse, fällen, drei Pferde davorspannen und ihn zur Burg schleppen – dabei dürfe aber keine einzige der reifen Kirschen am Baum zerquetscht oder beschädigt werden oder gar vom Baume abfallen. Für jede beschädigte Kirsche würde der Bauer einen Peitschenhieb erhalten, und falls er zu Tode gepeitscht würde, bekämen seine Tochter und sodann sein Weib die restlichen Peitschenhiebe.

Als der Bauer die Botschaft erhielt, wurde sein Herz schwer vor Kummer und Gram, doch am nächsten Tag nahm er seine Axt und ging zum größten Kirschbaum auf seiner Wiese. Dort stand er nun ratlos und fing an zu weinen, wußte er doch nicht, wie er die Aufgabe des Ritters erfüllen sollte. Da erschien plötzlich ein kleines, altes Männlein zwischen den Wurzeln des Baumes. Als dieses fragte, warum er denn so betrübt sei, erzählte der Bauer seine ganze Geschichte. Da lächelte das Männlein und versprach, dem Bauern zu helfen. Geschickt fällte es mit wenigen Schlägen den Baum und band drei starke Seile an der Baumkrone fest. Danach pfiff es dreimal durch seine Finger, und aus dem nahegelegenen Wald galoppierten die drei schönsten Rappen, die der Wahlhofbauer jemals gesehen hatte. Diese spannte das Männlein vor den Baum und trieb sie an. Gehorsam zogen sie den mächtigen Baum den steilen, weiten Weg zur Burg des Ritters hinauf, und der Wahlhofbauer folgte ihnen. Im Hof der Burg angekommen, wartete dort bereits der Ritter von Schwarzenberg auf sie. Als er sah, daß keine einzige Kirsche am Baum beschädigt war, konnte er es einfach nicht fassen. Zornig trat er auf den Bauern zu und wollte ihn in seiner Wut mit dem Schwert erschlagen. Doch da rief das Männlein, welches soeben die Rappen vom Baum losgebunden hatte: „Haltet ein, Herr Ritter! Der Bauer hat seine Aufgabe erfüllt – Ihr dürft ihn nicht bestrafen! Und wißt Ihr auch, wer diesen Baum den Berg hinangezogen hat? Seht: der erste Rappe dort ist Euer verstorbener Vater, der zweite daneben Euer Großvater, und der dritte ist Euer Urgroßvater. Alle drei haben zu Lebzeiten nicht anders gehandelt als Ihr, edler Herr; sie waren bösartig und ungerecht gegenüber ihren Untertanen! Zur Strafe müssen sie jetzt in der Hölle schmoren und sich in der Gestalt von Pferden abrackern. Sie büßen für ihre Sünden, bis sie all ihre Schuld abgetragen haben!" Mit diesen Worten verschwand das Männlein vor den Augen aller Anwesenden.

Da bekam es der Ritter von Schwarzenberg gehörig mit der Angst zu tun, und von diesem Tage an herrschte er gerecht und wohlwollend über sein Reich und versuchte auch, seine früheren Schandtaten wiedergutzumachen.

Der Wolfsmensch

Eine Sage aus Tumlingen

Gar manche schauerliche Geschichte erzählt man sich über Wolfsmenschen im Schwarzwald. In nebelverhangenen Vollmondnächten sollen sie sich von braven Bürgern in blutrünstige reißende Bestien verwandeln, die auf ihrem Beutezug kein Lebewesen verschonen. Man sagt, ein Werwolf zu sein sei die Strafe dafür, in einem früheren Leben gotteslästerlich gehandelt oder eines der göttlichen Gebote mißachtet zu haben. So würde man wiedergeboren als Kreatur der Nacht, bei Tage Mensch, bei Vollmond Wolf, die nur durch einen Schuß durchs Herz mit einer silbernen Kugel getötet werden könne – ansonsten würde sie ewig leben.
Auch in Tumlingen soll einst ein solches Zwitterwesen Angst und Schrecken verbreitet haben. Aus den Viehpferchen der Gemeinde verschwanden einmal im Monat immer die fettesten und besten Tiere. Keiner der Dorfbewohner konnte sich erklären, welches Raubtier solche Unmengen an Fleisch in nur einer einzigen Nacht verschlingen konnte. Doch eines Tages fand man im verwüsteten Pferch Wolfsspuren im aufgewühlten Boden. Diese waren aber so groß, daß die Bauern an einen Werwolf glaubten. Die Leute wurden ängstlich, und als sie feststellten, daß die Spuren geradewegs in ihr Dorf führten, traute keiner mehr dem anderen – jeder von ihnen konnte ja schließlich der Werwolf sein, der bei Vollmond nach Blut gierte. Einer der Burschen aus Tumlingen jedoch wußte genau, wem der Verlust der Tiere zuzuschreiben war. Er selbst war es, dem bei Vollmond ein Fell wuchs und der über das Vieh des Dorfes herfiel. Sobald seine Verwandlung begann, war er nicht mehr er selbst; dann war er ein Wolf auf Beutesuche, der kein Gewissen und keine menschliche Moral mehr kannte. Der einzige Mensch, dem er sein schreckliches Geheimnis anvertraut hatte, war seine Geliebte – die Tochter des Müllers. Diese meinte, er solle sein Schicksal nur keiner Menschenseele erzählen, denn sonst wäre er des Todes.
Beim nächsten Vollmond geschah es nun, daß die Bauern ihr Vieh in den Ställen versteckten, so daß ihm nichts geschehen konnte. Am folgenden Morgen waren tatsächlich noch alle Tiere am Leben. Doch welch grausigen Fund mußten die Bauern vor des Müllers Hütte machen? Dort lag die Müllerstochter in einer dunklen Lache ihres eigenen Blutes. Der Werwolf hatte sie fürchterlich zugerichtet, wohl weil er keine andere Beute finden konnte. Fassungslos stand auch der Wolfsmensch selbst vor dem entstellten Leichnam seiner Geliebten. Entsetzen und unbeschreibliche Seelenqual übermannten ihn, als ihm bewußt wurde, daß er selbst sein Liebstes gemordet haben mußte – in der furchtbaren Gestalt des Werwolfs, die er nicht unter Kontrolle hatte. Weinend sackte er mit gebrochenem Herzen auf die Knie, und ihm wurde klar, was er nun zu tun hatte. Entschlossen ging er zum herrschaftlichen Jäger, teilte diesem mit, wo er den Werwolf in der nächsten Vollmondnacht antreffen würde, und gab ihm eine silberne Kugel, die er selbst gegossen hatte.

Ruhelos wartete der Bursche, bis einen Monat später endlich der Vollmond wieder am nächtlichen Sternenhimmel prangte und damit sein Ende nahte. Leise schlich er sich an den Ort, den er dem Jäger genannt hatte, und erwartete dort seine Verwandlung. Schlag Mitternacht begannen die unmenschlichen Schmerzen. Die Finger des jungen Burschen krümmten sich zu Klauen, die Fingernägel wuchsen in rasendem Tempo zu zentimeterlangen Waffen. Überall sprossen Haare aus der Haut des Gepeinigten, die schon bald ein dichtes, schwarzes Fell bildeten. Heulend vor Schmerz krümmte er sich auf dem Boden zusammen. Seine Zähne waren inzwischen ebenfalls zu messerscharfen, spitzigen Reißern geworden, die schneeweiß im Mondlicht blitzten. Aus seinem Rücken wuchs ihm ein buschiger Schweif, und Geifer rann in kleinen Bächen aus seinem blutlüsternen Maul. Mordlust und Blutgier sprühten aus seinen unheimlichen rotleuchtenden Augen, denen nichts zu entgehen schien. Da erreichte auch der Tumlinger Jäger die Stelle im Wald, auf der nun ein zwei Meter großes Untier stand und ihn mit hungrigen Augen anstarrte. Der Jäger zögerte keinen Augenblick, schwang sein Gewehr, das mit der silbernen Kugel geladen war, von der Schulter, legte an und erschoß den Werwolf. Als ihn das silberne Geschoß ins Herz traf, brach dieser auf der Stelle tot zusammen und verwandelte sich in den Bauernburschen zurück. Ungläubig gewahrte dies der Jäger und wollte ihm noch in letzter Minute zu Hilfe eilen. Doch er konnte nichts mehr für ihn tun. Er blickte in die erloschenen Augen des Burschen, in denen er sonderbarerweise so etwas wie Dankbarkeit zu erkennen glaubte.
So starb der Wolfsmensch von Tumlingen, der sich den Mord an seiner Geliebten nicht verzeihen konnte und sich deshalb selbst der Kugel auslieferte. Auch in anderen Teilen des Schwarzwalds soll es diese Wolfsmenschen einmal gegeben haben ...

Die wüste Urschel

Eine Sage aus Bad Teinach und Umgebung

In längst vergangenen Tagen regierte einst ein Graf auf der Burg Waldeck an der Nagold. Dieser war sehr vornehm und weithin berühmt ob seiner prachtvollen Feste, die er des öfteren zu feiern pflegte. Doch ward sein Herz erfüllt von Eitelkeit und Hochnäsigkeit gegenüber all seinen Untertanen und Dienern, die er behandelte, als seien sie gefühllose Arbeitssklaven. Auch seine Frau war eine eitle Person, die sich stundenlang damit beschäftigen konnte, ihr Antlitz im Spiegel zu betrachten. Ihre samtenen Kleider strotzten vor Perlen und Juwelen, während die Ärmsten in ihrem Dorfe Hunger leiden mußten. Der größte Wunsch jedoch, den der Graf und die Gräfin hegten, war es, einen Erben für ihr Herrschaftsgebiet zu bekommen, der nach ihrem Tod über ihre Ländereien regieren sollte.

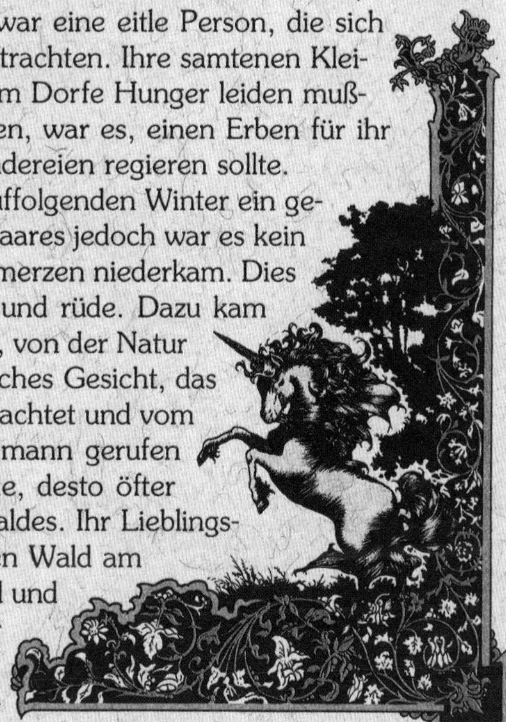

Im Frühling wurde die Gräfin endlich schwanger und gebar im darauffolgenden Winter ein gesundes, kräftiges Kindlein. Zur großen Enttäuschung des Herrscherpaares jedoch war es kein Knabe, sondern ein Mädchen, mit dem die Gräfin unter großen Schmerzen niederkam. Dies verdroß die Eltern sehr, und sie behandelten das Kind gar lieblos und rüde. Dazu kam noch, daß das Mädchen, das auf den Namen „Ursula" getauft wurde, von der Natur gar stiefmütterlich ausgestattet worden war, denn sie hatte ein häßliches Gesicht, das ganz und gar nicht intelligent dreinblickte. Von Vater und Mutter verachtet und vom Gesinde verspottet wuchs die „wüste Urschel" – wie sie von jedermann gerufen wurde – inmitten von Haß und Lieblosigkeit auf. Je älter sie wurde, desto öfter flüchtete sie sich in die tröstende Einsamkeit des nahegelegenen Waldes. Ihr Lieblingsweg führte sie über den oberen Schloßberg und das „Härle" – einen Wald am oberen Talhang – hinab an die Nagold. Am rauschenden Fluß sitzend und die Beine ins kühle Wasser hängend, klagte sie dort den Bäumen ihr ganzes Leid. Still ertrug sie daheim all die Kränkungen und Betrübnisse ihres Elternhauses, doch hier ließ sie ihren Gefühlen stets freien

Lauf und weinte oft bitterlich, so daß sich ihre Tränen mit dem sprudelnden Wasser der Nagold vermischten.
Auch im Herzen ließ sich Ursula durch die schlechte Behandlung nicht verbittern – vielmehr half sie den Armen im Dorfe, stillte so manche Not und stand den kranken Menschen bei. Ohne etwas dafür zu verlangen, schenkte sie, was sie hatte: etwas Brot, Wärme, Trost und all ihre Liebe. Das sahen ihre erbosten Eltern nun aber genauso ungern wie ihre Tochter selbst. Sie konnten es einfach nicht ertragen, daß ihre wüste Tochter bei jedermann so beliebt war, zumal sie selbst vom niederen Volke so weit Abstand hielten, wie dies nur eben möglich war.
An einem regnerischen Tag im April wurde die „wüste Urschel" von den Leuten im Dorf vermißt, da sie sonst jeden Tag bei ihnen erschien und nie ausblieb. Man suchte und fand sie: tot, mit gebrochenen Gliedern und starrem Blick lag sie unter einem hohen Felsen in der Nähe des Ortes, an dem sie sich am liebsten aufgehalten hatte. War ihr Geist umnachtet gewesen, daß sie den Freitod wählte? Oder gaben ihre eigenen Eltern den Auftrag, den in ihren Augen schmachvollen Nachwuchs zu beseitigen? Man weiß es bis heute nicht genau. Das aber weiß man, daß die Armen und Notleidenden des Dorfes noch lange Zeit um sie weinten und trauerten. Von Stund' an bis heute hieß der Ort, an dem man den Leichnam des armen Mädchens gefunden hatte, „Die wüste Urschel".
Das Geschlecht des Grafen jedoch, dem kein weiteres Kind geboren wurde, obwohl er noch drei weitere Frauen ehelichte, starb nach einer Generation aus, und der Name der Familie geriet bald in Vergessenheit.

Das Bärenkreuz bei Loßburg

Eine Sage aus Loßburg

Glänzendes Metall blitzte in der Mittagssonne, als einst ein edler Ritter erschöpft von seinem Roß stieg. Lange schon ritt er durch Wald und Wiesen – sein Sinn stand ihm nach der Heimat, die er vor vielen Jahren verlassen hatte, um in den Krieg zu ziehen. Müde band er die Zügel seines Pferdes vor der Gastwirtschaft fest, die sich auf der Gemarkung Loßburg befand. Seinen Helm unter dem rechten Arm schritt er in die Wirtschaft und setzte sich an einen der freien Tische. Als er nun so bei seinem Met saß und sich von den Strapazen der langen Reise erholte, hörte er, wie drei Männer am Nebentisch aufgeregt miteinander sprachen. Es handelte sich wohl um zwei Bauern und einen Jäger oder Förster, wie er aus deren Kleidung schloß. Einer der Bauern war außer sich und faselte etwas von einem Prachtkälbchen, das sich das Ungeheuer wieder einmal in der Nacht von seiner Weide geraubt habe. Der andere Bauer meinte, daß dies jetzt schon das elfte Stück Vieh innerhalb von vier Wochen sei, das er verloren habe. Beide redeten sie eifrig auf den Jäger ein, endlich etwas gegen das Untier zu unternehmen. Dieser versuchte, die Bauern zu beruhigen und versprach ihnen, am folgenden Sonnabend eine Treibjagd auf die Beine zu stellen und endlich Schluß mit dem Monstrum zu machen. Da horchte der Ritter auf und mischte sich in das Gespräch der drei Männer ein. Er fragte, um was für ein Untier es sich denn handle, wenn deswegen eine ganze Treibjagd veranstaltet werden solle. Der Jäger sprach: „Schon seit drei Monaten haust in dem Wald dort drüben ein riesiger Bär. Des Nachts wagt er sich bis zu den Höfen der Bauern vor und stiehlt ihnen ihr Vieh, um es zu verschlingen. Ich selbst und auch schon einige andere Bürger von Loßburg haben versucht, den Reißer zu erlegen, doch keiner unserer Pfeile vermag ihn zu verletzen oder gar zu töten. Sie prallen alle von seinem verhexten Fell ab, wie von einer Steinmauer. Wir wissen nicht mehr ein noch aus, wollen wir doch nicht tatenlos zusehen, wie der Bär unser Vieh auffrißt." Da erklärte sich der Ritter dazu bereit, das Tier zu erlegen, wenn er dafür dessen Fell und Krallen behalten dürfe. Auf diesen Vorschlag gingen die Bauern gerne ein, doch warnten sie den Ritter, sich gut in acht zu nehmen, da der Bär verflucht sei.

Da nahm der Rittersmann seine Lanze und ging damit zur Dorfkirche, wo er sie vom Pfarrer auf die Dreifaltigkeit Gottes segnen ließ. Danach stieg er auf sein Roß und stöberte mit Hilfe seines starken Hundes bald die Höhle des Bären auf. Dort stieg er ab und hetzte seinen treuen Hund in die finstere Höhle, um den Bär herauszutreiben. Ein fürchterliches Brummen erscholl aus dem Inneren, und der Hund des Ritters flog, von einem mächtigen Prankenhieb getroffen, wieder heraus. Reglos blieb er auf dem Boden in einer Blutlache liegen. Da packte den Ritter die Wut, und voller Zorn stürmte er laut brüllend mit seiner Lanze voraus in die Höhle. Der riesige Bär jedoch knickte die Lanze mit seiner kräftigen Tatze in der Mitte entzwei, als sei sie nur ein morsches Zweiglein. Verärgert knurrend wandte sich der Bär nun dem Ritter zu, um ihm ein rasches Ende zu bereiten. Beim Rückwärtswanken Auge in Auge mit dem Bär stolperte der mutige Recke, fiel zu Boden und bekam die geweihte Spitze seiner zerbrochenen Lanze zu fassen. Mit einem Satz sprang er auf und rammte sie dem heranstürmenden Monstrum in den weit aufgerissenen Rachen. Der auf die Hinterbeine aufgerichtete Bär brach tot zusammen und fiel auf den vor ihm stehenden Ritter, der von der tonnenschweren Fleischmasse begraben wurde.

Als man des anderen Tags nach dem Ritter suchte, fand man alle drei tot am Boden liegen – den Bären, den Hund und den Rekken. Als ewiges Andenken an den mutigen Fremden, von dem nicht einmal der Name bekannt war, errichteten die Bauern von Loßburg ein hölzernes Kreuz am Rande des Waldes, der noch heute „Bärenwald" genannt wird. Die Schnitzerei auf dem Kreuz zeigt noch einmal jedem den Hund, den Bären und den Ritter.

Zwergengold

Eine Sage aus Würm

Nach der Zerstörung der Burg Liebeneck, die im Wald zwischen Tiefenbronn und Würm gelegen war, hatte man in der Erde nahe bei der Ruine Erz gefunden. Fortan war es für einige Bewohner der Gegend eine einträgliche Arbeit, in selbstgegrabene Stollen bei der Burgruine zu klettern, erzhaltige Gesteinsbrocken zu schlagen und diese dann später gegen ein sehr gutes Entgelt weiterzuverkaufen. Doch diese Unternehmungen waren nicht ungefährlich: schon etliche Bergleute fanden den Tod, als Stollen einstürzten oder morsche Balken von den Stollendecken fielen. Doch fünf Bergleute aus Würm ließen sich durch die Unglücksfälle nicht abhalten, auch weiterhin nach Erz zu suchen; waren sie doch auf das Geld angewiesen, das ihnen das Metall einbrachte.

So gruben und hämmerten die fünf Bergleute auch an einem warmen Julitag im tiefsten Stollen direkt neben der Ruine Liebeneck. Jeder von ihnen hatte sich einen der Seitenstollen vorgenommen, und so schufteten sie den ganzen Tag im feuchten, muffigen Erdreich. Erst als am Abend die Kerzen heruntergebrannt waren, gingen sie alle zum Ausgang, um draußen bei der Ruine ein Vesper zu machen. Stolz zeigte jeder von ihnen die Ausbeute des heutigen Tages, da fiel ihnen plötzlich auf, daß sie ja nur zu viert waren – der fünfte, man nannte ihn Jakob, war anscheinend noch immer im Stollen. Da gingen die vier Bergleute los, um ihn zu suchen. Doch so viel sie auch riefen, kein Lebenszeichen ihres Kameraden war zu vernehmen. Endlich kamen sie zu dem Schluß, daß Jakob wohl schon ohne sie nach Hause gegangen sei, denn ab und an hatte er solch seltsame Einfälle, die sich keiner von ihnen erklären konnte – Jakob wurde nicht umsonst der „wundersame Jakob" genannt. Man begnügte sich also mit dieser Erklärung, und die vier machten sich nun ebenfalls auf den Heimweg.

Doch der arme Jakob war nicht, wie vermutet, nach Hause gegangen, sondern lag verletzt in einem der Seitenstollen und konnte sich nicht rühren. Gerade als er nämlich den Stollen verlassen wollte, löste sich ein großer Gesteinsblock aus der Decke und zerquetschte beim Herabfallen sein linkes Bein. Bewußtlosigkeit überfiel ihn, und so konnte er auch

nicht auf die Rufe seiner Kameraden antworten, die ihn suchten. Als Jakob nun erwachte, konnte er sich immer noch nicht bewegen, denn sein Bein schmerzte höllisch. Die Kerze, die er mitgenommen hatte, war längst abgebrannt, und so harrte er in vollkommener Dunkelheit aus in der Hoffnung, daß ihn seine Kameraden doch wohl bald hier herausholen würden. Jakob dämmerte bereits im Halbschlaf, als ihn plötzlich ein Flüstern und Rascheln aufweckte. Angestrengt starrte er in die Dunkelheit und erkannte alsbald an der gegenüberliegenden Stollenwand einen winzigen Riß im Erdreich, aus dem Licht drang. Mühsam schleppte er sich dort hin, denn er hoffte auf einen Retter aus der Not. Doch als er durch den Spalt spähte, traute er seinen Augen kaum, was er dort sah: hinter dem Stollen befand sich eine geräumige natürliche Höhle, die von einer großen Kerze erleuchtet war. Etliche Kisten, Truhen und Taschen lagen auf dem Boden, reich verziert mit Gold und Geschmeide. Auf den Kisten, aus denen Goldstücke hervorquollen, saßen drei Zwerge mit langen Bärten, die alle ihre großen Nasen in Bücher gesteckt hatten und die anscheinend tief ins Lesen versunken waren. Beim Anblick der unermeßlichen Reichtümer, die sich da vor seinen Augen auftürmten, entfuhr dem armen Jakob ein tiefer Seufzer. Dies hörten die Zwerge auf der anderen Seite, und einer rief: „Wir werden beobachtet!“ Im selben Augenblick erlosch das Licht, und die Dunkelheit umfing den armen Bergmann wieder. Da erinnerte sich Jakob an eine Geschichte, die man sich hier in der Gegend erzählte: Einst sollen die Zwerge bei der Zerstörung der Burg Liebeneck etliche Wertgegenstände, Goldstücke und Bücher aus den Flammen gerettet haben. Diese Schätze versteckten sie in einem Stollen, der von der Burg in den Berg führte.
Als am folgenden Morgen die Kameraden ihren Jakob aus seiner mißlichen Lage befreiten, erzählte er ihnen die unglaubliche Geschichte, die er in der Nacht erlebt hatte. Natürlich glaubten die Bergleute ihrem „wundersamen Jakob“ kein Wort, doch um ihn zu beruhigen, schauten sie hinter der Stollenwand nach, und dort fanden sie außer ein paar Ratten und Kellerasseln freilich nichts. Jakob aber wurde seit diesem Tage noch sonderbarer, und schon bald wollte niemand mehr etwas mit ihm zu tun haben.

Der gute Riese und der Bucklige

Eine Sage aus Altensteig

Tief im Schwarzwald liegt das Städtchen Altensteig, bei dem hoch über dem Tal auch heute noch ein Schloß zu sehen ist.

Vor langer Zeit lebte in diesem Schloß das Geschlecht der Hohenberger, das in einer Generation zwei sehr ungleiche Brüder hervorbrachte. Der eine war groß, stark und von schöner Gestalt, freigebig und gutherzig. Er wurde von den Bewohnern Altensteigs nur „der gute Riese" genannt. Sein Bruder hingegen war klein, häßlich, hatte einen Buckel und nur ein Auge. Auch weil er so geizig und boshaft war, riefen ihn die Altensteiger nur „den Buckligen" oder „den Geizhals". Ständig lagen sich die Brüder in den Haaren, denn was der eine tat, konnte der andere nicht gutheißen. So kam es, daß der „gute Riese", als er sein einundzwanzigstes Lebensjahr vollendet hatte, mit dem Kaiser in einen Krieg in ferne Länder zog, nur um die Bosheit seines Bruders nicht länger ertragen zu müssen. Der Bucklige aber blieb auf dem Schloß und übernahm nach dem Tod seiner Eltern die Herrschaft. Nur sehr selten ließ er sich im Dorfe blicken – doch des Nachts hörten die Dorfbewohner seltsame Geräusche wie ein Hämmern und Schleifen am Fluß, und des öfteren beobachtete man den Buckligen mitten in der Nacht, wie er einen schweren Sack zum Schloß hinaufschleppte. Am Tage dann ging das Hämmern und Klopfen in einem unterirdischen Gewölbe auf dem Schloß weiter, das außer dem Buckligen niemand betreten durfte.

Viele Jahre zogen ins Land, von dem „guten Riesen" hörte man nichts mehr, und eine große Hungersnot quälte das Volk in Altensteig und Umgebung. Der Bucklige, den die Dorfbewohner um Hilfe baten, wollte jedoch nichts vom Elend seiner Untertanen wissen und ließ jeden, der ihn um ein Almosen bat, vom Schloß verjagen. Auch ein hungriger Wandersmann, der von weit her gereist war, versuchte sein Glück an den Pforten des Schlosses, doch auch er wurde, wie schon viele zuvor, zurückgewiesen. So böse kann doch niemand sein, dachte da der Wanderer und versuchte sein Glück ein zweites Mal. Mit letzter Kraft klopfte er an das Tor des Schlosses und als der Bucklige ihn erneut erblickte, befahl er seinen Soldaten voller Wut, sie sollten dem Unverschämten die Haare vom Kopfe brennen. Diese taten, wie ihnen befohlen worden war und warfen den armen

Mann anschließend in den Graben neben dem Weg, der zum Schloß führte. Wenig später kam ein strahlender Ritter in edler Rüstung auf einem gewaltigen gepanzerten Schlachtroß den Weg zum Schloß heraufgeritten und fand den übel zugerichteten Wanderer am Wegesrand. Voll Mitleid stieg der Ritter ab, legte seinen warmen Umhang um die Schultern des zitternden Wanderers und fragte ihn, was denn geschehen sei. Dieser erzählte ihm mit flüsternder Stimme, wie es ihm am Schloß ergangen war. Da setzte der Ritter den Wanderer auf sein Roß, nahm es bei den Zügeln und führte es bis vor die Tore des Schlosses. Mit lauter Stimme rief er nach dem Wachsoldaten. „Wir sind müde“, rief er, „bitte richtet uns ein Nachtlager und gebt uns etwas Brot zu essen.“ Da antwortete der Soldat, der Ritter solle lieber weiterziehen, bevor sein Herr von ihm Kenntnis nehme; dieser sei nämlich sehr böse und würde ihm bestimmt ein Leid zufügen. Doch die Warnung des Soldaten kam zu spät. Der Bucklige hatte den Ritter bereits erspäht und kam nun mit schleifenden Schritten auf ihn zu. „Fort mit Euch – Bettlervolk!“, schrie er ihn an, „oder ich hetze meine Bluthunde auf Euch!“ Da machte der Ritter noch einen Schritt auf den Zwerg zu, nahm den Helm von seinem Kopfe und spuckte dem Buckligen ins Gesicht. Diesem entfuhr ein entsetzter Schrei, als er erkannte, daß der Ritter niemand anderes war, als sein Bruder. Der packte den Buckligen, fesselte ihn an Händen und Füßen und hängte ihn neben dem Eingang des Schlosses auf, wo er wenige Stunden später sein Leben aushauchte.
Da freuten sich die Altensteiger und die Diener im Schloß, und sie erzählten ihrem neuen Herrn von den seltsamen Machenschaften des Buckligen im Gewölbe des Schlosses. Der „gute Riese“ stieg sogleich in das Gewölbe hinab, das vor ihm nur sein Bruder betreten hatte, und er staunte nicht schlecht, als er vor sich einen riesigen Berg Gold sah, das im Fackelschein glänzte. Der Bucklige hatte es aus dem nahen Fluß gewaschen, geschmolzen und zu Barren gegossen. Der Ritter nannte daraufhin den Fluß, der so viel Gold mit sich führte, die „Nagold“ und verteilte den Großteil des Schatzes unter den Notleidenden in Altensteig, die sich davon etwas zu essen kaufen konnten. Vom Rest des Goldes ließ der „gute Riese“ dort, wo er den Wanderer vor dem Schloß gefunden hatte, ein Kirchlein erbauen, in dem alle Armen und Wanderer Zuflucht finden sollten.

Der Richtplatz

Eine Sage aus Neuenbürg

Aus gar finsteren Tagen wird uns die Sage vom herrschsüchtigen Grafen zu Neuenbürg überliefert. Dereinst soll dieser so manche Greueltat begangen haben, von denen hier nur die eine genannt sei.

Über die Landesgrenzen hinaus war der Herr der Trutzburg zu Neuenbürg ob seiner Hartherzigkeit und Grobschlächtigkeit berüchtigt. Einsam herrschte er auf seiner Feste, die auf dem höchsten Berge in der Umgebung errichtet worden war. Seine Untertanen und Leibeigenen hatten ein schweres Los, denn sie mußten einmal im Monat die Hälfte ihrer Hände Arbeit auf die Burg bringen. Dies verlangte der Graf als Gegenleistung dafür, daß er den Neuenbürgern Schutz vor Feinden und Beistand bei Auseinandersetzungen und Streitigkeiten gewährte. Doch der reiche Burgherr war nicht glücklich mit seinem Dasein. Zu oft überwältigte ihn die Einsamkeit, und des Nachts sehnte er sich nach der Wärme einer Frau an seiner Seite. So ließ er denn durch seinen Herold die Kunde im ganzen Reich verbreiten, daß er ein Weib suche und diejenige ehelichen wolle, die seinen Vorstellungen entspräche – sei sie von edlem Geschlecht oder die Tochter eines Bauern. Entschlossen gab er den Befehl an seine Soldaten, am kommenden Fronleichnamstage sämtliche unverheirateten Frauen und Mädchen aus seinem Herrschaftsgebiet auf die Burg zu bringen und sie auf dem Burghof zu versammeln. So geschah es denn auch, und am heiligen Fronleichnamstag war der Burghof erfüllt von Frauen jeden Alters, die sich ängstlich aneinanderdrängten. Nicht eine von ihnen war darauf aus, die Auserwählte zu sein, war der Graf doch ein derber Kerl, von massiger Statur und mit wettergegerbtem Gesicht. Keine der Anwesenden hätte es jedoch gewagt, einen Antrag des Herrn abzulehnen, war doch eine harte Bestrafung und der Zorn des Grafen zu befürchten. So ergaben sie sich stumm in ihr Schicksal und harrten der Dinge, die da kommen würden. Zur Mittagszeit erschien der Graf, in feinste Seide und edelsten Samt gekleidet. Als er den Burghof auf und ab ging, um die Frauen genauer zu betrachten, blieb sein Blick auf der jüngsten Tochter des Dorfschmieds ruhen. Seine Augen erstrahlten, als er das Mädchen bat, einen Schritt vorzutreten. Sie war eine wahrhaftige Schönheit – ihr rotes, gewelltes Haar fiel ihr glänzend über die zierlichen Schultern, und ihr Antlitz glich dem eines Engels. Mit ihren siebzehn Jahren übertraf sie an Anmut und Schönheit alle Anwesenden. Da schickte der Burgherr alle übrigen Weiber dahin zurück, wo sie hergekommen waren – nur die Tochter des Schmieds sollte hierbleiben, da er etwas mit ihr zu besprechen habe. Als wieder Ruhe auf der Burg Neuenbürg eingekehrt war, hieß er das Mädchen zu sich und erklärte ihr, daß sie die Frau sei, die er sich schon immer gewünscht habe, denn sein Herz war in tiefer Liebe zu ihr entbrannt. So sollte sie schon bald neben ihm als seine Gattin über die Gegend herrschen. Da sprach das Mädchen: „Edler Herr, es tut mir leid, doch ich kann nicht Eure Gemahlin werden. Ich liebe einen anderen, dem ich bereits meine Hand

versprochen habe. Ich bitte Euch sehr, habt Verständnis und laßt mich gehen!" Erzürnt über die Antwort des Mädchens fegte der Graf mit einer ausholenden Bewegung seines Armes alle Becher und Teller vom Tisch, der vor ihm stand. Scheppernd und klirrend kamen diese, über das gesamte Zimmer verstreut, auf dem Boden zu liegen. Zornig brüllte er nach seinen Wachen, die die Unverschämte sofort vor das Burgtor werfen sollten. Diese packten das weinende Mädchen und gehorchten dem Befehl ihres Herrn.

Am darauffolgenden Tag bezichtigte der Graf von Neuenbürg als oberster Gerichtsherr in diesem Gebiet aus Rache die Tochter des Schmieds der Hexerei und Ketzerei. Man habe in ihrer Kammer gar mancherlei Hexenhandwerkszeug sowie einen weißen Ziegenbock, eine Krähe und drei Fledermäuse gefunden. Ihr Hexenkessel habe noch über dem Feuer gehangen, gefüllt mit einem übelriechenden Zaubertrank. Aufgrund dieser eindeutigen Tatsachen werde sie zum Tode auf dem Scheiterhaufen verurteilt und solle noch am selben Tage hingerichtet werden. Daraufhin wurde das Mädchen gefangengenommen, in einen alten Sack gekleidet, und man schnitt ihr ihre schönen, langen Haare ab. Um die Vollstreckung genau mitverfolgen zu können, ließ der Graf auf dem seiner Burg gegenüberliegenden Berg ein Stück Wald roden und dort einen Richtplatz erbauen. Von der Brüstung seiner Feste aus verfolgte er jede Bewegung seiner Untertanen, die zuerst schwere Steinplatten auf dem freien Platz auslegten, dann einen Baumstamm senkrecht in den Boden einließen und zuletzt einen Kreis aus Reisigbündeln um den Pfahl legten. Spät am Abend wurde dann das unschuldige Mädchen auf den Richtplatz geführt und an den Pfahl gebunden. Der Henker nahm eine brennende Fackel in die Hand und wartete nur noch auf das Zeichen des Richters, das Urteil zu vollstrecken. Auf dem gegenüberliegenden Berg schwenkte der Graf nun eine weiße Fahne, was das vereinbarte Zeichen war. Langsam schritt der mit einer schwarzen Kapuze bekleidete Henker zum Scheiterhaufen und steckte ihn in Brand. Die heißen Flammen züngelten gierig über das trockene Reisig, das schnell zu lodern begann. Da stieß das brennende Mädchen in ihrem Schmerz einen letzten Fluch aus: „Du, den ich zurückgewiesen, verdammt seist Du auch noch nach Deinem Tode. Frevel hast Du an mir begangen und mich unschuldig aus gekränkter Eitelkeit hinrichten lassen – Ziegenbock und Fledermäuse hast Du mir untergeschoben – so höre nun dies: So lange Gott Gott heißt, sollst Du auf Deinem gottlosen Berge verflucht sein und alljährlich dort erscheinen und Ruhe finden nimmermehr!"

Das Mädchen mußte einen qualvollen Tod erleiden, doch der Graf starb schon wenige Monate später. Der Fluch des Mädchens ging in Erfüllung, und so muß der Graf nun jedes Jahr, stets zu Fronleichnam, aus seinem Grabe steigen. In Gestalt einer großen, schwarzen Fledermaus sitzt er dann des Nachts auf dem eisernen Kreuz der Burgkapelle und muß so bis zum nächsten Morgen in Richtung des einstmaligen Richtplatzes starren, wo die Schreie der Sterbenden längst verhallt sind.

Darum sei wachsam in der Nacht nach Fronleichnam, denn auch heute noch kann man in dieser besonderen Nacht die Fledermaus auf der Kapelle am Neuenbürger Schloßberg sitzen sehen.

Kuno von Stein und der weiße Falke

Eine Sage von der Burg Falkenstein

Im Jahr 1096 machten sich die tapfersten aller deutschen Ritter auf den Weg nach Jerusalem, um dort das heilige Grab den Seldschuken zu entreißen. Unter ihnen befand sich auch der Burgherr Kuno von Stein aus dem Schwarzwald. Beim Abschied sagte er zu seinem treuen Weibe: „In einem Jahr werde ich entweder wieder bei Dir sein, oder ich bin tot und Du brauchst nicht länger auf mich zu warten!“ Traurig nickte sein Weib und schloß ihren geliebten Mann ein letztes Mal in die Arme.

Nach einem langen, beschwerlichen Ritt, auf dem sich Sonne, Hunger und Durst scheinbar mit den Schwertern der feindlichen Sarazenen verbündet hatten, gelangten die Kämpfer endlich nach Jerusalem, der heiligen Stadt. Den starken deutschen Schwertern konnte kein Feind widerstehen, und so fiel das mächtige Jerusalem unter heftiger Gegenwehr. Bei der Schlacht machte sich Kuno von Stein einen Namen unter Freund und Feind. Schon sah es so aus, als könne Kuno die Heimfahrt per Schiff bald antreten, doch der Mensch denkt und Gott lenkt. Bei einem Streifzug durch die Umgebung Jerusalems geriet der Ritter Kuno in einen Hinterhalt und mußte sich, nachdem er einige der Banditen erschlagen hatte, der Übermacht der Feinde ergeben. Er blutete aus vielen Wunden, und der hohe Blutverlust raubte ihm kurz darauf die Besinnung.

Als er wieder erwachte, befand er sich an Händen und Füßen gefesselt in Gefangenschaft.

Kaum waren seine schlimmsten Wunden geheilt, da wurde er als Sklave an einen wohlhabenden Gutsbesitzer verkauft. Dort wurde er vor den Pflug gespannt und mußte auf diese Weise die Felder in harter Arbeit umackern. So kam nach und nach der Tag heran, an dem sein Abschied von Heim und Herd sich jähren sollte. In Schmerz und Heimweh seufzend verbrachte der Ritter eine schlaflose Nacht, und kurz vor Sonnenaufgang, als er gerade an sein fernes Weib und seine Abschiedsworte dachte, sah er eine dunkle Gestalt vor sich aus dem Boden wachsen. Ein Raunen und Wispern erfüllte den Kerker, in dem der Ritter auf seinem Strohlager saß, da erklang eine unheimliche Stimme: „Wieso so traurig, Herr Ritter? Wenn ihr wollt, so sollt Ihr morgen früh vor Eurem Schlosse stehen! Ich vermag viel zu vollbringen!“ Voller Ehrfurcht warf sich Kuno vor dem Gespenst auf die Knie. „Wer Du auch seist“, rief er flehend, „führe mich fort von diesem leidvollen Ort, und ich will Dir ewig dankbar sein!“ „Unter einer lächerlich kleinen Bedingung will ich Dich bis morgen zu Deinem Weibe heimführen: Wenn Du während der Reise einschläfst, so bist Du mein mit Leib und Seele; bleibst Du wach, so verlange ich rein gar nichts von Dir!“ Da sprang der Ritter freudig auf und rief mit heiserer Stimme: „Gut, so sei es! Führe mich heim!“ Nachdem Ritter Kuno den Pakt, den er mit dem Geist geschlossen hatte, mit seinem eigenen Blut auf einer Pergamentrolle unterschrieben hatte, verzog der Geist die Lippen zu einem schlauen Lächeln, wußte er doch, daß

Kuno schon seit drei Tagen und Nächten nicht mehr geschlafen hatte. Dann nahm der Schwarze den Vertrag, stampfte mit seinem Fuß auf den Boden, und dieser tat sich dampfend und zischend auf. Ein schwarzer Löwe mit wallender Mähne stieg empor, und der Geist befahl Kuno, auf dessen Rücken aufzusteigen. Kaum saß der Ritter auf dem Tier, da sprang die Tür des Kerkers auf, der Löwe schwang sich in die Lüfte und flog mit seinem Reiter gen Westen. Auf dem warmen Fell des Löwen sitzend grub Kuno seine Hände tief in die dicke Mähne des Tiers, und bald überkam ihn eine unwiderstehliche Müdigkeit. Seine Lider sanken, und sein Haupt neigte sich vornüber. Da flatterte plötzlich etwas über seinen Kopf hinweg und streifte sein fliegendes Haar. Erschrocken fuhr der Ritter auf, und als er nach oben sah, erblickte er einen mächtigen weißen Falken, der über ihm schwebte. Dankbar erkannte er in ihm die von Gott gesandte Hilfe. Als der Ritter nach einigen Stunden zum zweiten Male einzuschlafen drohte, weckte ihn auch diesmal der Falke, bevor es zu spät war. Länder und Meere, Berge und Täler flogen unter dem Reiter dahin. Da mußte der Falke den Recken zum dritten Male wachhalten, als dieser wieder einnicken wollte. Als Kuno entsetzt die Augen aufriß, dämmerte bereits der Morgen, und der Löwe senkte sich zur Erde nieder, wo er direkt vor dem Tor der Burg des Herrn von Stein landete. Vor dem Antlitz des Ritters fiel der zerrissene Teufelspakt zu Boden, und mit einem Mal war der schwarze Löwe verschwunden. Ein fürchterliches Unwetter zog auf und Regen peitschte gegen die meterhohen Burgmauern. Da flog erneut der weiße Falke heran, ließ sich auf den Zinnen der Burg nieder und trotzte dort allen Winden und Böen. Das Unwetter verzog sich so schnell wieder, wie es aufgezogen war, und der Himmel erstrahlte in einem tiefen Blau.
Überwältigt von Dank gegen den, der ihm den Falken gesandt hatte, sank Kuno auf die Knie nieder und breitete seine Arme aus gen Himmel. Der Vogel erhob sich von seinem Sitz und stieg in majestätischem Fluge empor, bis er mit den weißen Wolken zu verschmelzen schien. Kuno von Stein aber eilte zu seiner Gattin, und zum ewigen Andenken an seine geheimnisvolle Rettung nahm er den weißen Falken in sein Wappen auf und nannte seine Burg und sein Geschlecht von nun an ihm zu Ehren Falkenstein.

Das Wesen im Hagwald

Eine Sage aus der Gegend um Eisenbach

Es war vor langer Zeit, da lag in Gompelscheuer die Frau des Schmieds in den Wehen. Stundenlang wand sie sich unter den größten Schmerzen, und die herbeigerufene Hebamme tat ihr bestes, doch wußte auch sie sich bald keinen Rat mehr, um der armen Frau zu helfen. Einen Arzt gab es in dem kleinen Dörfchen nicht, und der Pfarrer war ausgerechnet an diesem Abend in Eisenbach, um dort eine Trauung vorzunehmen. Der Schmied, der das Leiden seiner Frau nicht mehr mit ansehen konnte, setzte sich in die Dorfschenke und bestellte sich ein Bier nach dem anderen. Dann endlich, nach Stunden voller Qualen, gebar die Frau ihr Kind – dieses kam mit den Füßen zuerst und einen Monat zu früh auf die Welt. Als die Hebamme das Kind der Mutter auf den Bauch legte, atmete dieses in unregelmäßigen Zügen, und sein ganzer Körper hatte eine bläuliche Färbung. Als die Mutter dies sah, rannen ihr die Tränen ungehemmt über die Wangen. Schluchzend schickte sie die Hebamme hinaus, um ihren Mann zu suchen; dieser solle so schnell wie möglich nach Eisenbach fahren und das Kind dort vom Pfarrer nottaufen lassen, glaubte sie doch, daß es den kommenden Tag wohl nicht mehr erleben würde.

Als der Schmied erfuhr, daß sein Kind todkrank war und er es nach Eisenbach fahren solle, stand er nur mürrisch von seinem Krug auf und meinte, wenn das Kind doch schon so gut wie tot sei, dann brauche er sich ja auch nicht mehr die Mühe zu machen und den weiten Weg auf sich zu nehmen. Schließlich aber überredeten ihn seine Kumpanen doch zu gehen, und kurze Zeit später saß er dick eingemummt auf seinem Pferdeschlitten – hinter sich, ebenfalls in warme Felle eingehüllt, das Neugeborene. Gnadenlos gab er dem treuen Pferd, das den Schlitten zog, die Peitsche, und dieses bahnte sich mühevoll einen Weg durch die nächtliche Winterlandschaft. Dicke Schneeflocken fielen unablässig vom schwarzgrauen Himmel, und der Schlitten schlingerte immer weiter durch den Hagwald zwischen Gompelscheuer und Eisenbach.

Endlich in Eisenbach angekommen, wollte der Schmied das Kindlein vom Schlitten nehmen, doch – oh weh! – das Neugeborene war verschwunden! Der Schmied kam zu dem Schluß, daß es wohl unterwegs vom Schlitten gefallen sein mußte, ohne daß er dies bemerkt hätte. Da grübelte er kurz nach, und der Gedanke, den ganzen beschwerlichen Weg durch den Hagwald wieder zu Fuß zurückgehen zu müssen, um nach dem verlorenen Kindlein zu suchen, bereitete ihm großes Unbehagen. So dachte er bei sich, daß er sich die Mühe auch sparen konnte – das Kind war ja sowieso schon so gut wie tot gewesen, und spätestens die letzten Minuten oder Stunden im kalten Schnee mußten ihm das Leben gekostet haben. Also beschloß der Schmied, die Nacht im Gasthof in Eisenbach zu verbringen und am nächsten Morgen seiner Frau die Nachricht vom Tod des Kindes zu überbringen – natürlich würde er dabei nicht verraten, daß er das Kind verloren habe,

sondern er würde ihr erzählen, der Pfarrer habe es noch getauft, ehe es starb und sie es auf dem Eisenbacher Friedhof begruben. Doch der Schmied, der sich das Zimmer mit mehreren Gästen teilen mußte, redete im Schlaf, und die entsetzten Eisenbacher machten sich schon bei Tagesanbruch auf die Suche nach dem Kindlein. Bis zur Mittagszeit durchforsteten an die einhundertundfünfzig Männer und Frauen den Hagwald, doch fanden sie weder die Spuren des Pferdeschlittens mehr, noch das Kindlein wieder. Das einzige, was sie fanden, war die Windel, in die das Neugeborene eingewickelt gewesen war, und so nahm man an, daß sich ein gieriges Raubtier das Kindlein geholt habe – die Leiche wurde allerdings niemals gefunden.
Die Leute aus der Umgebung des Hagwaldes erzählen aber, daß die Seele des verlorenen Kindes die Gestalt eines wundersamen Fabelwesens angenommen habe, welches seit jenem Tag des Verschwindens des Neugeborenen im Hagwald zu Hause sei. Mit seinen großen, schwarzen Augen, die des Nachts rot leuchten, weise es verirrten Kindern in dunklen Nächten den Heimweg aus dem unheimlichen Forst. Man hat aber noch nie davon berichtet, daß das Fabelwesen jemals einem Erwachsenen aus einer Not geholfen hätte!

Die hartherzige Edelfrau von Bosenstein

Eine Sage aus Ottenhöfen

Nicht weit von Ottenhöfen entfernt liegt die Ruine Bosenstein. In der einstmals mächtigen Burganlage lebten viele Generationen des Geschlechtes der Herren von Bosenstein. Besonders einer der Herrscher blieb in der Erinnerung des Volkes haften – besser gesagt die Frau des Machthabers. Diese war eine hartherzige und rücksichtslose Person. Sie unterjochte ihre Untertanen, und niemand konnte ihr etwas recht machen.

Als eines Tages ein Bettelweib an die Pforte der Burg klopfte und zur Edelfrau vorgelassen wurde, bat sie diese um ein Almosen für sich und ihre sieben hungrigen Kinder. Ihr Mann sei ein Kriegsknecht der Bosensteiner gewesen, und beim letzten Gefecht für seinen Herrn habe er den Tod gefunden. Jetzt wisse sie nicht, wie sie die sieben kleinen Mäuler stopfen solle; sie habe schon alles versucht, und die Edelfrau sei jetzt ihre letzte Hoffnung. Da wurde die Burgherrin wütend und fragte das Weib, warum sie auch sieben Kinder in die Welt gesetzt habe, wenn sie sie nicht ernähren könne. Mit diesen Worten wandte sie sich verärgert um und ließ das arme Weib einfach zurück. Erzürnt über die Barschheit und Mitleidslosigkeit der Edelfrau stieß da das Weib einen Fluch aus: „Mit sieben Kindern zugleich sollt Ihr niederkommen – das soll die Strafe für Eure Hartherzigkeit sein!“

Ein Jahr später ging der Fluch des armen Weibes, das die Edelfrau nie wieder gesehen hatte, in Erfüllung. Unter großen Schmerzen gebar die Edelfrau sieben Knäblein, als ihr Mann gerade auf der Jagd im nahegelegenen Wald war. Voller Angst, daß das Reich der Bosensteiner einmal unter den sieben Erben aufgeteilt werden müsse und somit seine Macht und jetzige Größe verlieren würde, rief die Edelfrau ihre Magd herbei. Diese hieß sie, sechs der Kindlein im Bach zu ertränken und ja niemandem ein Sterbenswörtchen davon zu erzählen, wenn ihr ihr Leben lieb sei. Die Magd legte die sechs Buben in einen Korb, deckte sie mit einem Tuch zu und machte sich auf den Weg. Wie es der Zufall wollte, traf sie unterwegs auf den Ritter von Bosenstein. Dieser fragte sie, was sie allein so weit ab von der Burg zu schaffen habe. Und die Magd erwiderte, ihre Herrin habe ihr aufgetragen, sechs kleine Hündchen im Bach zu ersäufen. Da wurde der Ritter mißtrauisch, denn die Magd schien ihm zu aufgeregt und zu nervös zu sein. Er stieg also von seinem Roß und zog das Tuch vom Korb. Wie aufgebracht und entsetzt war er, als er sah, was da in dem Korbe lag! Er nahm die sechs Kindlein an sich und brachte sie zu einer Bauernfamilie, die die Kinder gegen gutes Entgelt bei sich aufnahmen. Der Magd aber trug er auf, sie solle sich ja nichts anmerken lassen und seiner Frau sagen, sie habe ihren Auftrag wie gewünscht ausgeführt.

Sieben Jahre zogen ins Land, in denen die Edelfrau von Bosenstein ihr schändliches Werk längst vergessen hatte. Am Geburtstag des Herrschers gab dieser ein prächtiges

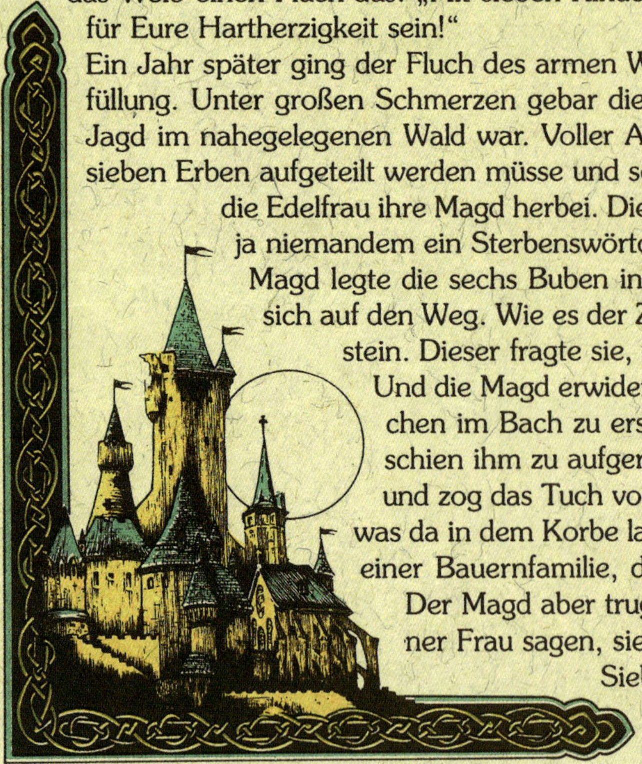

Fest, bei dem viel getrunken und gescherzt wurde. Als die Stimmung nun besonders ausgelassen war, stand er auf und rief: „Was soll man mit einem Weib machen, das sein eigenes Fleisch und Blut auf dem Gewissen hat?“ Gedankenlos antwortete seine Frau: „Man sollte sie mit einem Laib Brot und einem Krug Wasser bei lebendigem Leibe einmauern!“ Da rief der Burgherr seine sieben Söhne herein und sprach: „So hast Du Dein Urteil gerade selbst ausgesprochen! Denn siehe: das sind unsere Kinder, von denen Du vor sieben Jahren sechs hast umbringen lassen wollen!“ Zu Tode erschrocken und mit Tränen in den Augen starrte die Edelfrau auf ihre Kinder und begann laut zu weinen. Mit tränenerstickter Stimme bat sie ihren Mann um Vergebung, doch dieser meinte, sie habe damals keine Gnade gegenüber den hilflosen Neugeborenen walten lassen, also kenne er jetzt auch keine Gnade. Am nächsten Morgen wurde das Urteil vollstreckt. In einer kleinen Höhle beim Gottschläger Wasserfall wurde die Edelfrau von Bosenstein bei lebendigem Leibe eingemauert. Noch heute nennt man die Felsnische beim Gottschläger Wasserfall das „Edelfrauengrab“.

Zigeuner in Pforzheim

Eine Sage aus Pforzheim

Vor vielen hundert Jahren tobte einst ein fürchterlicher Sturm. Der Wind blies tosend durch die Gassen der Stadt Pforzheim, und Regen peitschte hart gegen die verschlossenen Fensterläden der Häuser. Wasser floß in breiten Strömen über die pflastersteinbedeckten Straßen.

Durch dieses Unwetter plagte sich ein junger Zigeuner – in dessen Begleitung befanden sich seine hübsche Frau und seine neugeborenen Zwillinge. Hart mußte er sich gegen den Wind lehnen, um von der Stelle zu gelangen. In seiner rechten Hand hielt er eine quietschende Laterne, die ihm und seiner Familie den Weg weisen sollte. Doch der schwache Lichtschein verlor sich bereits nach wenigen Ellen in der stürmischen Nacht. So zogen die Fremden von Tür zu Tür und baten um einen Unterschlupf für die Nacht. Doch die hartherzigen und mißtrauischen Bewohner schlugen ihnen die Türen vor der Nase zu oder beschimpften sie gar mit unflätigen Worten und hießen sie, sich doch zum Teufel zu scheren. Zu jedem der Mitleidslosen sprach der Zigeuner jedoch: „So sollst denn Du statt meiner in des Teufels Höllenfeuer jämmerlich enden!" Müde und durchnäßt gelangte die Zigeunerfamilie schließlich an ein kleines, hölzernes Häuschen in der Brötzinger Vorstadt, wo ihnen von einem grauhaarigen Alten aufgetan wurde. Als dieser die zerlumpten Gestalten sah, ließ er sie sogleich eintreten, damit sie sich an seinem Feuer aufwärmen konnten. Dankbar traten die vier näher und setzten sich ans Küchenfenster. Der Alte hieß die Fremden, mit ihm in seine Scheune zu kommen, wo er ihnen ein bequemes Lager für die Nacht herrichten wolle. Auch etwas Brot und Ziegenmilch brachte er für sie und wünschte ihnen eine geruhsame Nacht.

Am anderen Morgen hatte sich das Unwetter verzogen, und die Sonne blinzelte verstohlen zwischen den grauen Wolkenbänken hervor. Der Zigeuner rief alsbald den alten Mann zu sich herein in die Scheune und sprach: „Mein Freund, für Deine gute Tat würde ich Dich zu gerne mit Juwelen und Perlen belohnen. Leider aber bin ich nur ein armer Kerl, der froh ist, wenn er seiner Familie etwas zu essen kaufen kann. Doch sollst Du trotzdem nicht leer ausgehen, denn ich kenne die Magie aus uralten Zeiten und werde Dein Haus feuerfest machen." Während er dies sprach, nahm er drei Bündel Stroh vom Boden auf, setzte sie nebeneinander und steckte das Bündel in der Mitte mit einem Schnippen seiner Finger in Brand. Die Flammen züngelten gierig auf und verschlangen das Stroh in Windeseile. Doch wie staunte der alte Mann, als er sah, daß die beiden anderen Strohbüschel nicht von den Flammen ergriffen wurden, und auch der Holzboden blieb vom Feuer verschont. Daraufhin nahm der Zigeuner das entstandene Aschehäufchen, trug es vorsichtig zur

Türschwelle und vergrub es unter einem losen Brett. Danach breitete er die Arme aus, legte seinen Kopf in den Nacken und begann gar seltsame Worte in einer längst vergessenen Sprache zu murmeln. Sein goldener Ohrring blitzte in der Morgensonne, als er ruckartig den Kopf hob und sein verklärter Blick wieder in die Realität zurückfand. Der alte Mann, der das ganze Geschehen mit großem Mißtrauen beobachtet hatte, nickte nur beiläufig, als der Zigeuner beim Abschied mehrmals beteuerte, daß das Häuschen nun jedem Feuer standhalten werde.

Viele Jahre zogen ins Land, in denen der Alte seine seltsamen Gäste schon bald vergessen hatte. Bei der großen Feuersbrunst des Jahres 1689 jedoch blieb das Holzhäuschen des Alten unversehrt. Auch dem verheerenden Feuer von 1840 trotzte das Haus, ohne jeglichen Schaden. Wenn das morsche Häuschen nicht abgerissen worden wäre, so würde es auch heute noch von den damaligen Geschehnissen berichten.

Wie aus Heiden Christen wurden

Eine Sage aus Ebringen

Donner grollte unheilverkündend über dem kleinen Dörfchen Ebringen, und grelle Blitze zuckten unablässig am Firmament. Ängstlich saßen die Dorfbewohner in ihren Hütten und baten den Gott des Donners und der Blitze um Gnade, daß er ihre Häuser verschonen möge. Mit heidnischen Riten versuchten sie, die Götter milde zu stimmen, doch diese schienen kein Erbarmen zu haben. Da erscholl plötzlich ein markerschütternder Schrei über den Dächern Ebringens, und alle Bewohner eilten auf die Straße, um zu sehen, was geschehen war. Als sie ihren Blick zum Himmel erhoben, konnten sie alle einen mächtigen Drachen über ihren Köpfen hinweggleiten sehen, dessen feuriger Atem die Nacht erhellte. Seine ledernen, meterlangen Flügel schlugen kraftvoll, und sein schuppenbewehrter Körper schimmerte rötlich am Himmel. Ein Gestank wie von verwesenden Kadavern erfüllte die Luft, und mit einer Anmut, die man diesem gigantischen Tier niemals zugetraut hätte, verschwand der Drache in einer Höhle im südlichen Schönberg.

Von diesem Tag an war es vorbei mit dem ruhigen Leben in Ebringen. Jeden Monat forderte der Drache seinen Tribut, und seine Gier war nur durch ein Menschenopfer zu stillen, das er in seiner Höhle verschlang. Allmonatlich wurde ausgelost, wer dem Drachen geopfert werden sollte.

Eines Tages geschah es, daß das Los auf die Tochter des Grafen der Schneeburg fiel. Diese war jedoch in tiefer Liebe mit einem jungen Burschen namens Georg aus einem Dorf am Fuße des Schönbergs verbunden, der sich heimlich dem Christentum zugewandt hatte. Als dieser vom Schicksal seiner Geliebten erfuhr, zögerte er nicht lange und machte sich auf, gegen den Drachen zu kämpfen. Zuvor weihte er jedoch seine Lanze auf die Dreifaltigkeit des Herrn und legte sein Leben ganz in Gottes Hand.

Mutig galoppierte er sodann mit seinem Schimmel bis vor die Höhle des Ungetüms. Dieses erschien auch sogleich am Höhleneingang und stürzte sich blutgierig auf den Recken. Dieser sprach noch ein letztes „Vater unser“, um sich Mut zu machen, und stieß mit seiner Lanze so kräftig er nur konnte auf den Drachen ein. Die Lanze traf das Maul des Untiers und durchbohrte seinen Hals. Röchelnd sackte der Drache zusammen und blies seinen letzten Atemstoß in die purpurne Lache seines eigenen Blutes.

Wie groß war da die Freude der Dorfbewohner, als sie endlich von ihrem Peiniger befreit waren! In ihrem Glauben bekehrt, wandten sich von diesem Tage an sämtliche Ebringer dem christlichen Glauben zu, der dem Georg zum Sieg verholfen hatte. Zum Andenken an die heldenhafte Tat des Burschen jedoch setzten die Ebringer auf alle Dächer, über die einst der Drache geflogen war, ein steinernes Kreuz, von denen noch heute einige zu sehen sind. Außerdem nannten sie das Dorf, in dem der mutige Georg geboren wurde, zu seinen Ehren Sankt Georg. Dieser soll als Dank für die Errettung der Tochter des Grafen ihre Hand erhalten haben und mit ihr glücklich bis an sein Lebensende gelebt haben.

Die umgehenden Betrüger

Eine Sage aus Michelbach

Einst gab es zwischen den Gemeinden Rotenfels und Michelbach einen großen Streit. Dabei ging es um den mehrere Hektar großen Wald, der zwischen den beiden Dörfern lag. Sowohl die Rotenfelser, wie auch die Michelbacher, beanspruchten den Forst als ihr Eigentum. Um diesen Rechtsstreit zu entscheiden, wäre der Markstein vonnöten gewesen, an dem man hätte erkennen können, wem der Wald nun wirklich gehörte.

Die Rotenfelser jedoch, die völlig davon überzeugt waren, im Recht zu sein, machten noch während des Rechtsstreits einen Holzhieb in besagtem Wald. Die Männer fällten die Bäume, und die Frauen fuhren sie sodann auf Eselskarren in die nahegelegene Sägemühle. Dies blieb den Michelbachern natürlich nicht verborgen, waren die Axthiebe doch weithin zu vernehmen. Daraufhin suchte der Waldhüter zusammen mit dem Holzsetzer, die beide aus Michelbach stammten, mit doppeltem Eifer nach dem verschwundenen Markstein im Wald. Nach etlichen Stunden wurden sie dann endlich fündig: der Markstein war vollkommen mit Moos überwachsen und deshalb so schwer zu entdecken gewesen. Da nahm der Waldhüter sein Messer und kratzte das verschlungene Grün von dem Stein. Dieser war schon reichlich zerfallen, doch konnte man das Wappen, das darauf eingemeißelt war, noch gut erkennen: es war das Wappen von Rotenfels, das einen Rost darstellte. Die Rotenfelser schlugen also völlig zu Recht das Holz in dem Wald, der ja schließlich ihnen gehörte. Diese Entdeckung teilten der Waldhüter und der Holzsetzer aus Michelbach dem Bürgermeister ihrer Gemeinde mit. Dieser jedoch gab ihnen den Rat, sie sollten das Zeichen auf dem Grenzstein erneuern und dann die Rotenfelser beschuldigen, sie hätten es neuerlich erst eingemeißelt, um den Wald für sich zu beanspruchen, obwohl er eigentlich zu Michelbach gehörte.

In der kommenden Nacht gingen also die zwei in den Wald zu dem Markstein. Der Holzsetzer erneuerte mit einem Spitzhammer das Wappen auf dem Stein, und der Waldhüter leuchtete ihm dabei mit einer großen Sturmlaterne. Am nächsten Morgen zeigten sie dann die Rotenfelser wie vereinbart an, sie hätten den Stein zu ihren Gunsten erneuert. Die Rotenfelser wurden trotz aller Gegendarstellungen des Betruges für schuldig befunden und der Rechtsstreit zugunsten der Michelbacher entschieden, welche von nun an in besagtem Wald Holz schlagen durften. Doch bereits wenige Tage nach Ausspruch des Urteils starben der Waldhüter, der Holzsetzer und der Bürgermeister von Michelbach alle zur gleichen Stunde auf mysteriöse Weise. Zur Strafe für ihren Betrug müssen der Waldhüter und der Holzsetzer bis zum heutigen Tage nachts in dem umstrittenen Wald zwischen Rotenfels und Michelbach umgehen: als zwei schaurige Untote, die jede Nacht aus ihren Gräbern steigen, hämmert der Holzsetzer mit dem Spitzhammer auf den Stein, und der Waldhüter leuchtet ihm dazu mit einer Laterne. Zuweilen hört man auch nur das Hämmern des Holzsetzers, ohne daß die Gespenster zu sehen wären oder aber ein Laternenschein leitet einen in der Nacht irre.

Der schreckliche Schlotki im Murgtal

Eine Sage aus dem Murgtal

Zu der Zeit, als es im Murgtal die Dörfer Baiersbronn, Mitteltal und Obertal noch nicht gab, sondern nur eine Anzahl einzelner Gehöfte, geschah es oftmals, daß über den Ruhstein eine wilde Horde von Heiden unter ihrem Anführer Schlotki das Tal überrannte und die Höfe dort plünderte und brandschatzte. Die großen wilden Männer gingen stets barfuß und trugen lange, rote Mäntel, die ihnen auch den Namen „Rotmäntel“ eintrugen. Ihre Waffen waren lange, scharfe Messer, die sie an dünnen Kettchen an ihrem Gürtel befestigt hatten, so daß sie diese – nachdem sie ihre Feinde damit beworfen hatten – wieder zurückholen konnten; außerdem benutzten sie die ersten Gewehre, die es damals gab. Aus Angst vor den Rotmänteln stellten die Murgtalbewohner Wachen auf den Kirchturm, die rund um die Uhr Ausschau halten sollten. So geschah es an einem Sonntag während der Frühmette, daß der Wächter mit den Glocken der Kirche Alarm schlug und wild gestikulierend auf eine nahende Horde der Rotmäntel von vierhundert Mann zeigte. Es versammelten sich daraufhin alle Männer und Frauen, denn diesmal wollte man dem Spuk endlich ein Ende setzen. Man rief auch den Heiler herbei, der als Einsiedler im Murgtal hauste. Dieser war der Zauberei kundig und sprach eine Zauberformel über die Murgtaler aus, die sie allesamt unverwundbar machen sollte. Siegessicher stellten sich die Mutigen so dem übermächtigen Feind entgegen. Es gelang den Murgtalern sogar, die Rotmäntel zu umzingeln, doch prallten sämtliche Kugeln, die sie auf diese abschossen, von ihnen ab. Auch auf Seiten der Murgtaler war kein Opfer zu beklagen, da der Zauber des alten Einsiedlers wirkte. Da holte man endlich den Alten herbei, damit er den Dorfbewohnern ein zweites Mal helfe. Dieser nahm eine silberne Kugel, die gerade vom Anführer der Rotmäntel Schlotki auf ihn abgefeuert worden, aber von ihm abgeprallt war, lud damit sein Gewehr und schoß auf einen der Feinde. Dieser brach tot zusammen, und von diesem Augenblick an war die Unverwundbarkeit der Rotmäntel gebrochen. Stunden später waren alle Feinde tot oder verwundet – nur ihr Anführer stand noch unverletzt und lebendig da. Ihn konnte man so anscheinend immer noch nicht verwunden oder gar töten. Da sie nun nicht wußten, was sie tun sollten, nahmen die Murgtaler Schlotki gefangen, warfen ihn in die Murg und beschwerten ihn mit großen Wagenrädern und schweren Steinen. Dreißig Tage lang lag Schlotki so im kalten Wasser, ächzte und stöhnte und wand sich vor Schmerzen – sterben konnte er aber nicht. Dann konnte er das Leiden nicht mehr länger ertragen und gab den Murgtalern die Art und Weise bekannt, wie sie ihn töten könnten: in seiner linken Hand seien am Daumen drei Hostien eingewachsen, die man nur herauszuschneiden brauche, um ihn zu töten. Das tat man denn auch, und als die Hostien entfernt waren, verblutete der schreckliche Schlotki. In der Murg aber, in der Schlotki starb, floß drei Tage lang Blut statt Wasser, und sie hat auch seither eine rötliche Färbung beibehalten. Deshalb nennt man den Fluß auch heute noch die „rote Murg“.

Das Silberbuckelhundle

Eine Sage aus der Gegend um Tiefenbronn

Zwischen Mühlhausen und Heimsheim liegt der sogenannte Silberberg. Heute spärlich mit knorpeligen Bäumen und stacheligen Wacholdersträuchern bewachsen, soll sich vor gar nicht allzu langer Zeit ein mächtiger Forst über den Berg ausgedehnt haben. Noch die Ahnen unserer Großeltern sollen dort manchen Tags Holz gesammelt und Heidelbeeren gepflückt haben. Doch wer sich allein in den finsteren Wald begab, konnte seines Lebens nicht sicher sein – Bären und Wölfe trieben dort ihr Unwesen, und bei alten, schwachen Menschen zögerten sie nicht lange, bevor sie hungrig über sie herfielen und ihre leichte Beute zerfleischten. Besonders bei Nacht war Vorsicht geboten, schienen die Bestien dann noch gieriger und angriffslustiger zu sein. So kam es also, daß sich die Bewohner der Gegend bald nur noch bewaffnet oder in Begleitung anderer in und durch den Wald wagten. Und trotzdem: regelmäßig forderten die Wölfe ein Opfer, das zu unvorsichtig oder leichtsinnig war.

Auch eine alte Witwe aus Hamberg pflegte in einer Woche im Jahr auf den Silberberg zu gehen, um dort Heidelbeeren zu pflücken. Da sie weder Kinder noch andere Verwandte hatte, mußte sie den langen, mühseligen Weg allein antreten. Nur mit ihrem geflochtenen Heidelbeerkorb auf dem Kopf und einer kleinen Wegzehrung in ihrer Schürzentasche machte sie sich auf den Weg. Doch, was war das Gehen für eine Plackerei für die alte Frau! Unterwegs versagten ihr die Beine mehrmals den Dienst, und sie mußte sich oft am Wegesrand niederlassen, um eine Verschnaufpause einzulegen. Die Witwe erkannte daran, wie alt und krank sie doch seit dem letzten Jahre geworden war, doch umkehren wollte sie auch nicht – hatte sie doch schon über die Hälfte des Weges hinter sich gebracht. Als sie endlich vollkommen erschöpft auf dem Silberberg ankam, begann es bereits zu dämmern. Eilig versuchte die Witwe, noch so viele Beeren wie möglich in ihren Korb zu sammeln, damit die Anstrengung nicht gänzlich umsonst gewesen sei. Da hörte sie plötzlich ein Krachen und Rascheln neben sich im Wald. Erschrocken wich sie einige Schritte zurück. Da! Ein kehliges Knurren drang aus dem Unterholz, und kurz darauf waren auch schon die glühenden Augen mehrerer Wölfe im Dunkeln auszumachen.

In ihrer Verzweiflung und Todesangst wußte die Frau nicht, was sie tun sollte – was konnte sie alleine auch schon gegen ein ganzes Rudel hungriger Wölfe ausrichten? Langsam kniete sie nieder, faltete ihre Hände und begann zu beten, fest in der Überzeugung, ihr letztes Stündlein habe geschlagen. Schon kamen sechs Wölfe zähnefletschend auf sie zugeschlichen, zum Sprung bereit und knurrend vor Beutegier, als plötzlich ein gewaltiger, silberner Hund beschützend zwischen die Witwe und die Angreifer sprang. Rot glühten seine Augen, und er maß vom Boden bis zur Schulter gut und gerne anderthalb Meter. Sein Fell glänzte silbern im Mondlicht, und ohne zu zögern griff er den ersten der Wölfe an. Es dauerte nur einige Sekunden, bis der Wolf blutüberströmt mit gebrochenen Gliedern auf der Erde lag. Auch den anderen Wölfen, die ihrem Kameraden zu Hilfe eilten, erging es nicht besser. Nach wenigen Augenblicken waren sie alle tot. Jetzt wandte sich der Hund der Witwe zu, die vor Angst wie gelähmt auf der Erde kniete. Langsam trottete er auf sie zu, leckte ihr die Hände und ließ sie auf seinen Rücken aufsteigen. So trug das Silberbuckelhundle die Frau bis zum Rande des Waldes und ließ sie dort absteigen. Danach wandte er sich mit traurigem Blick von ihr ab und verschwand wieder im Dunkel des Waldes. Die Witwe aber kam am anderen Tage unversehrt zu Hause an. Auch anderen hilflosen und gottesfürchtigen Menschen soll das Silberbuckelhundle auf dem Silberberg schon aus Notlagen geholfen haben. Unsere Urahnen erzählten sich, das Silberbuckelhundle sei die Seelen aller christlichen Menschen, die jemals auf dem Silberberg ungerechterweise zu Tode gekommen seien, und es würde nur diejenigen beschützen, die reinen Herzens seien und ein gottesfürchtiges Leben führten.

Der fremde König am Mummelsee

Eine Sage vom Mummelsee

Vor vielen Jahren soll sich in der Nähe des Mummelsees folgende Geschichte zugetragen haben:

In einer lauen Herbstnacht pochte es leise an die Tür des Bauern Hans. Überrascht über solch späten Besuch, stand dieser vom Bett auf und öffnete die Tür einen Spalt weit. Doch so sehr er auch Ausschau hielt, er konnte niemanden sehen. Plötzlich erklang eine zaghafte Stimme: „Hier unten bin ich!“, und Hans senkte seinen Blick. Beim Anblick des Gesellen, der da auf seiner Schwelle stand, mußte er sich das Lachen verkneifen, doch als er die traurigen Augen des Zwerges sah, wurde ihm ganz mitleidig zumute. Der Zwerg, dessen langer, grauer Bart ihm bis zum Bauchnabel reichte, war in zerlumpte, graue Fetzen gekleidet – auf dem Rükken trug er ein Bündel, dessen Gewicht ihn beinahe zu Boden drückte. Unter den Augen hatte der kleine Mann tiefe, dunkle Ringe, und erschöpft stützte er sich auf einen knorrigen Wanderstab. „Ich wollte Dich um ein Lager für die Nacht bitten“, sagte der Zwerg, „denn mein Weg war schon weit, und meine Füße vermögen es nicht mehr, mich noch ein Stück weiter zu tragen, ehe ich nicht etwas zur Ruhe gekommen bin!“ Bauer Hans, der mit dem erschöpften Kleinen mitfühlte, hieß diesen, in sein bescheidenes Heim einzutreten – ihm waren auch nicht die Tränen entgangen, die über die Wangen des Männchens liefen. So brachte nun Hans ein Stück Brot und etwas Käse herbei und steckte den Zwerg in sein eigenes Bett. Dieser bedankte sich herzlich, aß das Brot und den Käse hungrig auf und fiel sogleich in einen tiefen, unruhigen Schlaf. Hans aber begnügte sich mit einer Lagerstatt auf dem Fußboden.

Am folgenden Morgen erzählte der kleine Mann Hans den Grund seiner langen Reise. Er sei der König einer fernen Gegend, der Fürst eines wunderschönen Sees. Seine Frau, die einmal allein am Seeufer entlang spazierengegangen sei, sei von fremden Seezwergen entführt worden – weit weg in ein fernes Land. Seit diesem Tage sei er, der Seezwergenkönig, nun auf der Suche nach seinem geliebten Weib. Jeden See auf dem Erdenrund habe er bereits besucht, sei in jeden von ihnen hinabgetaucht, doch nirgendwo hätte er sein Weib gefunden. Jetzt sei er schon so weit gereist, und der allerletzte See, in dem seine Frau gefangengehalten werden könne, sei der Mummelsee. Da bat der Zwerg den Bauern noch um einen zweiten Gefallen: er solle ihn bis zum Mummelsee begleiten, und er würde dafür auch reich belohnt werden. Hans willigte ein und führte den König zum nahegelegenen See. Am Ufer gab nun der Zwerg dem Bauern ein goldenes Ringlein: „Dieser Ring“, sprach er, „wird Dich und Deinen Hof vor Unwettern, Wasserfluten und Trockenperioden bewahren – achte gut auf ihn, denn es ist ein Geschenk des Seezwergenkönigs!“ Hans bedankte sich und fragte, ob er denn sonst noch etwas für das Männlein tun könne. „Nein“, antwortete dieses, „auf den Grund des Sees muß ich allein hinabtauchen – Du würdest dabei nur jämmerlich ertrinken. Doch warte hier am Mummelseeufer, und ich werde Dir ein Zeichen geben, ob ich mein geliebtes Weib gefunden habe oder nicht!“ Nach diesen Worten schritt der König würdevoll in die Fluten des Sees, die ihn langsam verschlangen. Gebannt wartete Hans am Ufer, da sah er plötzlich kochendes, brodelndes Wasser in der Mitte des Sees, das große Luftblasen an die Oberfläche trieb. Da war dem Bauern, als höre er ferne Klagerufe und Kampfeslärm, und plötzlich – Stille. Voll banger Ungewißheit starrte der Bauer auf die sich nun wieder glättenden Fluten des Mummelsees. Als er die Hoffnung auf ein Zeichen schon aufgeben wollte, ragte auf einmal der knorrige Wanderstab des Seezwergenkönigs aus dem Wasser – umgeben von einem Kreis aus rotem Blut. Da wußte Hans, daß der Zwerg mit dem Leben dafür bezahlen mußte, daß er seine Frau befreien wollte, und traurig ging er zurück zu seiner Hütte.

Ob das kleine Männchen tatsächlich der Seezwergenkönig gewesen war, kann niemand mit Gewißheit sagen, doch eines steht fest: das Gut des Bauern wurde seit jenen Geschehnissen von allen Naturkatastrophen verschont, die die Gegend um den Mummelsee heimsuchten.

Die einfältigen Esel aus Rottweil

Eine Sage aus Rottweil

Früher waren die Leute aus Rottweil dafür bekannt, nicht gerade die Schlausten zu sein, die auf Gottes Erdboden lebten. Einfältig, naiv und gutgläubig sollen sie gewesen sein, und den Dümmsten von ihnen hatten sie zu ihrem Bürgermeister gemacht.

So trug es sich zu, daß ein Bauer aus Rottweil, als dieses noch eine freie Reichsstadt war, auf seinem Acker nahe bei der Stadt nach dem Rechten sah. Der Weizen gedieh prächtig, und die goldgelben Ähren wiegten sich sachte im milden Sommerwind. Da stolperte der Bauer plötzlich ungeschickt über etwas, das verborgen im Felde lag. Verärgert über sein eigenes Ungeschick vor sich hin brummend und leise Flüche ausstoßend, bückte sich der Bauer, um nach der Ursache seines Mißgeschicks zu forschen. Da lag ein großer, gelber Kürbis unter Blättern versteckt zwischen den Weizenhalmen. Der Bauer wunderte sich über das seltsame runde Ding, das er da gefunden hatte und beschloß, das Ei, für das er es hielt, mit nach Hause zu nehmen. Dort angelangt zeigte er seinen sonderbaren Fund seinem Nachbarn, ob dieser vielleicht wüßte, von welchem Vogel er wohl stammen könnte. Doch auch dieser wußte es nicht, und so zog man noch andere Stadtbewohner zu Rate. Gemeinsam beschlossen sie nun, das Ei ihrem Bürgermeister zu bringen, der es ausbrüten solle, und so würde man denn auch erfahren, was für ein Tier es gelegt habe.

Entschlossen marschierten die Bürger los, und im Rathaus angekommen, übergaben sie das Riesenei dem Bürgermeister. Binnen spätestens fünf Wochen sollte er es ausgebrütet haben, ansonsten würde er seines Amtes enthoben. Widerwillig gab er den Forderungen seiner Bürger nach und ließ sich auf das vermeintliche Ei nieder, auf dem er nun tagein, tagaus saß und wartete. Doch es wollte einfach nichts Lebendiges aus dem Ei ausschlüpfen, und als die Frist abgelaufen war, meinten die Leute, das Ei sei wohl bereits faul geworden, sonst wäre ja inzwischen etwas geschlüpft. Da nahm man das Riesenei und warf es, zur großen Erleichterung des Bürgermeisters, über die Stadtmauer. Mit einem dumpfen Schlag zerplatzte der Kürbis, als er nach etlichen Metern freien Falls auf die Erde am Fuße der Stadtmauer aufschlug. Spritzend zerbarst er in tausend Stücke, was einen Hasen, der bei der Mauer geschlafen hatte, aufschreckte. Der Hase hoppelte erschrocken auf und davon, so daß man hätte glauben können, er sei direkt aus dem Kürbis gekommen. Die Rottweiler, die dies beobachteten, glaubten auch daran und behaupteten steif und fest, als sie das langohrige Tier laufen sahen: „Da schaut schnell her! Ein junger Esel ist aus dem Ei geschlüpft!“ Seitdem wurden die Rottweiler nur noch spottend „Die Esel“ genannt, da sie auch noch Jahre später an dieser Geschichte festhielten!

Auch auf der Stadtfahne Rottweils ist ein Esel zu sehen, der aber nur dank des Ungeschicks eines Rottweiler Malers dorthin gelangte. Denn als der Maler damit beauftragt wurde, die Flucht Christi nach Ägypten auf der Fahne festzuhalten, benützte er dazu Wasserfarben – nur den Esel, auf dem der Heiland ritt, malte er mit Ölfarben auf. So geschah es beim ersten Regenguß, der auf die Fahne herniederging, daß die gesamte Zeichnung in bunten Schlieren herablief – außer dem Esel, der somit zum Rottweiler Stadtwappen wurde.

Wie man das Hexen lernt

Eine Sage aus Berneck

In Berneck stand einstmals eine junge Magd im Dienste eines Bauern und dessen Frau, die zusammen mit ihren zwei Kindern auf einem großen Gehöft lebten. Der Bauer war ein gutmütiger und stattlicher Mann, und so geschah es, daß sich die Magd unsterblich in den verheirateten Mann verliebte. Jeden Tag mußte sie das Glück der beiden Eheleute mit ansehen, und wäre die Liebe zu dem Bauern nicht gewesen, so wäre sie schon längst von dannen gezogen.

Unglücklich ging die Magd oft im Wald spazieren und malte sich aus, wie schön das Leben doch sein könnte, wenn sie an der Seite des Bauern lebte. Trübsinnig ließ sie sich eines Tages im Wald auf einen Baumstumpf nieder und weinte ob ihrer ausweglosen Lage. Plötzlich sprach sie eine alte Frau an, die sie gar nicht hatte kommen hören. Sie fragte nach dem Kummer, der auf ihrer Seele lastete, und das Mädchen erzählte der alten Frau die ganze Geschichte. Da lächelte diese und meinte, daß sie ihr gerne helfen wolle, dazu müsse die Magd nur ihren Kopf in den Schoß der alten Frau legen, und alles würde gut werden. Das verzweifelte Mädchen tat, was die Frau von ihr verlangte und legte den Kopf in ihren Schoß. Da riß ihr die Alte sieben Haare vom Kopf und faltete diese in ein Stück Papier, das sie in beide Hände nahm und seltsame Worte darüber murmelte. Danach übergab die Alte das Päckchen an die Magd und meinte, daß sie, wenn sie dieses Päckchen stets auf ihrem Rücken unter den Kleidern trüge, der Hexerei mächtig sei. Mit diesen Worten verschwand die Frau und ließ das Mädchen zurück. Eifrig übte nun die Magd jeden Tag heimlich die Macht der Hexerei, und schon bald konnte sie Dinge verwandeln, Menschen beeinflussen und Gifte brauen.

Ihrer Macht sicher, schlich sich die Magd nun eines Nachts in das Schlafgemach des Bauern und seiner Frau. Den Bauern verhexte sie, so daß er in einen tiefen Schlaf fiel, aus dem er erst am nächsten Morgen wieder erwachen würde, und die Frau zerrte sie mit nach draußen, wo bereits eine Kutsche – bespannt mit sieben Schmetterlingen – auf sie wartete. Grob warf die Magd die Frau des Bauern an den Haaren in die Kutsche, welche sich sogleich in die Lüfte erhob und davonflog. Viele Meilen entfernt löste sich die Kutsche plötzlich in Luft auf, und die Bauersfrau fiel unsanft auf den Boden herab. Wie sie später feststellte, befand sie sich in einem fremden Land, dessen Bewohner in einer Sprache redeten, die sie nicht verstand. Ein gutes Ehepaar aber nahm die Bäuerin in seine Dienste auf, und erst sechs Jahre später hatte sie genug von ihrem Lohn gespart, daß sie die Heimreise antreten konnte.

In Berneck zurück, erfuhr sie, daß keiner ihre Abwesenheit bemerkt hatte – nur die Magd sei seit über sechs Jahren spurlos verschwunden. Diese hatte nämlich, gleich nachdem die Bäuerin in die Lüfte entführt worden war, deren Gestalt und Stimme angenommen und war an ihre Stelle getreten. Im letzten Jahr hatte sie

dem getäuschten Bauern sogar ein Knäblein geboren, doch so richtig froh war sie doch nicht geworden. Als die richtige Bäuerin nun in ihr Haus kam, saß ihr Mann finster dreinblickend am Tisch, und ihre beiden Kinder, die schon groß geworden waren, spielten im Freien. In einer Wiege lag ein kleines Kind, das laut schrie und weinte. Da trat auch die Hexe in die Stube – sie sah der Bäuerin wirklich gleich wie ein Ei dem anderen. Wie erschrocken war da der Bauer, als er plötzlich seine Frau zweimal vor sich sah! Doch als die Hexe der wahren Bäuerin ins Angesicht sah, verwandelte sie sich auf der Stelle in die Gestalt der Magd zurück. Eilig rannte sie nun zu der Wiege, nahm ihren Sohn an sich und verschwand aus dem Haus in den nahen Wald.
Sieben Tage darauf fand man die Magd und ihren Sohn tot im Wasser. Der Bauer und seine Frau aber lebten von nun an wieder glücklich zusammen, wie sie es auch schon vor den sechs schrecklichen Jahren getan hatten.

Der Wilderer

Eine Sage vom Mummelsee

Es war eine finstere Neumondnacht vor vielen, vielen Jahren. Der unheimliche Forst bildete einen düsteren Wall um den Mummelsee, der wie dunkles Blut in der Senke lag. Nur der Schrei eines Waldkauzes zerriß die vollkommene Stille, und dünne Nebelschwaden trieben sachte über den See.

Da schlich eine schwarzgekleidete Gestalt geduckt durch das Unterholz in Richtung See. Ächzend und stöhnend schleppte sie einen Sack hinter sich her, der eine tiefe Furche im lockeren Waldboden hinterließ. Der Sack war blutgetränkt, und tiefrote Spuren blieben an Ästen und Laub zurück. Das war der „rote Dieter", der sich da so mühsam zum See vorarbeitete. Sein Gesicht hatte er sich mit Kohle und Asche geschwärzt, und seine Augen hatten einen merkwürdigen, entschlossenen Ausdruck. Er war auf dem Weg zum Mummelsee, um dort die Leiche verschwinden zu lassen, die er schon quer durch den ganzen Wald geschleift hatte. Bei Sonnenuntergang hatte ihn der Förster beim Wildern ertappt und zur Rede gestellt. Jetzt lag dieser leblos mit durchstochenem Herzen in dem Sack des „roten Dieters" und sollte bald sein nasses Grab in den kalten Fluten des Mummelsees finden. Kaltblütig brachte Dieter den Förster mit vielen Messerstichen um, damit er weiterhin ungestört in dieser Gegend Hirsche und Rehe wildern und Feuerholz stehlen konnte. Da stand nun der Frevler endlich am Ufer des Sees und blickte noch ein letztes Mal auf das schwere Bündel, dessen Inhalt auch schwer auf seiner Seele lastete. Mit einer kraftvollen Bewegung stieß er den Sack in den See hinab, wo dieser noch einen Augenblick an der Oberfläche trieb und dann langsam in den Fluten versank. Noch einmal verfluchte der „rote Dieter" den toten Förster, der ihm zu Lebzeiten so viel Scherereien bereitet hatte: „Da, Förster, jetzt kannst Du Fische jagen am Grunde des Sees und ich ungestört Deine Rehe und Hirsche im Walde! Ruhig kann ich mich wärmen am Feuer, das mit Deinem Holze genährt wird! Du brauchst jetzt eh' kein Feuer mehr dort drunten in der dunklen Flut!" So sprach er und trat einen Schritt vom Ufer zurück. Doch was war das? Eine Dornenranke hatte sich um seinen Knöchel geschlungen und stach mit hundert kleinen Stacheln in sein Fleisch. So sehr er auch zog und zerrte – er konnte sich einfach nicht mehr davon befreien. Schon floß Blut in etlichen Rinnsalen über seinen Fuß, als plötzlich ein Brodeln und Blubbern den ganzen See erfüllte. Ein gewaltiges Gewitter zog auf, der Donner grollte finster über dem Land, und Blitze zuckten leuchtend über das schwarze Firmament. Da stieg der See über sein Ufer – Stück für Stück verschlang er den Körper des Mörders, bis die Wellen dunkel über dem Kopf des Verruchten zusammenschlugen und

ihm den Atem nahmen. So holte sich der Mummelsee die Seele des „roten Dieters“, denn er ließ eine solche Untat nicht einfach ungerächt.
Stumm liegt nun wieder der See, als ob ihn dieses zweite Leben besänftigte. Glatt ist die Flut, und unter dem Mond ruht still seine unermeßliche Tiefe. Nur die Binsen, die rings um den See wachsen, wissen auch heute noch um die Ereignisse dieser verhängnisvollen Nacht.

Des Bauern ungewollte Taufe

Eine Sage aus Schramberg

Nahe bei Schramberg im schönen Schwarzwald plätschert das kleine „Täuferbächle“. Ruhig fließt es in seinem Bett dahin – nur an einer einzigen Stelle schäumen seine Wogen wild auf und reißen alles mit, was dort hineinfällt. Dieser Stelle hat das Bächlein auch seinen Namen zu verdanken.

Einst bauten die Bewohner Schrambergs einen schmalen Steg über die unpassierbare Stelle des Baches, damit sie nicht immer einen Umweg gehen mußten, um eine Furt weiter flußabwärts zu finden. Doch schon nach kurzer Zeit hatte ein böser Kobold daran Spaß gefunden, die Leute von Schramberg zu ärgern. Er baute sich eine Behausung direkt unter dem Steg am Ufer des Baches, und jeder, der über den Steg gehen wollte, bereute dies wenige Minuten später. Der Kobold nämlich warf jeden der Passanten ins reißende Wasser: den einen erschreckte er mit seiner sonderbaren Fratze, dem anderen sprang er auf den Rücken, so daß dieser das Gleichgewicht verlor, und bei wieder anderen rüttelte und schüttelte er so lange am Steg, bis auch sie in das eiskalte Wasser stürzten. Über jedes seiner Opfer schüttete sich der Kobold aus vor Lachen und sprang dann erfreut von einem Bein auf das andere.

So forderten die derben Späße des Kobolds schon zwei Todesopfer. Ein kleines Mädchen ertrank in dem Bächlein, und der Gerber von Schramberg brach sich beim Sturz vom Steg das Genick. Die Schramberger aber mieden seitdem den Steg, an dem das „Täufermännle“, wie sie den Kobold nannten, sein Unwesen trieb. Das „Täuferbächle“ überquerten sie nur noch an seichten Stellen, an denen nichts geschehen konnte.

So kam an einem Samstagmorgen, kurz nach Sonnenaufgang, auch einmal ein Bauer aus der Gegend von Schömberg forschen Schrittes am Täuferbächle an. Er war neu in der Gegend und unterwegs nach Rottweil, um dort auf dem Markt seine Einkäufe zu tätigen. Als er jedoch den Steg betreten hatte, stellte sich ihm auf halbem Wege das Täufermännle entgegen. Dieses schaute ihn grimmig an und hoffte, daß der Bursche vor Schreck in den Bach fallen würde. Doch dem ward nicht so. Ganz im Gegenteil: anstatt zu erschrecken, brach der Bauer beim Anblick des kleinen Koboldes in lautes Gelächter aus. Da platzte der Kobold beinahe vor Wut und schrie den Bauern an: „He Du! An Deiner Stelle würde ich nicht lachen. Ich bin das gefürchtete Täufermännle und werde

Dir sogleich eine Taufe in meinem Bach verschaffen!" Und schon begann er, auf dem wackligen Steg auf und ab zu springen, so daß der Bauer sich nur mit Müh und Not darauf halten konnte. Da rief der Bursche: „Warte doch, ich möchte Dir einen Handel vorschlagen: Wenn ich aus Rottweil zurückkehre, werde ich Dir als Wegzoll einen frisch gebackenen Wecken mitbringen!" Da hielt das Männlein inne, denn das Wasser lief ihm bei dem Gedanken an frisches Backwerk im Munde zusammen. Nach kurzem Überlegen gab der Kobold dem Bauern den Weg frei, und als dieser am Abend an die Stelle zurückkam, hatte er für den Kobold tatsächlich einen Wecken dabei. Da freute sich das Täufermännle und ließ den Bauern erneut über den Steg gehen.
So ging das nun jeden Samstag: gegen den Preis eines frischgebackenen Weckens durfte der Bauer stets den Steg passieren. Zwei Jahre darauf waren der Kobold und der Bauer anscheinend gute Freunde geworden. Da dachte der Bauer, daß er diesmal keinen Wekken mehr mitzubringen brauche – das Täufermännle würde ihn sicher auch so über den Steg gehen lassen. Doch als der Kobold sah, daß der Bursche diesmal keinen Wegzoll für ihn mitgebracht hatte, tobte er vor Wut und stampfte mit dem Fuß so kräftig auf, daß der Steg in zwei Teile zerbarst. So stürzten Bauer und Täufermännle gemeinsam in den kalten Bach, aus dem man später die Leiche des Bauern mit weit aufgerissenen Augen barg. Die Leiche des Kobolds hingegen wurde nicht gefunden, doch ließ er sich von diesem Tage an auch nie mehr in dieser Gegend blicken.

Das gebrochene Versprechen des Grafen

Eine Sage aus Nagold

Über die Hohennagold, eine stolze Burg über der Stadt Nagold, herrschte einstmals ein mächtiger Graf, der im ganzen Land für seine Grausamkeit und Unbarmherzigkeit bekannt war. Seine Reichtümer häuften sich im Gewölbe der Burg, doch die Gier des Grafen kannte keine Grenzen. Um seine Schätze weiter zu vermehren, hängte er eine Steuer über seine Untertanen, von denen die meisten aber so arm waren, daß sie die Abgaben nur bezahlen konnten, wenn sie ihr Vieh oder ihr Land verkauften. Wer aber die Steuern nicht aufbringen konnte, wurde von den Soldaten des Grafen festgenommen und in das tiefe Turmverlies der Hohennagold geworfen. Erst wenn die Angehörigen des Gefangenen das Geld brachten, wurde der Gefangene freigelassen.

Der Graf hatte auch eine Tochter, die mit ihren sechs Jahren noch nichts von der Grausamkeit ihres Vaters ahnte. Sie war ein fröhliches Kind, das oft im Burghof spielte. So konnte sie auch an einem verregneten Herbsttag einmal nichts davon abhalten, im Hof mit ihrem Ball zu spielen. Vergnügt ließ sie den bunten Ball auf- und abhüpfen, bis er plötzlich in den Brunnen in der Mitte des Hofes fiel. Erschrocken lief das Mädchen dem Ball hinterher und wollte ihn aus dem Brunnen retten. Dazu kletterte sie unbemerkt an der Mauer des Brunnens empor, und oben angelangt, beugte sie sich nach vorne, um den Ball zu sehen. Dabei verlor das Kind den Halt und stürzte in die dunkle Tiefe des Brunnenschachts. Doch das Mädchen hatte Glück im Unglück. Etwa auf halber Strecke zum Grund des Brunnens blieb es an einem Ast hängen, der aus dem Gemäuer des Brunnens wuchs. Laut rief das Kind um Hilfe, doch erst über eine Stunde später hörte ein Knecht zufällig die Hilferufe aus dem Brunnenschacht. Eilig holte er die Schloßwache und den Grafen herbei. Kurze Zeit später standen unzählige Burgbewohner um den Brunnen herum, doch keiner von ihnen erklärte sich bereit, den glitschigen Brunnen hinabzusteigen und

das Mädchen heraufzuholen; zumal es die Tochter des Grafen war, der sie die ganze Zeit tyrannisierte. Da bot der Graf an, jedem, der es wage, in den Brunnen zu steigen und seine Tochter zu retten, einen Wunsch zu erfüllen – egal was es auch sei. Da erbot sich die Küchenmagd, in den Brunnen zu steigen, wenn der Graf ihr den Wunsch erfülle. Der Graf versprach ihr nochmals jeden Wunsch zu erfüllen, wenn sie sich jetzt doch nur beeilen würde, denn seine Tochter könne sich bald nicht mehr halten, und das Rufen sei bereits zu einem Wimmern geworden. Da band sich die mutige Magd ein Seil um die Hüfte und ließ sich von einigen Soldaten den Brunnen hinabhelfen. Einige Zeit später kam sie mit dem Mädchen gesund wieder oben an, und sogleich äußerte sie ihren Wunsch gegenüber dem Grafen: dieser solle ihren Vater freilassen, der als Gefangener im Verlies lag, weil auch er seine Steuern nicht bezahlen konnte. Der alte Mann sei krank und würde die Gefangenschaft nicht mehr lange überleben. Diese Bitte erzürnte den Grafen aber so sehr, daß er die Magd sofort aus seinen Diensten entließ und ihr weder diesen noch einen anderen Wunsch erfüllte.

Nicht lange danach zog ein fremdes Heer durch die Lande und belagerte auch schließlich die Hohennagold. Die Burg jedoch war ein solches Bollwerk, daß die feindlichen Streitkräfte es nicht vermochten, sie einzunehmen. Erst mit Hilfe der Küchenmagd und anderen Einwohnern Nagolds gelang den Kriegern die Erstürmung der Burg, denn diese kannten geheime Gänge und Wege, die in die Burg führten. So wurden die Nagolder von ihrem Unterdrücker befreit, der Vater der Magd kam ebenfalls frei und lebte fortan glücklich mit seiner Familie unter der neuen Herrschaft.

Der grausame Graf aber, der bei der Erstürmung der Burg zu fliehen versuchte, wurde gefaßt und vor den Augen aller Burgbewohner enthauptet.

Die Hexe von Schmieheim

Eine Sage aus Schmieheim

Bösen alten Weibern, die alleine lebten, sagte man früher oft nach, der Hexenschar anzugehören. Verstanden sie sich dann auch noch darauf, heilende Kräuter anzuwenden, so war ihr Ruf schon von vorneherein ruiniert.

Auch in Schmieheim lebte dereinst ein schrumpeliges Weib weitab von den übrigen Dorfbewohnern. Das lange graue Haar hing ihr in verfilzten Strähnen bis an die Knöchel, und ein großer schwarzer Hut mit weiter Krempe verdeckte die Hälfte ihres Gesichtes. Das war aber auch gut so, denn etwas Häßlicheres hatten die Dorfbewohner zuvor noch nie gesehen. Traf man das bucklige Weib im Wald beim Kräutersammeln, so war es stets in Begleitung einer schwarzen Katze oder eines schwarzen Hahnes. Kein Wunder also, daß das Weib von allen nur die „Hex von Schmieheim" genannt wurde. Obwohl sie noch nie jemandem ein Leid zugefügt hatte, wurde sie von allen Leuten gemieden oder verspottet. So wurde die Alte immer griesgrämiger und bösartiger, da sie überall nur auf Ablehnung stieß.

Eines schönen Tages nun waren einige Bauern aus Schmieheim in eine Gastwirtschaft eingekehrt und kurze Zeit später in ausgelassener Stimmung. Man kam auf die Idee, der alten Hexe einen Streich zu spielen, und so schickte man die achtjährige Tochter des Köhlers – da dieser selbst zu feige war – mit einem Korb voller Plätzchen zu der Hexe. In die Plätzchen jedoch hatten die Bauern zermahlene Schnecken und Spinnen gebacken, von denen die Hexe krank werden sollte.

Das ahnungslose Mädchen brachte also, wie ihr aufgetragen wurde, die Plätzchen zur Hütte der alten Frau, und als diese das Gebäck im Korb liegen sah, durchschaute sie sofort die Absicht der Bauern. Mit zuckersüßer Stimme sagte sie zu dem Mädchen: „Hab' vielen Dank mein Kind. Als Belohnung schenke ich Dir diese Salbe hier. Sie ist ein Wundermittel, und wenn Du Dir vor dem Schlafengehen den Mund damit bestreichst, so wirst Du morgen früh das schönste Mädchen im ganzen Dorfe sein. Du darfst bloß niemandem davon erzählen, sonst verfliegt der Zauber der Salbe sofort!" Das Mädchen nahm glücklich die kleine Dose aus der Hand der Alten und sprang fröhlich nach Hause. Vor dem Zubettgehen tat sie so, wie es die Hexe ihr gesagt hatte.

Als das Mädchen am nächsten Morgen erwachte, erschrak es fürchterlich – denn ihr Mund stand ihr senkrecht statt waagerecht im Gesicht. Nachdem der Arzt den verzweifelten Eltern auch nicht weiterhelfen konnte, wandten sie sich an den Scharfrichter des Dorfes. Dieser meinte, der Fluch der Hexe ließe sich nur rückgängig machen, indem sich jemand etwas Salz von der Hexe ausborge und dieses in einem Topf über dem Herdfeuer ordentlich umherschlage und durchrühre.

So taten also die Eltern des Mädchens. Der Köhler borgte sich etwas Salz von der Hexe, welches er in einem heißen Topf minutenlang kräftig umherrührte. Da klopfte es plötzlich an die Türe, und als die Köhlersfrau aufschloß, stand da die Hexe auf der Türschwelle. Sie blutete aus zahlreichen kleinen Wunden und blaue Flecken sowie Verbrennungen bedeckten ihren ganzen Körper. „Hört sofort auf das Salz zu schlagen! Ich werde Eurer Tochter auch ihr vorheriges Aussehen zurückgeben!“ Sofort hielt der Köhler inne, und die Hexe atmete erleichtert auf. Dann nahm sie eine Prise des Salzes auf und warf es über den Kopf des entstellten Mädchens. Sogleich war dessen Mund wieder geheilt und nahm seine natürliche Lage wieder ein.

Die Hexe jedoch mußte noch einige Wochen lang ihre Wunden auskurieren, doch wagte es seit diesem Vorfall kein Schmieheimer mehr, der Hexe einen Streich spielen zu wollen.

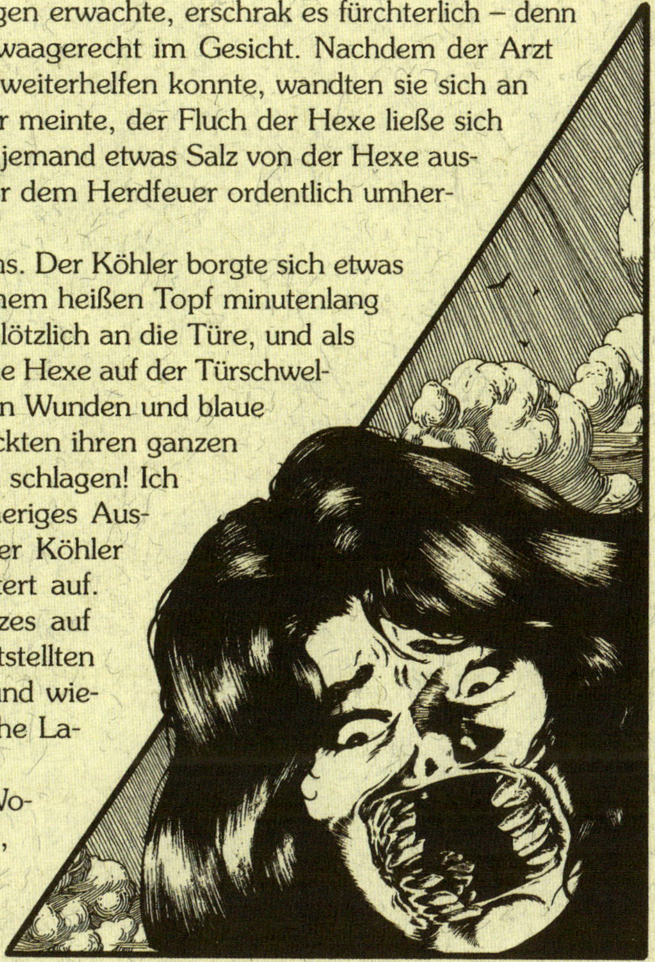

Der Schlangenkönig auf der Hornisgrinde

Eine Sage aus der Gegend um die Hornisgrinde

Nahe bei der Hornisgrinde – dem höchsten Punkte Württembergs – stand in früheren Tagen der sogenannte „Schlangenhof". Warum das Gehöft früher so genannt wurde, weiß heute niemand mehr mit Sicherheit zu sagen, doch eine Geschichte über den Hof ist weit verbreitet:

Kurz nach Erbauung des Hofes hat es sich zugetragen, daß sich einige Schlangen im Stall des Gehöfts eingenistet haben. Sie waren friedlich und taten weder dem Vieh noch den Menschen auf dem Hofe etwas zuleide. Ganz im Gegenteil: die Schlangen fraßen die Ratten und Mäuse, die dem Bauern das Getreide aus der Kornkammer stibitzten. So duldete der Bauer die Schlangen auf seinem Hofe und gab Anweisung an seine Knechte und Mägde, die Tiere ja in Frieden zu lassen und keines von ihnen zu töten. Mehrere Jahre vergingen, und die Schlangen vermehrten sich ungehindert auf des Bauern Hof. Inzwischen war es schon so weit, daß die Schlangen selbst in den Bettkästen und hinter dem Ofen in der Küche lebten. Sie bewegten sich zwischen den Menschen ohne jede Scheu, und oft kam es vor, daß die Mägde erst armvollweise Schlangen aus der Krippe nehmen mußten, bevor sie dem Vieh Futter einstreuen konnten. Am liebsten hielten sich die Schlangen in der Scheune auf, wo ihr König wohnte. Den König der Schlangen erkannte man an einer winzigen Krone auf seinem Kopf. An warmen Tagen verließen die Schlangen zuweilen die Scheune und begaben sich in den nahen Wald, wo sie sich im kühlen Schatten ausruhten. Am Abend kehrten aber stets alle Schlangen auf den Hof zurück – angeführt von ihrem König. Mit dem Vieh verstanden sich die Schlangen hervorragend, und auch die Kinder des Bauern spielten gerne mit den friedlichen Gesellen. Ja, es war schon so weit, daß die Schlangen gemeinsam mit den Kindern aus einer Schüssel aßen. So führten die Schlangen ein behagliches und sicheres Leben auf dem „Schlangenhof".

Doch als der alte Bauer starb, kam alles ganz anders: der neue Besitzer jagte alle Knechte und Mägde davon und verbrachte mehrere Tage damit, sämtliche Schlangen auf dem Hof einzusammeln, um sie anschließend zu ersäufen. Auch der Schlangenkönig verlor auf diese erbärmliche Art das Leben. Von diesem Tage an ward auf dem „Schlangenhof" keine Schlange mehr gesehen – sie alle mieden diesen Ort und seinen herzlosen Besitzer. Bald hernach aber stellte sich auf dem Gehöft allerlei Ungeziefer ein: ein Meer von Ratten und Mäusen fraß sich ungehindert durch die eingelagerten Vorräte. Es waren derer so unglaublich viele, daß der Bauer – so viele Ratten er auch totschlug – einfach nicht mit ihnen fertig wurde. Da wünschte er sich, er hätte die Schlangen nicht von seinem Hof vertrieben, denn die wären bestimmt mit der Plage zu

Rande gekommen. Als auch das letzte Körnchen Weizen und das letzte Stückchen Käse von den Mäusen aufgefressen war, hielten sich die unersättlichen Nager nun an die Einrichtung und an das Gebäude selbst. Innerhalb einer Woche war alles, was nicht niet- und nagelfest gewesen war, aufgefressen und der einstmals so prächtige Hof glich nur noch einer Ruine aus zerfressenen Holzbalken und wuselnden Ratten. Der verzweifelte Bauer, der mit den Schlangen das Glück von seinem Hof verbannt hatte, zog in eine andere Gegend, weit weg von der Hornisgrinde. Die Überreste des „Schlangenhofes" aber wurden vollends abgerissen und ein neues Hofgebäude entstand dort an seiner Stelle, das aber einen anderen Namen erhielt. Schlangen aber hat man seit jenen Tagen niemals wieder auf dem neuen Hof oder auch nur in seiner Nähe gesehen.

Die Liliennixe

Eine Sage vom Mummelsee

In einem tiefen Bergkessel, umgeben von düsterem Tannenwald, liegt in einsamer Gegend der Mummelsee. Über die Entstehung seines wundersamen Namens soll hier berichtet werden. Ein frecher, schöner Jägersbursche hatte dereinst sein Revier in der Umgebung des Mummelsees. So hatte er oft Gelegenheit, die stillen Fluten des Sees zu beobachten. Schon nach kurzer Zeit entdeckte er, daß sich die weißen Seelilien, die zu Dutzenden auf dem Wasser wuchsen, des Nachts in seltsame, filigrane Wesen verwandelten. Die wunderschönen, zarten Mädchen waren allesamt in weiße, seidene Kleider gehüllt und ihre langen, schwarzen Haare banden sie mit bunten Tüchern zusammen. Er erfuhr auch, daß sich die Nixen „Mümmelein" nannten, nach denen auch der See benannt wurde. Gerne beobachtete der Jäger die Nixen beim Herumtollen und lauschte gebannt ihrem sanften, fremdartigen Harfenspiel. Besonders eine der Mümmelein hatte es dem Jägersmann angetan, und nach kurzer Zeit war sein Herz in tiefer Liebe zu ihr entbrannt. Als er sie eines Nachts alleine am Ufer sitzen sah, konnte er nicht länger heimlichtun, eilte zu ihr hin und wollte ihr seine Liebe verkünden. Doch kaum hatte ihn die schöne Nixe erblickt, sprang sie erschrocken auf und lief in den See, wo sie schon bald nicht mehr zu sehen war. Das Tuch aber, das sie im Haar trug – ein zartes, meergrünes Gewebe – blieb im dornigen Gebüsch, durch welches sie hindurchschlüpfte, hängen. Schnell ergriff der Weidmann den Schleier und barg ihn unter seinem Hemd als teures Pfand, direkt an seinem Herzen. Seitdem war seine Ruhe dahin. Bleich und still streifte er bei Tag wie ein Schatten seiner selbst umher, und wenn die Nacht hereinbrach, wanderte er von dem einsam gelegenen Försterhaus hinauf bis an den Mummelsee. Doch fand er dort nie, wonach er suchte. Ein Freund, der ihm nach beinahe einem Jahr sein Geheimnis entlocken konnte, entriß ihm eines Tages den Schleier, wickelte ihn um einen schweren Stein und versenkte ihn in den tiefen Wassern des Mummelsees. Doch das Leiden des Jägers war damit nicht geheilt. Im Gegenteil: seine Sehnsucht schien sich mit jedem Tag zu steigern. Als er nun bei einem starken Unwetter erneut den See bei Nacht besuchte, grollte düsterer Donner, und das sonst so ruhige Wasser schlug in hohen Wellen gegen das Ufer. Da erhellte ein greller Blitzstrahl die Dunkelheit für einen kurzen Augenblick. Der Jäger meinte, im fahlen Licht in der Mitte des Sees das Tuch des Mümmelchen zu erblicken. „Der Schleier! Der Schleier! Das ist meine Liliennixe, die mir da zuwinkt!" Mit diesen Worten sprang er, ohne sich zu besinnen, in die kühlen Fluten und schwamm mit mächtigen Zügen zu dem Tuche hin. Schon hatte er es ergriffen, da zog es ihn mit starker Macht unter Wasser in die bodenlose Tiefe. Ruhig lag der See wieder da, und nichts zeugte mehr von dem Schicksal, das den Jägersburschen ereilte. Von diesem Tage an war keines der Mümmelchen je wieder von eines Menschen Auge gesehen, doch wachsen auch heute noch zahlreiche Seelilien am Rande des Mummelsees ...

Das Rätsel des Gerbers

Eine Sage aus Calw

Es war vor einigen Jahren, als Herzog Karl von Württemberg mit einigen seiner Gefolgsleute einen Kontrollritt durch seine Ländereien machte. Im Spätherbst führte ihn so sein Weg auch durch das Städtchen Calw im schönen Schwarzwald. Freudenrufe und Lobpreisungen begleiteten den Landesherren auf seinem Ritt durch die Gassen der Stadt, und dort wo er vorbeizog, neigten sich die Häupter, und man verbeugte sich vor dem edlen Herren. Nur einer schien den Besuch des Herzogs nicht zu bemerken: es war der Gerber von Calw, der eifrig seiner Arbeit am Straßenrand nachging, selbst als der hohe Herr an ihm vorbeiritt. Dies bemerkte Herzog Karl und ließ seinen Troß anhalten. Mit lauter Stimme rief er dem Gerber zu: „He Gerber! Hast Du die Arbeit so nötig, daß Du sie nicht einmal für Deinen Herrn fünf Minuten lang ruhen lassen kannst?“ „Jawohl, mein Landesfürst“, antwortete der schlaue Gerber, „zwanzig könnten es wohl verleiden, wenn zweiunddreißig nicht wären!“ „Du sprichst in Rätseln, Mann. Erkläre Deinem Herzog, was Deine Worte bedeuten!“ „Das ist doch ganz einfach“, erwiderte da der Gerber, „mit den zwanzig meine ich meine zehn Finger und zehn Zehen, die auf die harte Arbeit gut und gerne verzichten könnten, wenn da nicht die 32 Zähne in meinem Maul wären, die jeden Tag etwas zu essen verlangten!“ Da brach der Herzog in schallendes Gelächter aus und warf dem Gerber ein Goldstück zu. Nun winkte er ihn zu sich heran und flüsterte ihm ins Ohr, daß er mit diesem Rätsel die jungen Ritter in seinem Schloß überraschen werde, jedoch dürfe der Gerber niemand anderem die Lösung erzählen – so lange, bis er seinen Landesfürsten nicht 101 Mal gesehen habe. Schulterzuckend willigte der Gerber in die seltsame Bitte des Herzogs ein und machte sich sogleich wieder an die Arbeit.

In sein Schloß zurückgekehrt, wurde zu Ehren des Heimkehrers ein großes Bankett gegeben. Auf dem Höhepunkt des Festes erzählte Karl von Württemberg seinen Junkern dann auch das Rätsel des Gerbers von Calw und versprach demjenigen, der die Lösung innerhalb von acht Tagen herausfand, 300 Goldstücke als Belohnung. Keiner der Anwesenden vermochte es jedoch, die Lösung des Rätsels zu finden – lediglich ein junger Ritter kam auf die Idee, einen der Begleiter des Herzogs zu fragen, woher er dieses Rätsel habe. Dieser erinnerte sich auch sogleich wieder an den Calwer Gerber, der mit dem Herzog seine Späße getrieben hatte. Noch am selben Tage ritt der Junker nach Calw, suchte den Gerber und fand diesen in seiner Werkstatt bei der Arbeit. Doch so sehr der Junker den Gerber auch bedrängte, ihm doch die Lösung des Rätsels preiszugeben, kein Wort kam über die Lippen des Gerbers. Schließlich hatte er aber die Fragerei des Burschen so satt, daß er ihm verriet, was er dem Herzog versprechen mußte: erst wenn er seinen Landesherren 101 Mal gesehen habe, dürfe er des Rätsels Lösung jemand anderem verraten. „Wenn das so ist“, meinte da der Junker und griff in seine Tasche. Heraus holte er einen prall gefüllten Lederbeutel, aus dem er genau 100 Goldstücke abzählte und vor dem Gerber auf dessen Tisch ausbreitete. Auf jedem der Goldstücke war das Portrait des Herzogs Karl von Württemberg eingestanzt, und der Junker meinte: „Nun Gerber, jetzt nimm noch das Goldstück hinzu, das Dir der Herzog geschenkt hat, und Du hast ihn genau 101 Mal gesehen! Jetzt kannst Du mir die Lösung des Rätsels mit gutem Gewissen erzählen, denn Dein Versprechen hast Du erfüllt!“ Das überzeugte den Gerber; er verriet dem Junker die Lösung und steckte die 100 Goldmünzen in seinen Sparstrumpf. Der Junker aber ritt schnurstracks zurück ins Schloß, und als er dem Herzog die Lösung präsentierte, staunte dieser nicht schlecht. Bereitwillig zahlte er die 300 Goldstücke an den Junker, doch ließ er sogleich den Gerber aus Calw herbeibringen, denn er glaubte, daß der Gerber die Lösung an den Junker verraten hatte. Als dieser eingetroffen war, antwortete er auf die Frage, warum er sein Versprechen gebrochen habe: „Euer Gnaden, Ihr habt mir an jenem Tage ein Goldstück geschenkt, und der Junker gab mir vor kurzem weitere 100. Auf jedem sah ich das Bild meines Landesherren, so daß ich innerhalb weniger Minuten meinen Herzog 101 Mal gesehen habe. Ich habe also mein Versprechen nicht gebrochen, als ich die Lösung des Rätsels preisgab!“ Erneut brach der Herzog ob der Schlauheit des Gerbers in großes Gelächter aus und meinte nur noch: „Ich hoffe, daß Du das Bild Deines Herzogs ebenso gerne im Herzen aufbewahrst wie in Deinem Geldbeutel“, bevor er den Gerber seines Weges ziehen ließ.

Der treue Begleiter

Eine Sage aus der Gegend um Riedlingen

Es war eine finstere Neumondnacht vor vielen Jahren. Zwei Schwestern aus Riedlingen fuhren in ihrem wendigen Einspänner durch den Rammertwald gen Rotenburg, wo sie am nächsten Tage zur Kindstaufe bei ihrer Tante erwartet wurden. Bei der Abreise hatten sie sich vertrödelt, und so gerieten sie in die alles verschlingende Dunkelheit, die wie ein schwarzer Schleier über dem Lande lag. Ängstlich drängten sie sich immer enger aneinander, den Blick starr auf den kaum sichtbaren Waldweg vor ihnen gerichtet. Seltsame Geräusche erfüllten den unheimlichen Tannenwald, der beidseitig des Weges dicht und finster wie massive Mauern emporwuchs. Immer schneller trieb die ältere der beiden Schwestern den armen Rappen an, der mit weit ausgreifenden Galoppsprüngen die Kutsche voranzog. Plötzlich flatterte eine Eule laut kreischend direkt vor dem Roß über den Weg. Dieses scheute und stieg wiehernd auf die Hinterbeine. Erschrocken ließ das Mädchen die Zügel fahren, die es in Händen hielt. Schon machte das Pferd Anstalten, die ganze Kutsche mitsamt deren Insassen mit seinem wilden Gehabe umzuwerfen. Die Schwestern riefen laut um Hilfe und hielten sich verzweifelt an den Seitenwänden der schwankenden Kutsche fest. Da erschien wie aus dem Nichts eine schwarze Gestalt vor ihnen auf dem Weg, die auf einem wahrhaft prächtigen schwarzen Roß einherritt. Außer einem verschwommenen Schemen konnten die Schwestern jedoch nichts erkennen. Mit eiserner Hand packte der Fremde das scheuende Pferd beim Zaumzeug und zwang es auf den Boden zurück. Beschwichtigend tätschelte er dem nervösen Tier den Hals und streichelte besänftigend über seine Nüstern. Bald hatte sich das Tier beruhigt, und auch die Schwestern zitterten nicht mehr am ganzen Leibe. Bevor diese aber erkennen konnten, wer ihnen da zu Hilfe geeilt war, galoppierte der Fremde an der Kutsche vorbei und stellte sich beschützend hinter ihr auf. Da meinte die eine der Schwestern: „Ich glaube, unser schweigsamer Helfer will uns bis zur Stadt begleiten, damit uns bis dahin nichts geschehe. Das ist schön, daß wir hier im Walde einen so treuen Begleiter gefunden haben!“. Mit diesen Worten ließ sie die Zügel auf den Rücken des Pferdes klatschen und schnalzte auffordernd mit der Zunge. Das Tier setzte sich gehorsam in Bewegung und tatsächlich: der Reiter begleitete die Kutsche im Abstand von einigen Metern, so daß er stets im Dunkeln verborgen blieb. Die Mädchen waren beruhigt, und für den Rest des langen Weges fürchteten sie sich nicht mehr, wußten sie sich doch gut beschützt. Auf die Fragen, wer er denn sei und woher er denn komme, gab der Reiter jedoch keine Antwort. Nachdem das Mädchen noch einige Male erfolglos gefragt hatte, ließ es die Fragerei schließ-

lich sein und unterhielt sich lieber mit ihrer Schwester. Nach zwei Stunden Fahrt kamen sie dann endlich am Stadttor von Rotenburg an, und ihnen wurde aufgetan. Als der Torwärter das Holztor nach der Kutsche wieder schließen wollte, sagte die eine der Schwestern: „Warte noch einen Augenblick, dann wird noch ein Reiter kommen, der auch in die Stadt möchte. Ihr könnt das Tor ruhig offen lassen!" „Aber da ist niemand, mein Fräulein. Ich kann keinen Reiter entdecken!" erwiderte da der Wächter. Überrascht sahen sich die Geschwister an und sprangen dann von der Kutsche. Gemeinsam liefen sie eilig den Weg zurück, auf dem sie gekommen waren, um sich bei dem stillen Retter zu bedanken. Doch das einzige, was sie in der aufkommenden Dämmerung noch erkennen konnten, war ein hünenhafter Mann ohne Kopf, der schon etliche Meter entfernt mit wehendem Mantel davonsprengte. Der Torwächter von Rotenburg erklärte den beiden Mädchen, die ihm von der seltsamen Begegnung erzählten, daß es sich bei dieser Erscheinung um den Geist eines Banditen handle, der des öfteren hier erscheine. Zu Lebzeiten hatte dieser schon viele Leute auf eben diesem Wege überfallen und auch einige von ihnen getötet. Als Strafe dafür muß er nun seit seiner Enthauptung, die seine gerechte Strafe war, als beschützender Geist die Reisenden auf diesem Weg begleiten und vor Unholden, wie er einst selbst einer war, behüten.

Geistererlösung

Eine Sage aus der Gegend um Altensteig

Im Edelmannswald zwischen Berneck und Altensteig stand dereinst ein prächtiges Schloß. Etliche Kriege und die dahinrinnende Zeit ließen aber nur noch Ruinen und Trümmer als stumme Zeugen übrig.

An einem windigen Herbstabend ging auf besagter Stelle ein junges Mädchen spazieren. Singend schlenderte sie durch den Wald und kletterte auf die Steinquader des zerfallenen Schlosses, die dort überall lagen. Verzückt beobachtete sie von dort aus den blutroten Sonnenuntergang, und als sie sich gerade auf den Heimweg machen wollte, hörte sie ein leises Weinen, dem sie neugierig nachging. Das Weinen führte sie auf den einstmaligen Friedhof des Schlosses, wo noch umgekippte Grabsteine und mit Moos bewachsene Steinkreuze zu finden waren. Über einem der Gräber schwebte eine junge Frau von unglaublicher Schönheit. Ihr perfekter Körper wurde von durchscheinendem, weißem Stoff umhüllt, und ihr langes Haar wehte im Herbstwind. Als das Mädchen erschrocken davonlaufen wollte, streckte die weiße Frau ihre Hand aus und flehte: „Kind, bitte hilf mir. Ich bin die Tochter des Schloßherrn, der vor langer Zeit hier lebte. Nur einmal in hundert Jahren ist es möglich, mich von meinem Leiden zu erlösen. Diese Zeit ist wieder nahe, und Du mußt mir helfen, endlich Ruhe zu finden." Das Mädchen bekam Mitleid mit der weinenden Frau, die immer noch hilfesuchend ihre Hand nach ihm ausstreckte. In seiner kindlichen Neugier fragte das Mädchen, aus welchem Grunde die Frau als Geist umgehen müsse, und diese antwortete: „Einst liebte ich einen wunderschönen Jüngling aus unserem Hofstaate. Doch als der Krieg begann, zog er von dannen und kehrte auch nach vielen Jahren nicht zurück. Ich wartete und wartete, und selbst als seine Mutter für ihn ein Kreuz auf dem Friedhof aufstellen ließ, in das sein Name eingemeißelt war, wollte ich nicht wahrhaben, daß er schon längst von des Feindes Hand ermordet wurde. Bald hernach starb ich an gebrochenem Herzen, doch selbst nach dem Tode warte ich nun jede Nacht am Kreuze meines Geliebten, schon viele hundert Jahre auf dessen Rückkehr. Wenn Du mich erlösen willst, mußt Du morgen abend wieder herkommen, und ich werde Dir als

Schlange erscheinen und um den Hals fallen. Dann nimmst Du einen Wacholderzweig und kitzelst die Schlange damit. Dann wird sie gehen und Dir nichts tun. Hernach wird die Tür dort in der Ruine aufgehen, durch die Du hindurchtrittst. Im Innern wirst Du einen schwarzen Wolf auf einer Truhe sitzen sehen. Den mußt Du furchtlos herunterheben, und der Deckel der Truhe wird sich auftun. In der Truhe liegen Goldstücke, von denen Du Dir als Belohnung so viel nehmen darfst, wie Du tragen kannst. Aber merke: es darf Dich morgen niemand begleiten, und Du darfst während der ganzen Zeit kein Wort sprechen!" Das Mädchen willigte ein – wollte sie der traurigen Frau doch gerne helfen, und das Gold konnte sie auch gut gebrauchen.
In der folgenden Nacht tat sie, wie ihr geheißen. Alleine ging sie zur Ruine, und als sich die Schlange um ihren Hals legte, fürchtete sie sich nicht, sondern kitzelte sie mit dem Wacholderzweig, den sie mitgebracht hatte. Daraufhin wand diese sich los und kroch davon. Knarrend öffnete sich die Tür in der Ruine, und das Mädchen schritt hindurch. Im fahlen Mondlicht sah sie dort einen knurrenden, schwarzen Wolf auf einer Truhe sitzen, der gierig die Zähne fletschte. Sich auf das Wort der weißen Frau verlassend, trat das Mädchen näher und versuchte, das Tier von der Truhe zu heben. „Bist Du aber schwer!", stieß das Kind hervor. Kaum waren ihr die Worte entfahren, versanken sowohl Truhe als auch Wolf augenblicklich mit lautem Getöse im Boden.
Da dem Mädchen die Erlösung mißlang, muß nun die weiße Frau weitere hundert Jahre auf die nächste Möglichkeit warten, erlöst zu werden. So lange aber ist sie dazu verdammt, Nacht für Nacht auf dem Friedhof im Edelmannswald zu erscheinen und dort auf die Heimkehr ihres Liebsten zu warten.

Die drei schönen Töchter

Ein Sage von der Burg Mönchenstein

Es lagen einst die Herren der Burg Mönchenstein und Reichenstein in einem argen Zwist. Die drei Brüder von Reichenstein freiten um die drei Töchter des Raubritters auf Burg Mönchenstein, doch diesem mißfielen die Gunstbezeugungen der Reichensteiner, wollte er seine Töchter doch gerne mit wohlhabenderen Recken vermählen, um seinen Besitz dadurch zu vergrößern. Das Herrschaftsgebiet der Reichensteiner erschien ihm zu klein und das Vermögen der Burgherren zu gering.

Doch die Herzen der drei Brüder waren heiß entbrannt für Chrischona, Ottilia und Margareta, die drei Angebeteten auf der Mönchensteiner Burg. Auch die drei Schwestern waren den Burschen nicht abgeneigt, und so trafen sich die sechs einmal in sieben Tagen heimlich im nahegelegenen Forst. Die heimlichen Treffen seiner Töchter blieben dem Raubritter der Burg Mönchenstein jedoch nicht lange verborgen. Erbost ließ er seine Kinder in den tiefsten Kerker der Burg werfen, der mit feuchtem, schimmligem Stroh ausgelegt war und in dem es nur ein winziges vergittertes Fenster zum Hof gab. Die drei Brüder von Reichenstein aber paßte er mit seinen Schergen ab, nahm sie gefangen und ließ sie auf dem Hof vor dem Kerker an drei aufgestellte Baumstämme fesseln. Die Schwestern in ihrem Verlies hörten dies und riefen nach ihren Geliebten – doch diese konnten ihnen nicht antworten, denn der Ritter von Mönchenstein hatte ihnen die Zungen herausschneiden lassen. Da wollten die drei Jungfrauen ihre Herzliebsten trösten, und so sangen sie ihnen die schönsten Melodien, die man je gehört hatte. Tag und Nacht sangen sie für die drei Recken, und wurde eine müde, so wurde sie von ihrer Schwester abgelöst.

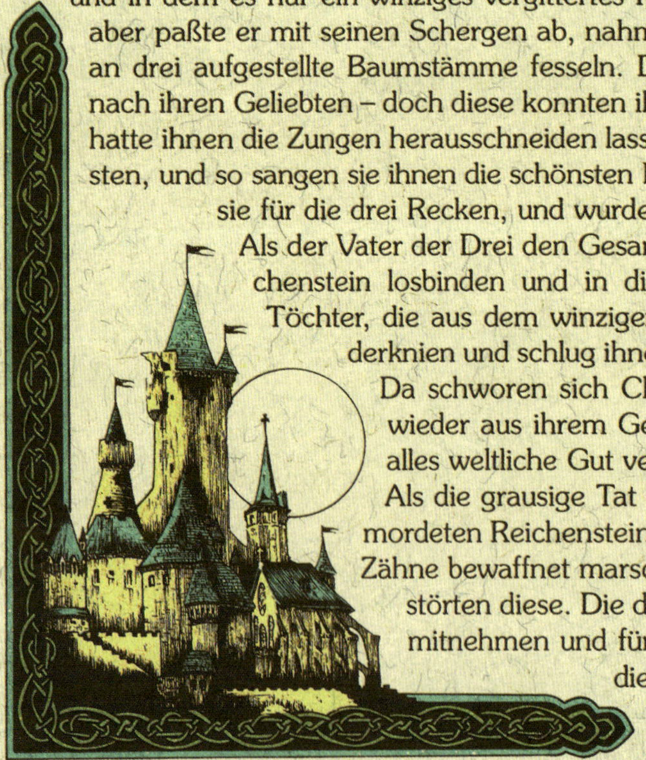

Als der Vater der Drei den Gesang hörte, kochte er vor Wut! Er ließ die Recken von Reichenstein losbinden und in die Mitte des Hofes schleppen. Vor den Augen seiner Töchter, die aus dem winzigen Kerkerfenster spähten, ließ er die drei Burschen niederknien und schlug ihnen mit seinem langen Schwert eigenhändig die Köpfe ab. Da schworen sich Chrischona, Ottilia und Margareta, daß, wenn sie jemals wieder aus ihrem Gefängnis frei kämen, sie ihr Leben Gott weihen und auf alles weltliche Gut verzichten würden.

Als die grausige Tat des Mönchensteiners an die Ohren der Freunde der ermordeten Reichensteiner drang, waren diese nicht mehr aufzuhalten. Bis an die Zähne bewaffnet marschierten sie zur Burg Mönchenstein, erstürmten und zerstörten diese. Die drei Frauen befreiten sie aus ihrem Verlies und wollten sie mitnehmen und für sie sorgen. Diese bedankten sich bei ihren Rettern für die Befreiung, wollten jedoch nicht mit ihnen mitgehen. Statt dessen baten sie sie um ihre Hilfe beim Aufbau von drei Kirchlein, die sie am Ausgang des Wiesentals in das Rheintal auf drei unbewohnten Berggipfeln errichten wollten.

Die befreundeten Ritter sagten gerne ihre Hilfe zu, und ein halbes Jahr später standen auf den drei Berggipfeln, jeweils eine gute Stunde voneinander entfernt, die Kirchen. Dort lebten nun die drei Schwestern in großer Gottgläubigkeit, gaben sich mit Glöcklein Zeichen zum Gebet, winkten sich mit großen weißen Tüchern zu und sagten sich abends gute Nacht, indem sie Kerzen in die Fenster stellten.

Nachdem Margareta starb, setzten Chrischona und Ottilia alles wie gewohnt fort, doch überlebten sie ihre Schwester nur um wenige Wochen. Dann folgten sie am selben Tage Margareta ins Himmelreich nach. Jede der drei heiligen Frauen wurde in ihrem Kirchlein begraben, die heute noch auf den Berggipfeln stehen. Die Leute der Gegend gaben ihnen die Namen St. Chrischona, St. Margareta und dem dritten, nebst dem dazugehörigen Dorfe, Tüllingen – nach der heiligen Ottilia.

Das verlorene Kind

Eine Sage aus Baden Baden

In der Blütezeit des Bergschlosses Hohenbaden, das sich hoch auf dem Berge über Baden Baden erhebt, herrschte einst ein mildtätiger Graf. Niemals hätte er seine Untertanen ausgebeutet oder ungerecht über sie geurteilt – wäre da nicht sein böses Weib gewesen. Die Gräfin war eine geizige, griesgrämige Person, die dem Grafen erst in späten Lebensjahren einen Sohn gebar. Die Ehe der beiden war nicht glücklich, denn sie wurden zur Heirat gezwungen, um die beiden Ländereien zu vereinigen. So hatte sich zwar ein enormes Herrschaftsgebiet gebildet, doch die Herrscher waren zutiefst unglücklich.

Tag für Tag sann die Gräfin darüber nach, wie lange ihr Mann wohl noch am Leben sein würde, denn sie freute sich schon auf den Moment, in dem ihr Sohn – der Augapfel ihres Lebens – den Platz ihres Mannes einnehmen und nach ihrem Willen über das Land herrschen würde. Doch bis dahin war es noch eine lange Zeit, zählte ihr Sohn doch erst acht Monate.

Jeden Tag nach Sonnenaufgang begab sich die Gräfin auf die höchste Zinne ihrer Burg, das Kind in ihren Armen. Stand sie dann hoch oben auf dem Turm, hielt sie ihren Sohn in die Luft, drehte sich in jede Himmelsrichtung und flüsterte ihm ins Ohr: „Mein Sohn, so weit Dein Auge reicht, wird Dir dereinst dieses Land gehören. Das Volk wird Dir untertan sein, und Du wirst nach meinem Begehr befehlen und richten!“

Doch der niederträchtige Lebenswandel der Gräfin blieb nicht lange ungesühnt. Eines schönen Tages spielte das Schicksal der hinterlistigen Frau böse mit. Wieder einmal stand sie auf dem höchsten Turm ihrer Burg, um ihrem Sohn die Ländereien zu zeigen, als dieser plötzlich begann, sich in ihrem Griff zu winden und zu strampeln. In ihrer Überraschung gelang es der Gräfin nicht, das Kind festzuhalten; dieses entglitt ihren Händen, stürzte in die alles verschlingende Tiefe und zerschmetterte auf den Felsen am Fuße der Burg. Vor Entsetzen schrie sie auf und eilte mit wehendem Haar die Treppe hinab. Verzweifelt rief sie immer wieder den Namen ihres Sohnes, und das Gesinde eilte neugierig herbei. Jeder Mann und jede Frau auf der Burg mußte nun helfen, nach dem Kind zu suchen, doch bei Einbruch der Dunkelheit wurde die Suche einge-

stellt. Der Leichnam des Kindes konnte einfach nicht gefunden werden. Der Verlust ihres Sohnes war für die Gräfin ein arger Schlag. Von Tag zu Tag wurde sie stiller und blasser. Ihre aschfahlen Wangen fielen ein, denn Speis und Trank rührte sie nicht mehr an. Schon eine Woche nach dem Unglück folgte sie ihrem einzigen Kind ins kühle Grab. Man sagt, sie sei an gebrochenem Herzen gestorben. Seit ihrem Tode geht die Gräfin auf der Burg Hohenbaden um – als Geist in weiten, weißen Gewändern durchstreift sie die Schluchten um die Burg und sucht noch immer verzweifelt nach ihrem Kinde. Ihr Antlitz ist von einem schwarzen, durchsichtigen Schleier bedeckt, den sie nur hebt, wenn sie einer Familie mit kleinen Kindern begegnet. Wie versteinert bleibt sie dann stehen und starrt auf die Kinder – mit einem Blick, der jedem durch Mark und Bein geht. Niemand, dem die Gräfin in die Augen blickte, kann dies jemals vergessen, denn schmerzlich brennt sich ihr Blick in die Seelen der Betrachteten.

Der wortbrüchige Kaiser

Eine Sage aus Ebersteinburg

Kaiser Otto I. führte vor langer Zeit eine Fehde gegen die drei Grafen von Eberstein. Schon mehr als drei Jahre belagerten die Truppen des Kaisers die Burg Alt-Eberstein, doch die Burgbewohner wollten einfach nicht aufgeben. Da griff der Kaiser zu einer List, um die Ebersteiner zu bezwingen. Otto I. ließ ein großes Turnier ausrichten, das in Speyer in der Pfalz stattfinden sollte. Einladungen wurden an alle Adligen der Gegend versandt, so auch an die belagerten Ebersteiner. In dem Schreiben wurden alle Ritter und Edelleute, die von „adeligem Blute und untadeligem ritterlichem Mute" waren, dazu eingeladen, sich im Turniere zu Speyer in ihrer Geschicklichkeit zu messen. Lag einer der Ritter mit dem Kaiser in Fehde, so wurde ihm freies Geleit für die Zeit der Hin- und Rückreise zugesichert. Außer dem Turnier wurden den Teilnehmern frohe Tage und allerlei Kurzweil versprochen. Kaiser Otto I. wußte, daß die drei jungen Grafen von Eberstein einem solchen verlockenden Angebot nicht widerstehen würden, und so plante er einen Angriff auf die Alt-Eberstein im Morgengrauen nach dem Turnier, wenn die Grafen noch nicht zurück sein würden.

Die drei Brüder schlugen die Einladung des Kaisers, wie erwartet, nicht aus, waren sie doch alle drei den weltlichen Vergnügungen nicht gerade abgeneigt.

Nachdem die kaiserlichen Belagerer von der Burg Eberstein abgezogen waren, zogen auch die Grafen von Eberstein gen Speyer. Dort angekommen, stellten sich alle drei dem Gestech zu Pferde, und Konrad, der jüngste und stattlichste der Grafen von Eberstein ging als Sieger aus dem Turnier hervor. Den Siegeskranz bekam er von der Tochter des Kaisers persönlich überreicht, und als sich die Blicke der beiden trafen, entbrannten ihre Herzen in tiefer Liebe und Zuneigung. Zu fortgeschrittener Stunde drehten sich dann die Adligen im fröhlichen Reigen zu wohlklingender Musik, und Konrad von Eberstein tanzte den ganzen Abend nur mit Edeltraut, der Tochter des Kaisers. Während des letzten Tanzes aber flüsterte Edeltraut ihrem Liebsten ins Ohr: „Wenn Ihr Eure Burg ebenso liebt wie mich, edler Ritter, so reitet schnell heim, noch ehe der Morgen anbricht."

Nach Beendigung des Festes schlichen sich die drei Brüder, also wie ihnen geraten wurde, zu ihren Pferden und ritten ohne Rast nach Hause, statt ihre Herberge aufzusuchen.

Nicht lange, da erschienen im Morgengrauen die wortbrüchigen Kaiserlichen, die aber statt mit leichtem Spiel die Burg einnehmen zu können, mit gebührendem Empfang von den Grafen empfangen wurden. Dem Kaiser blieb nichts anderes übrig, als mit den Ebersteinern in Verhandlung zu treten. Die kaiserlichen Boten wurden freundlich in der Burg aufgenommen, und man führte sie zunächst in die vollen Weinkeller, zum Kornhaus und hernach zu den üppig gefüllten Vor-

ratskammern. Überall lagerten Vorräte für die nächsten paar Jahre, und nirgends waren die Folgen der dreijährigen Belagerung, nämlich schwindende Vorräte, zu sehen.

Als die Boten dies dem Kaiser berichteten, mußte dieser die Sinnlosigkeit einer weiteren Belagerung einsehen und rief seine Truppen zurück.

Kaum waren aber die letzten Feinde abgezogen, da hob der Kellermeister lachend die doppelten Böden von den beinahe leeren Weinfässern, und die Mägde räumten kichernd die mit Spreu gefüllten Säcke unter den geringen Fruchtvorräten fort. So schlugen also die Ebersteiner den Kaiser mit seinen eigenen Waffen – die List war geglückt.

Um das Glück der Ebersteiner zu vollenden, holte sich Konrad bald hernach die Tochter des Kaisers als seine Gemahlin auf die Burg Eberstein.

Der Ring des Pfarrers

Eine Sage aus Schiltach

Gezeter und Geschrei drangen aus einem kleinen Häuschen am Rande des Dörfchens Schiltach. Dort lebte seit zwei Jahren ein junges Ehepaar, das sich tagein, tagaus, stritt und ankeifte. Der Mann war ein arger Säufer und Raufbold, und seine hübsche junge Frau wollte sich seine Schikanen nicht gefallen lassen.

Doch an diesem Abend verlief der Streit zwischen den beiden nicht wie gewöhnlich. Der Mann war zwar – wie so oft – betrunken, doch geriet er an diesem Tage so sehr in Rage, daß er die Axt ergriff, die neben der Tür lehnte und seine Frau damit erschlug.

Als er sich am nächsten Tag seiner Tat bewußt wurde, ersann der Mann einen Plan, um den Mord an seiner Frau zu vertuschen. So nahm er einen feuchten Lappen und säuberte das Gesicht seiner Frau vom Blut, das aus der Wunde an ihrem Kopf floß. Danach zog er ihr saubere Kleider an und wickelte ihr ein Kopftuch so geschickt um, daß niemand die Wunde, die die Axt geschlagen hatte, sehen konnte. Sodann schnitt er eine Zwiebel klein und rieb sich den Saft in die Augen, daß ihm die Tränen nur so über seine Wangen liefen.

Weinend und klagend lief er bis zum benachbarten Bauernhof und klopfte dort an. Als ihm aufgetan wurde schluchzte er, seine Frau sei über Nacht an einem rätselhaften Fieber gestorben. Bestürzt liefen die Bauersleute zur Hütte und ließen auch den Pfarrer benachrichtigen. Noch am selbigen Tage trug man die Verstorbene zu Grabe, aus lauter Angst, die Krankheit, die sie dahingerafft hatte, könnte ansteckend sein. Von einem Mord ahnte niemand etwas, und der Mörder blieb unbestraft.

Doch von diesem Tage an wurde das Dörfchen Schiltach jede Nacht von einer schauerlichen Erscheinung heimgesucht: der Geist der toten Frau klopfte jede Nacht an die Tür eines Hauses und flehte darum, daß ihr jemand helfen möge. Die ängstlichen Dorfbewohner öffneten jedoch nie, und so ging das bald zwei Wochen lang – bis sich der Pfarrer erbarmte und der Sache nachgehen wollte. Mit seinem geweihten Kruzifix in der Hand wartete er eines Nachts auf den Geist. Als dieser erschien, sprach der Pfarrer mit fester Stimme: „Gelobt sei Jesus Christus!“, worauf der Geist antwortete: „In Ewigkeit – Amen!“ Ermutigt fragte der Pfarrer nun, warum sie jede Nacht erscheine und an die Türen klopfe. Da antwortete sie: „Wisse Pfarrer, das Fieber hat mich nicht dahingerafft, nein, mein Gatte hat mich erschlagen – er ist ein Mörder und seit Tagen versuche ich, es jemanden zu sagen, doch keiner öffnet mir!“

Da lachte der Pfarrer und meinte: „Was willst Du mir da erzählen? Dein Mann sei ein Mörder? Warum sollte ich so etwas glauben? Ich verurteile keinen Menschen, ohne Beweise gegen ihn zu haben!“ „Nun gut, so gebt mir Euren Ring, den Ihr da am Finger tragt und ich werde Euch den Mord beweisen“ erwiderte der Geist. Mißtrauisch tat der Pfarrer wie ihm geheißen; wollte er doch vermeiden, daß der Geist erzürnt reagieren würde. Als der Geist den Ring entgegengenommen hatte, begann er sich langsam aufzulösen, doch bevor er vollends verschwand, sagte er: „Pfarrer willst Du Deinen Ring wiederhaben, so mußt Du ihn Dir holen – aus meinem Grab!“ Völlig verstört stand nun der Pfarrer da und starrte vor sich in die Dunkelheit, wo vor wenigen Augenblicken noch der Geist der Frau schwebte.

Die ganze Nacht fand er keinen Schlaf, und beim Morgengrauen ging er zusammen mit dem Bürgermeister und dem Totengräber zum Friedhof. Dort gruben sie den Sarg der Frau aus und brachen ihn auf. Angewidert suchte der Pfarrer nun nach seinem Ring, der angeblich im Sarg liegen sollte, doch konnte er ihn nirgendwo finden. Doch da! Glitzerte da nicht etwas unter dem Kopf der Toten? Vorsichtig zog ihr der Pfarrer das Tuch vom Kopf und voller Entsetzen taumelte er zwei Schritte zurück, als er das große Loch in ihrem Schädel sah, in dem golden sein Ring blitzte.

So wurde der Mord an der Frau doch noch entdeckt, und der Mörder erhielt seine gerechte Strafe: den Tod durch den Strang. Seit diesem Tage fand die Seele der Ermordeten Ruhe und muß des Nachts nicht mehr umherirren.

Zwölf Mönche in Maulbronn

Eine Sage aus Maulbronn

Einst lebte zu Beginn des 12. Jahrhunderts ein Ritter namens Walter in Lomersheim. Dieser war ein wahrer Meister im Umgang mit dem Schwert. In gar mancher Schlacht hatte er sein Können unter Beweis gestellt und etliche Siege errungen. Doch nun war die Zeit für ihn gekommen, das Kriegshandwerk ruhen zu lassen und seine alten Glieder zu schonen. Da wandte er all sein Sinnen und Tun der Kirche und Gott dem Allmächtigen zu. Von seinen erbeuteten Reichtümern wollte er alsbald ein Kloster stiften, welches seine Gottesfürchtigkeit beweisen sollte. Bischof Günther von Speyer, hocherfreut über die Großzügigkeit des Ritters, bestärkte ihn in seinem Vorhaben, und schon bald hernach sollte der Bau auf des Walters Gut Eckenweiher bei Dürrmenz-Mühlacker beginnen. Als nun aber die zwölf, vom Bischof entsandten Zisterziensermönche, die das Kloster besiedeln sollten, in Dürrmenz ankamen, waren sie zutiefst enttäuscht. Der Boden sei ihnen zu unfruchtbar und sumpfig, die Witterung zu rauh und die nahen Wälder zu finster. Wortreich und flehentlich klagten sie ihr Leid dem Bischof Günther. Zutiefst betroffen erlaubte dieser den Mönchen, sich in den weitreichenden Waldgründen am Stromberg ein geeigneteres Plätzchen zu suchen. Nun waren die Zwölf zufrieden, und voller Eifer begannen sie, eine schöne Stelle zu suchen. Doch man konnte sich einfach nicht einig werden – dem einen gefiel diese Gegend, dem nächsten eine andere. Nach langem Überlegen kam ihnen der Einfall, die Wahl Gott zu überlassen. So luden sie ihre gesamte Habe auf ihren treuen Maulesel und gaben ihm einen Klaps aufs Hinterteil. Sie vereinbarten, daß an der Stelle, an der sich der Esel niederlassen würde, das Kloster entstehen solle. Mit Kreuz und Fahne folgten sie nun stundenlang dem Grauen über Stock und Stein, bergauf, bergab. Als der fromme Gesang der erschöpften Mönche schon matt und heiser wurde, ließ sich das Tier endlich müde ins Gras sinken. Durch dieses wundervolle Tal, in dem sie angelangt waren, floß ein ruhiges Bächlein, die Luft war klar und rein wie der erwachende Morgen und die duftenden Wiesen saftig und grün. Ein lautes „Gott sei's gedankt" erscholl aus den Mündern der Mönche und voller Freude beschlossen sie, mit der Gründung des Klosters bereits am folgenden Tage zu beginnen. Mit Hilfe der Leibeigenen von benachbarten Edelleuten wuchsen die Mauern des Klosters zusehends in die Höhe. Doch da gab es plötzlich ein unerwartetes Hindernis. Im angrenzenden Wald fühlten sich die dort hausenden Räuberhorden gestört und fürchteten, daß das Kloster sie aus ihrem

Schlupfwinkel vertreiben würde. So kamen sie mit finsteren Mienen herbei, und ihr Anführer drohte den Mönchen mit fürchterlichen Strafen, wenn sie den Bau nicht sofort einstellen würden. Fassungslos standen die Zwölf vor dem Räuberhauptmann, und keiner wagte es, dem schrecklichen Kerl zu widersprechen. Da trat einer der Mönche vor und sprach: „Wir wollen kein unnötiges Blutvergießen, ihr Herren! Wir versprechen Euch, den Bau freiwillig nicht zu vollenden!“ Der Anführer schaute überrascht in die Runde, doch um sicher zu gehen, ließ er die Mönche noch einen göttlichen Schwur ablegen, der das Versprechen des Mönches bekräftigen sollte. Zufrieden zogen die Mordgesellen von dannen, doch kaum waren diese außer Sicht, bauten die Mönche und ihre Helfer noch eifriger und schneller als zuvor an dem Klostergebäude. Nach weiteren zwei Tagen stand das Kloster stark und gewaltig auf seinen Grundfesten. Da läuteten die Mönche zum ersten Gottesdienst, und der Klang der Glocken hallte weithin in die Wälder und Täler des Salzachgaues. Verwundert hörten dies auch die Räuber, und voller Zorn stürmten sie in Richtung des Klosters. Vor dem Tor wurden sie bereits von den Mönchen erwartet. Voller Wut grollte der Räuberhauptmann: „Gotteslästerer! Habt ihr uns nicht Euer heiliges Wort darauf gegeben, den Bau unvollendet zu lassen? Das wird eine blutige Rache geben!“ Doch die Mönche blieben ganz ruhig, und mit einem verschmitzten Lächeln im Gesicht bedeutete einer von ihnen dem Anführer, ihm in das Innere des Klosters zu folgen. Laut vor sich hin fluchend folgte der Räuber dem Mönch, der ihn in die linke Seitenhalle des Gebäudes führte. Dort angelangt deutete er wortlos auf einen Stein, der am Boden lag und dann auf ein entsprechendes Loch oben in der Mauerwand. Hämisch meinte er: „Wie ihr seht, ist der Bau unvollendet und so wird er auch bleiben!“ Da erkannten die Räuber die List der Mönche, die sie hinters Licht geführt hatten. Aber was konnten die Unholde schon machen? Um Gewalt anzuwenden, waren die Mauern des Klosters zu stark, und so zogen sie sich geschlagen tiefer in die Wälder zurück und wurden im Gebiet um Maulbronn nicht mehr gesehen.

An diese Sage über die Entstehung des Klosters Maulbronn erinnert auch heute noch ein in der Kirche zu Maulbronn in den Stein gehauenes Bildnis. Darauf ist eine schwörende Hand, ein schadenfroh lächelnder Mönch und ein erzürnt dreinblickendes Raubtier zu sehen. Auch der Brunnen in Maulbronn erinnert noch an die damaligen Ereignisse, denn er wird von den Bürgern der „Eselsbrunnen“ genannt.

Quellen

Die in diesem Buch enthaltenen Sagen wurden überwiegend nach mündlichen Überlieferungen in vielen Gesprächen mit älteren Einwohnern des Schwarzwaldes von den Autoren niedergeschrieben.
Einige davon sind auch schon in der Pforzheimer Zeitung veröffentlicht worden.
Das Buch „Sagen der Heimat" Verlag Gengenbach von Rotraud Pfaff diente ebenfalls teilweise als Grundlage für die Autoren.

Verlagsinformation

Wir bieten neben bekannten und prominenten Autoren auch für noch unbekannte Erst-Autoren die ideale Plattform für Buchveröffentlichungen. Thematisch setzt sich der Verlag kaum Grenzen. Es werden sowohl von bekannten als auch unbekannten Autoren Bücher verschiedenster Themen veröffentlicht. Damit trägt der Verlag zu einer Bereicherung auf dem Literaturmarkt bei, kann so ein breites lesebegeistertes Publikum ansprechen und gibt damit den Autoren eine optimale und wirtschaftliche Lösung zur Veröffentlichung ihrer Buchmanuskripte. Ein Vorteil für die Buchautoren besteht unter anderem darin, dass Bücher, je nach Auflagenhöhe, im Verfahren „Book on Demand" (Digitaldruck) oder – bei höheren Auflagen – im Offsetdruck hergestellt und veröffentlicht werden können.

www.JoyEdition.de

Joy Edition · H. Harfensteller
Gottlob-Armbrust-Str. 7 · D-71296 Heimsheim
Telefon 07033 306263 · Fax 07033 306264
info@joyedition.de · www.joyedition.de